U0666160

以国家一流思政本科专业建设示范
引领一流思政课程建设的探索与实践

高质量思政课程
建设之"用"

赵中源 梅淑宁 李丽丽 等 编著

人民日报出版社
北京

图书在版编目（CIP）数据

高质量思政课程建设之"用" / 赵中源等编著.
北京 ： 人民日报出版社，2025. 6. -- ISBN 978-7-5115-
8793-0

Ⅰ. G641-53

中国国家版本馆 CIP 数据核字第 2025VB1031 号

书　　名：**高质量思政课程建设之"用"**
　　　　　GAOZHILIANG SIZHENG KECHENG JIANSHE ZHI "YONG"

作　　者：赵中源　梅淑宁　李丽丽　等　编著

责任编辑：寇　诏
封面设计：人文在线

出版发行：**人民日报**出版社

社　　址：北京金台西路 2 号

邮政编码：100733

发行热线：（010）65369527　65369512　65369509　65369510

邮购热线：（010）65369530

编辑热线：（010）65363105

网　　址：www.peopledailypress.com

经　　销：新华书店

印　　刷：北京市海天舜日印刷有限公司

开　　本：710mm×1000mm　　1/16

字　　数：299 千字

印　　张：18.25

印　　次：2025 年 6 月第 1 版　　2025 年 6 月第 1 次印刷

书　　号：ISBN 978-7-5115-8793-0

定　　价：98.00 元

目 录

师范技能：明日之师是怎样炼成的

实习报告篇

教学设计篇

社会实践：到祖国最需要的地方去

追光者说：思想政治教育的青春之思

学术创新：

把论文写在祖国大地上

当代青年学生群体的权利和责任
意识状况及教育对策探析*

陈铮伟**

从党的十五大明确提出依法治国，建设社会主义法治国家，到全国人大九届二次会议将依法治国作为一项基本方略写进宪法，再到党的十八大作出全面推进依法治国的战略部署，依法治国方略被一次又一次地提升到新的高度，越来越受到党和国家的重视。当前，我们不仅需要对政治、经济、文化体制等方面进行改革，还需要对人们的思想观念进行革新，弘扬社会主义法治精神。"而法治精神其实就是一种公共规则意识。所谓公共规则，就是要在具体事情上，对每个人的权利和责任给予具体的分析和界定，尊重和保护每个人的权利，同时也确定每个人应该担负的责任。"③ 因此，强化人们的法治意识也是增强人们的权利意识和责任意识。青年学生作为中国特色社会主义现代化建设的主力军，他们的权利意识和责任意识的高低将对我国公民整体意识水平产生直接的影响，对我国民主法治建设的推进产生巨大的影响。

青年学生接受了中高等的教育，具备较高的文化素质。然而，由于他们目前还处在一个特殊的阶段，还未步入社会，也没有实现由"校园人"向"社会人"的转变。因此，他们没有完全具备社会所需要的现代公民素质，缺乏对自身的权利和责任的认知。可以说，当前这个群体的权利意识和责任意识处在一个开始发育但又发育不成熟的阶段。

那么，在这个阶段的青年学生的权利意识和责任意识的具体状况究竟如

* 本文为 2014 届本科优秀毕业论文。
** 陈铮伟，广州大学马克思主义学院思想政治教育专业 2010 级本科毕业生，指导教师：赵中源。
③ 李德顺：《"法治精神"应成为一种信念》，《北京日报》，2012 年 5 月 21 日。

何？这是一个值得研究的问题。正是带着这样的思考，笔者选择了《当代青年学生群体的权利和责任意识现状及教育对策探析》作为研究的选题。通过对青年学生这一群体的权利和责任意识状况进行调查，剖析当代青年学生群体的公民权利意识和责任意识现存的问题及原因，再根据青年学生群体的特殊性提出相应的教育对策建议，以便能为学校、家庭以及相关教育职能部门在对青年学生进行公民权利意识和责任意识教育时提供参考。

一、文献综述

权利意识和责任意识是公民意识的核心部分。通过搜索国内学者对公民权利意识和责任意识以及与公民意识有关的研究成果后，我们可以发现以下几点。

第一，从研究时间上看，明确对公民意识（包括权利意识和责任意识）进行的研究开始于改革开放之后。党的十七大提出要"加强公民意识教育"，引发相关学术研究的开展。

第二，从研究的角度来看，起初比较着重于从伦理学和法理学的角度进行研究，主要是对公民意识的一些概念和内涵进行界定和研究，如童怀宇撰写的《论公民和公民意识》[1] 和张积家、刘国华、王惠萍撰写的《论公民意识的结构及其形成》[2] 等文章，而现在则逐步由理论探索向实证调查与分析的角度转变，即越来越倾向于从实证调研的角度对公民意识进行研究。

第三，从研究的对象看多以共性研究为主，主要研究"公民"这一共性群体。虽然也有一些关于大学生、进城务工人员等的个性研究，但对青年这一群体的研究，尤其是青年学生群体（大学生仅是其中的一部分）的研究比较少。

第四，从研究的内容看多从公民意识这一概念的具体内涵出发，对公民意识蕴含的几个部分的内容，包括国家意识、权利意识、责任意识、政治参

---

[1] 童怀宇：《论公民和公民意识》，《唯实》2000 年第 3 期。

[2] 张积家、刘国华、王惠萍：《论公民意识的结构及其形成》，《烟台师范学院学报（哲学社会科学版）》1994 年第 12 期。

与意识、法治意识、道德文明意识进行较为全面的研究。这样做的好处是能全面考察和把握调研对象的公民意识状况，然而也存在一些问题。一方面，相关研究看上去似乎面面俱到，实际上却可能由于没有突出和重点把握公民意识的核心部分，导致制定出的对策建议由于共性色彩强烈，而缺乏针对性。另一方面，通过对公民意识的内涵进一步分析后发现，虽然公民意识蕴含着几方面的内容，但彼此存在着较大的关联性和交叉性。例如，公民意识中的法治意识强调的是公民对法律的认知以及运用法律手段维护自身权利的自觉意识。这也是权利意识所强调的内容，因为权利意识要求我们对宪法及法律法规赋予的法定权利自觉认知与履行，也就是说权利意识其实也蕴含着法治意识。

国内学者较少选取公民意识中的核心部分——权利意识和责任意识作为重点研究内容。即使有学者涉及到这方面也仅包括权利向度和责任向度两类。例如邹东升的《大学生权利意识的偏失与匡正》[①]，张巍的《论大学生责任教育》[②]，张敏的《大学生责任意识教育研究》[③] 等。然而，权利与责任是辩证统一的，不可割裂分开，对权利意识与责任意识的研究应当一并考察。因此，对公民的权利意识和责任意识的研究应进一步加强。

第五，从研究的发展趋势看，当前国内对公民意识的研究的特点主要有以下几点。

一是研究涉及的对象范围越来越宽广，研究对象的独特性越来越明显，涉及学生、进城务工人员、公务员、教师等群体。

二是研究方法的多样化趋势愈发明显，除了传统的理论研究方法，社会学、管理学、法学等多学科研究也开始广泛被运用到对公民意识的研究当中。

三是研究的内容逐步深化和细化，不断突破传统概括性研究的框架。

国外对公民意识的研究最早可以追溯到古希腊城邦建设时期。而随着世界格局的变化，培养公民意识以适应民主法治社会的发展成为现代国家的一项重要任务。因此，公民意识教育在国外受到较大的重视，世界各国将如何增强公民的政治意识、法律意识和道德意识等视为公民教育的重要内容。

---

① 邹东升：《大学生权利意识的偏失与匡正》，《当代青年研究》2005 年第 2 期。
② 张巍：《论大学生责任教育》，《武汉工程大学学报》2009 年第 11 期。
③ 张敏：《大学生责任意识教育研究》，硕士学位论文，西南大学，高等教育学专业，2008 年。

笔者在搜集国外的相关研究过程中发现，对公民意识的研究侧重于对公民意识教育的研究。例如，英国学者奥克斯法姆在其撰写的《全球公民教育》一文中对世界公民、世界公民教育等概念以及开展世界公民教育的重要性和当前世界公民教育课程的开展情况作出一番评述①，英国教育家德里克·黑特在其著作——《公民教育的历史》中对世界公民的思想理论基础及世界部分国家开展的公民教育实践经验进行了总结和评述。②

目前海外学者对公民意识教育的研究多涉及对公民意识教育的产生，发展的社会历史和政治文化背景、公民意识教育存在的主要问题以及如何开展公民意识教育等方面的研究。其中尤其重视对公民意识教育活动的设计探索，多从优化课程设置、转变教学方式、重新定位师生之间的角色、鼓励社区参与到公民意识教育等角度对公民意识教育活动进行设计。这些理论和对策为本论文的教育对策探析提供了一定的参考借鉴。但毕竟这些文献主要是围绕西方的教育体系而进行的公民教育设计，其研究的视角和取向与国内有着较大的差别，而且较少对青年学生群体公民教育的相关研究。

二、当代青年学生群体的权利和责任意识状况

为了获得当前青年学生的权利和责任状况，笔者对在校青年学生（高中生和大学生）进行了随机调查，发放问卷700份，回收700份，回收率为100%，其中有效问卷687份，有效率为98%。

（一）调查对象的基本信息

1. 性别分布情况

在本次问卷调查中，男青年学生所占的比例是45.19%，女青年学生所占的比例是54.81%。（图1）

---

① Oxfam. Education for Global Citizenship ［DB/OL］ http：//www.oxfam.org.uk/coolplanet/teachers/downloads/grantguidelines.doc.（2005/06/08）.

② Derek Heater, *A History of Education for Citizenship*，NewYork：Routledge Falmer, 2004.

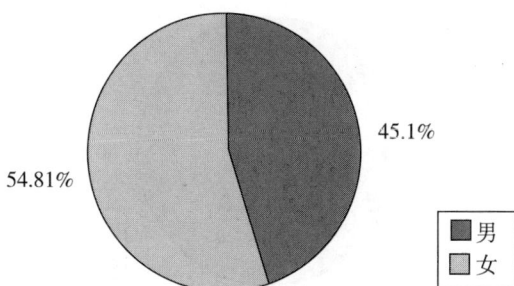

图 1　调查对象的性别分布情况

2. 年龄分布情况

调查对象年龄段主要集中在 18~23 岁，占所调查对象总数的 92.42%。其中，年龄段在 18~20 岁和 21~23 岁的受调查者分别占调查对象总数的 61.66% 和 30.76%。此外，15~17 岁、23~25 岁和 25 岁以上的受调查者分别占调查对象总数的 1.02%、6.27% 和 0.29%。（图 2）

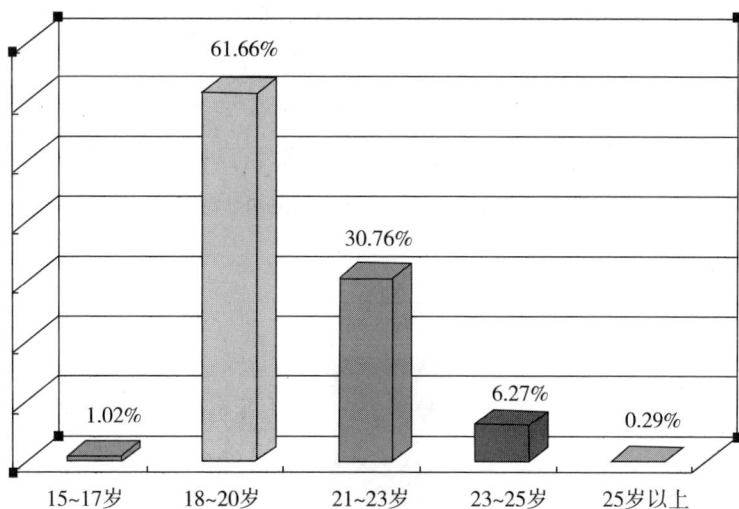

图 2　调查对象的年龄分布情况

3. 文化程度

本次调查的对象为高中生和大学生。完成调查的高中生人数有 345 人，占调研对象总数的 50.29%；大学生则有 341 人，占调研对象总数的 49.71%。（图 3）

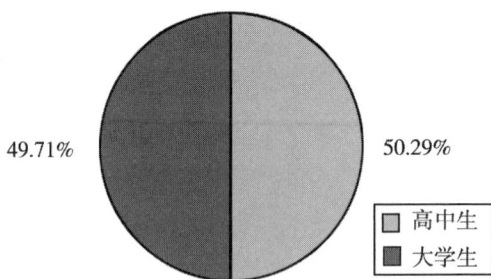

图3　调查对象的文化分布情况

（二）青年学生群体对自身所享有的公民权利的认知状况

1. 对自身的选举权和被选举权的认知状况

宪法规定我国年满 18 周岁的公民拥有选举权与被选举权，这是公民的基本权利之一。在本次调查的对象中，98.98% 的青年学生的年龄已满 18 周岁，具有选举权和被选举权。然而，通过调查青年学生在其所在村委会或居委会的选举活动的参与情况获知，71.43% 的青年学生从没参加过基层选举活动，28.57% 的青年学生参加过其所在的村委会或居委会举办的选举活动。其中，10.79% 的青年学生虽参加过投票但没参与过竞选；14.43% 的青年学生参加过这些活动，但投票时由其父母决定。只有 3.35% 的青年学生参加过选举也参加过竞选。（图 4）

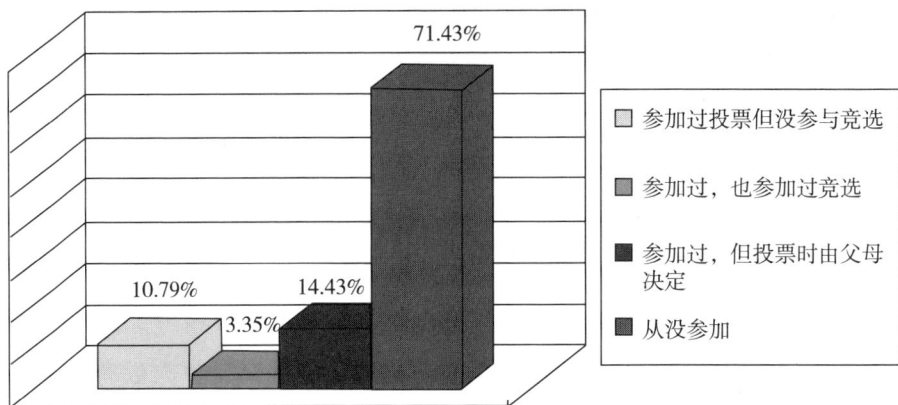

图4　青年学生参与基层选举活动的状况

在对那些没有参加过村委会或居委会举办的选举活动的青年学生做进一步调查后获知，他们没有参加的主要原因是没有了解过这些活动。这占到没参加竞选活动学生的68.37%；3.47%的青年学生则是出于不感兴趣，觉得这些竞选活动只是浪费时间；24.08%的青年学生认为这些竞选活动只是搞形式，觉得其没意义而放弃参与；4.08%的青年学生则是因为候选人不是自己喜欢的而没参与。（图5）

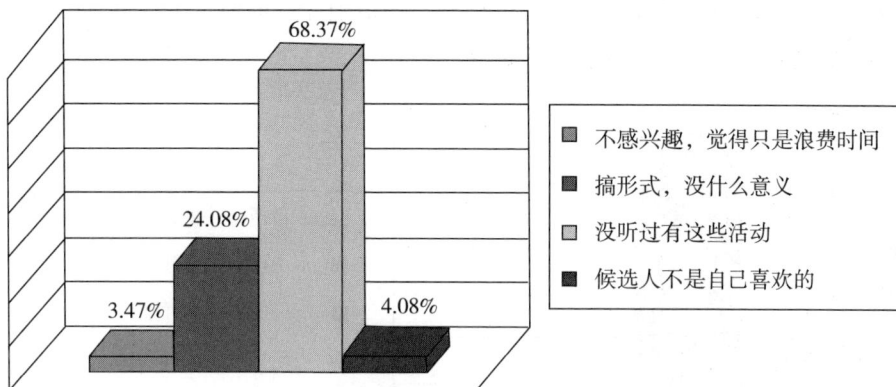

图5　调查对象没参加基层选举活动的原因

对于那些参与基层选举活动的青年学生，当问及"如果有熟人请求您投他一票，您会不会碍于情面而改变自己的投票意愿"时，10.5%的青年学生认为会碍于情面而改变自己的投票意愿，最终将票投给熟人；37.17%的青年学生认为会客观公正地投票，不会因为候选人是熟人而改变投票意愿；52.33%的青年学生对此问题表示其选择可能会出现不确定性。（图6）

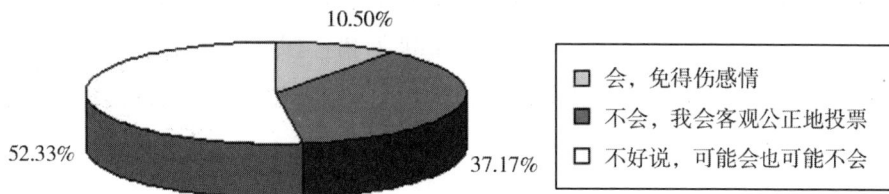

图6　调查对象面对熟人请求投票时的抉择情况

2. 对自身的宗教信仰自由的认知状况

宗教信仰自由是我国公民的一项重要的权利。公民有信仰宗教的自由，也有不信仰宗教的自由；有信仰这种宗教的自由，也有信仰那种宗教的自由；

在同一个宗教里，有信仰这个教派的自由，也有信仰那个教派的自由；有过去不信教而现在相信的自由，也有过去信教而现在不信的自由①。对此，问卷假设了一道关于青年学生在校园中面对传教将作何处理的情景问题，借此考察青年学生对宗教信仰自由这一权利的认知。调查显示青年学生能比较好地理解宗教信仰自由。面对校园传教，青年学生选择拒绝的比例达到了96.65%。其中选择 "婉言拒绝并将此事报告学校" 的占调查对象的23.32%；选择不予理睬并离开的占68.51%；选择当场拒绝并严词驳斥的占4.81%；仅有3.35%的青年学生选择相信。（图7）

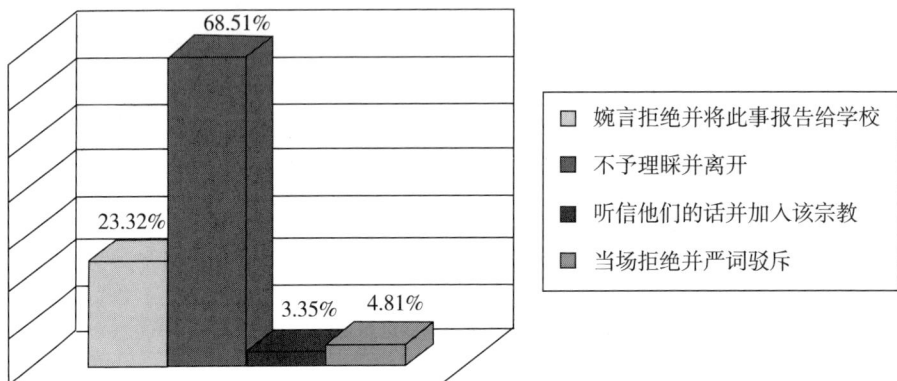

图7　调查对象在面对校园传教时的抉择

3. 对自身的政治自由的认知状况

宪法规定公民有言论、出版、集会、结社、游行、示威的自由。其中，与青年学生联系最为密切，在日常学习生活中青年学生比较容易接触和时常被提及的是言论自由。在对言论自由这一概念的理解上，13.84%的青年学生认为言论自由就是畅所欲言，不用在意是非对错；15.31%的青年学生觉得没有所谓的言论自由；而70.85%的青年学生则认为只有在法律的框架内正确行使的言论才是言论自由。（图8）

---

① 张婧：《论我国宗教信仰自由的宪法保障》，《中国商界（下半月）》2010年第11期。

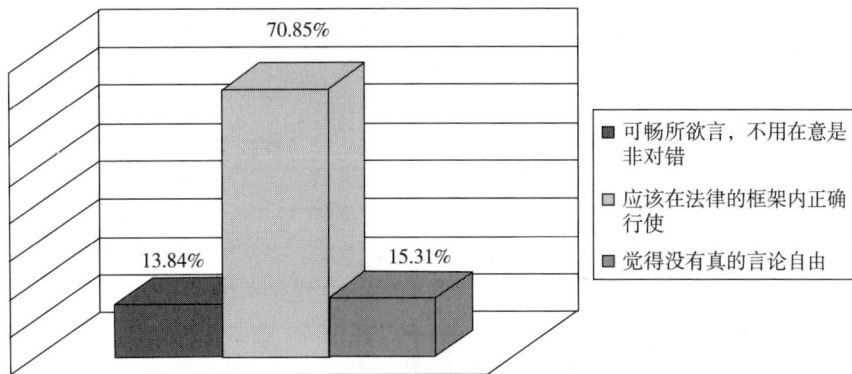

图 8　调查对象对言论自由的理解

4. 对民主监督权的认知状况

公民的民主监督权是防止公民其他权利受公共权力侵害的重要法律保障手段。通过调查发现，青年学生在面对发生在自己周围的官员的贪污腐败行为时，36.78%的青年学生表示即使自己知道了，也事不关己；10.64%的青年学生会选择组织群众到上级部门反映；而选择向相关机关举报和通过网络媒体曝光的青年学生则分别占到所调查总数的 23.28% 和 29.45%。（图 9）

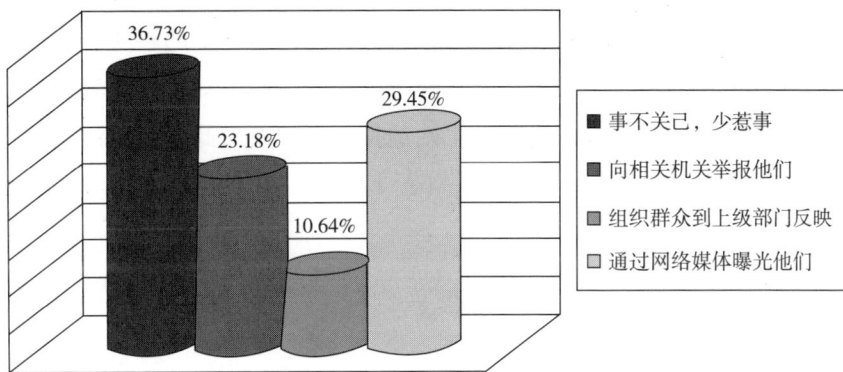

图 9　面对贪污腐败行为，调查对象的态度和行为

5. 对国家社会重大事务的知情权的认知状况

"广大人民群众直接或间接地参与国家政治生活与社会管理，对国家重大事务享有知情权，就各项重大决策和立法建议进行充分表达和交流，就能更好地反映多数人的根本利益和共同意志。"① 通过调查获知，青年学生对国家

---

① 虞云耀：《民主法治与构建社会主义和谐社会》，《前线》2005 年第 8 期。

重大事务有一定的关注。特别关注这方面的青年学生占调查人数的 18.8%；比较关注的占 45.34%；表示一般关注的占 29.74%；4.37% 的学生对此不太关注；而 1.75% 的学生则表示完全不关注。（图 10）

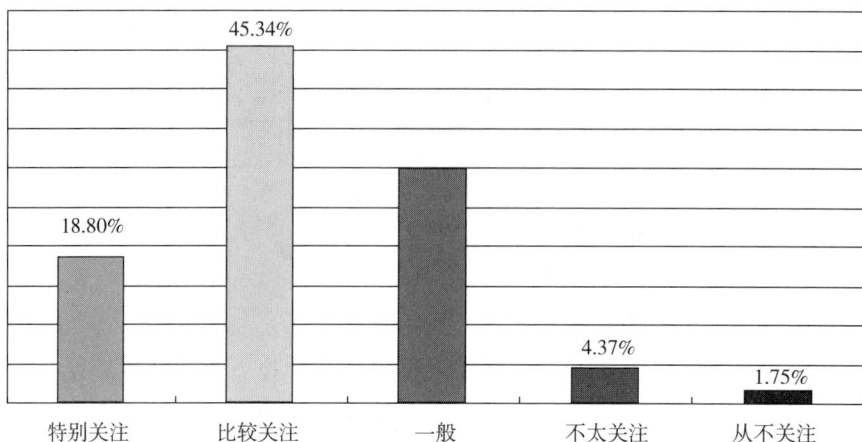

图 10　调查对象对社会民生问题和国家大事的关注状况

6. 对国家社会重大事务的表达权的认知状况

青年学生积极对国家社会的重大事务进行讨论并表达出自己的观点，既有利于推动我国民主政治的进程，也能展示当代青年学生的素质。通过调查获知，24.93% 的青年学生会通过一些网络论坛就一些政治主题或者社会问题发表自己的看法；53.35% 的青年学生则选择不会；而对此表达不清楚的青年学生则占所调查对象总数的 21.72%。（图 11）

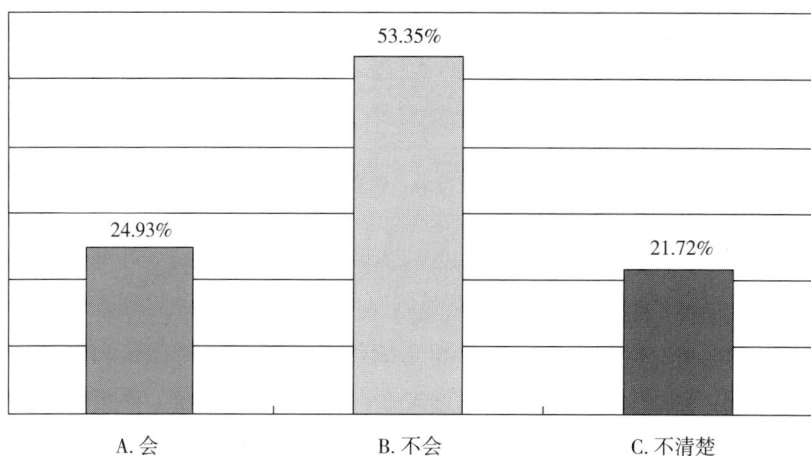

图 11　调查对象对是否会对在一些网络论坛就一些政治主题或社会问题发表自己的看法的选择

7. 对国家社会重大事务的参与权的认知状况

我国为公民提供了多种参与政治生活以及社会管理的渠道。其中，通过网络、新闻媒体等渠道参与讨论是一种较常见的形式，对于青年学生来说也是一种比较容易接触和操作的方式。对此，本问卷设置了青年学生对通过网络、新闻媒体等渠道了解或参与过的人大代表的选举、听证会等活动的看法，借此考察青年学生对参与国家社会重大事务的认知。调查显示，有 44.61% 的青年学生认为应该认真有序地参与这样的活动；38.92% 的青年学生认为这些活动都是搞形式；而 16.47% 的青年学生则表示对国家社会重大事务不感兴趣，不想了解也不想参与。（图 12）

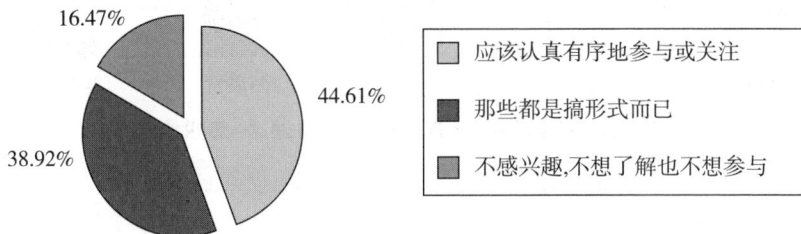

图 12 调查对象对通过网络、新闻媒体等渠道了解或参与人大代表选举、听证会活动的认识

（三）青年学生群体对自身应履行的公民责任的认知状况

1. 对遵纪守法的法律责任的认知状况

遵纪守法是宪法对公民最基本要求。一方面，它是公民应当履行的一项基本义务；另一方面，为了更好地建设法治国家，公民需要自觉地将遵纪守法视为一份责任并积极承担。通过调查获知，青年学生对每个人都应该遵纪守法这一要求的评价情况为：持很满意态度的占所调查对象总数的 29.45%；持满意态度的青年学生占到 37.03%，持一般态度的占 25.22%；持不满意和很不满意的分别占所调查对象总数的 6.27% 和 2.04%。（图 13）此外，通过进一步对青年学生在现实生活中的具体表现的调查获知，对学校、法律规定的各项规章制度，能基本能遵守的青年学生占所调查对象总数的 68.80%；偶尔不遵守和基本不遵守的分别占所调查对象总数的 27.84% 和 3.35%。（图 14）而面对自己身边同学不遵守纪律的行为（如考试作弊），高达 83.96% 的青年学生选择一种消极对待的方式。其中 40.96% 的青年学生对周边同学的作弊行为视若无睹，只是从心里鄙视这种行为；43% 的青年学生则认为没有必

要揭穿这种违规行为，不想因此而伤了同学之间的感情。只有 16.04% 的青年学生会选择及时制止同学的违规行为并予以教育。(图 15)

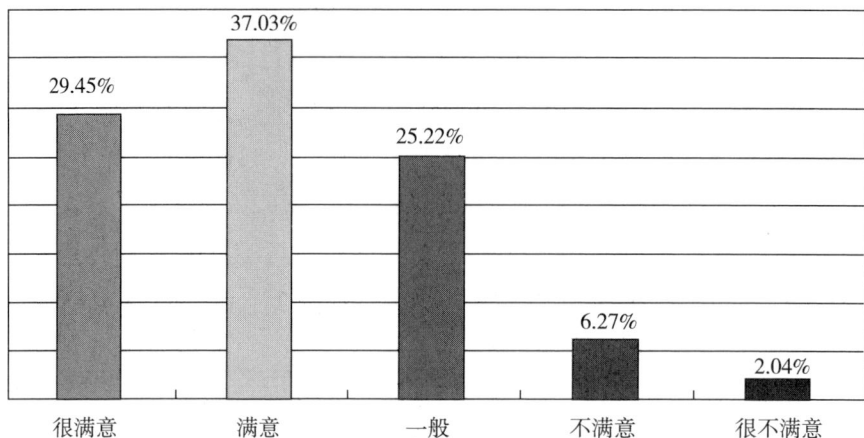

图 13 调查对象对每个人都应该要遵纪守法这一要求的评价

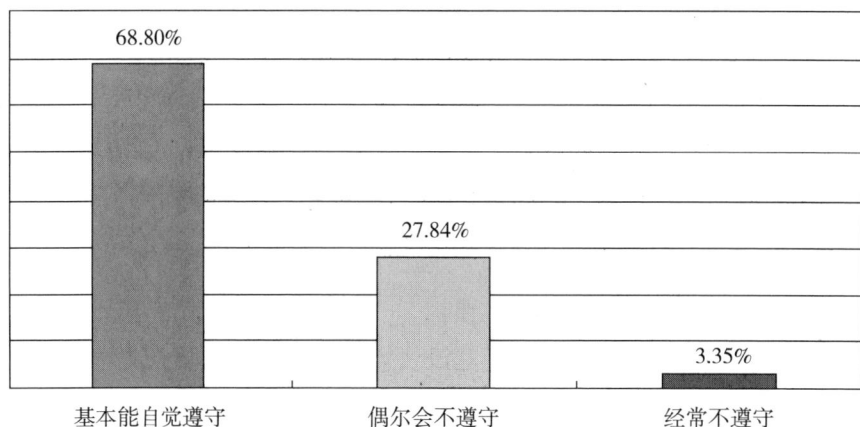

图 14 调查对象遵守学校、法律规定的各项规章制度的状况

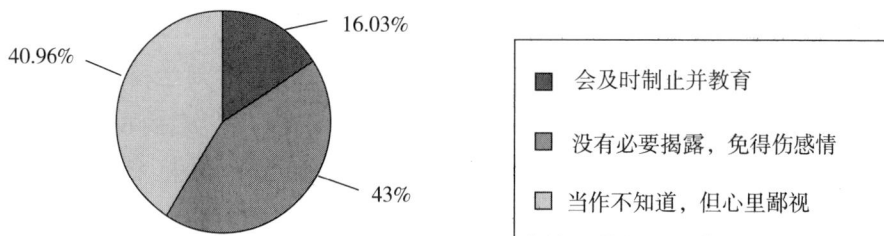

图 15 调查对象对自己身边的同学不遵守纪律的行为（如考试作弊）的认知

2. 对维护社会公德的道德责任的认知状况

良好的道德素质是公民的一项重要品质，自觉承担道德责任，有赖于每个公民内在的道德责任感。通过调查获知，面对公共场合出现的大声喧哗、不遵守公共秩序等行为，17.06%的青年学生会选择及时阻止这些行为并对相关人员进行教育；而15.74%的青年学生选择无视这种行为，认为事不关己；67.20%的青年学生虽然心里面抱怨谴责这种不道德的行为，但是表示自己无能为力。（图16）通过另一个相关的问题"当你面对社会上的一些"假""恶""丑"等不良风气，你的态度是?"的调查获悉，当前只有17.64%的青年学生会选择一种积极的态度对待，表示会坚决反对不良风气，其余82.36%的青年学生则是以一种消极的态度对待这些不良风气的。其中，37.32%的青年学生认为只要独善自身就可以了；34.26%的青年学生虽然对此感到担忧，但觉得自身无能为力；10.79%的青年学生则选择学着适应这些不良风气。（图17）

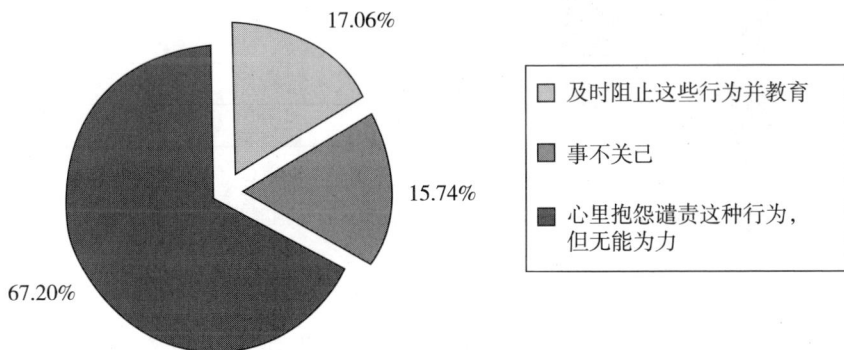

图16 调查对象对在公共场合大声喧哗、不遵守公共秩序等行为态度

为了更好地了解青年学生的道德责任认知，问卷进行了调查。在第一个问题中，调查了青年学生对"在公交车上主动为老弱病残及怀抱婴儿者让座"的行为满意度，41.84%的青年学生对此感到非常满意；37.17%的青年学生对此感到满意；16.47%的青年学生对此感到一般；2.48%的青年学生对此感觉不满意；2.04%的青年学生则表示对此很不满意，（图18）而在第二个问题"对各种爱心捐款、救灾赈灾等志愿服务活动的态度"的调查中发现，39.65%的青年学生表示非常愿意参与，56.56%的青年学生表示偶尔愿意参加一些，只有3.79%的人不愿意参加，（图19）调查显示青年学生能够较好认

识到必须对自己的行为负责，做一个有责任感的公民。

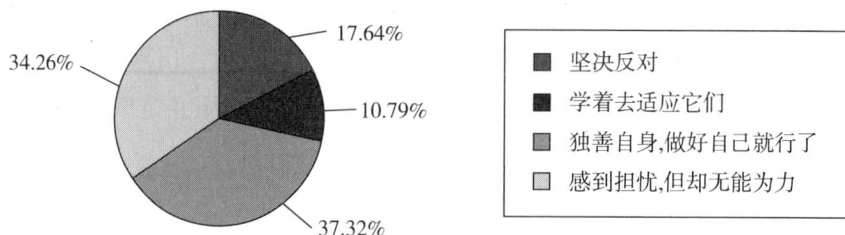

图17　调查对象对社会上的一些假恶丑等不良风气时的态度

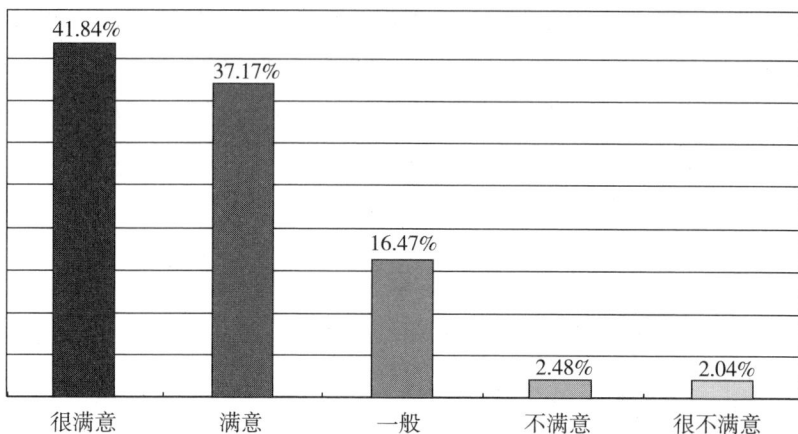

图18　调查对象对在公交车上主动为老弱病残及怀抱婴儿者让座的满意度

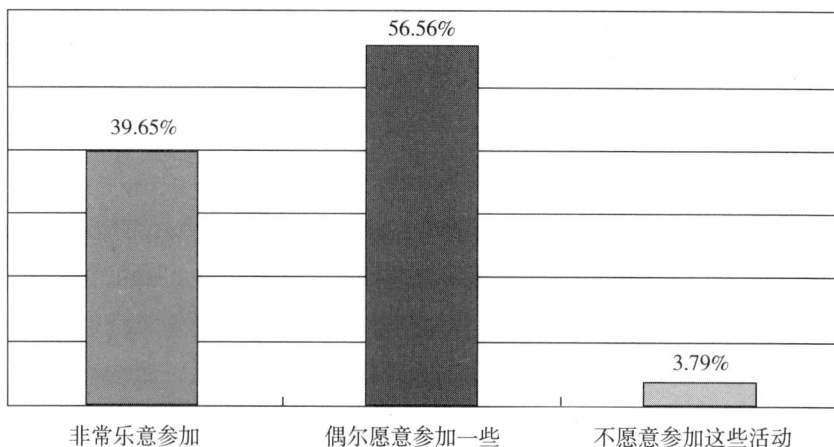

图19　调查对象对各种爱心捐款、救灾赈灾等志愿服务活动的态度

3. 对团结统一的民族责任的认知状况

维护国家统一和民族团结，实现中华民族的伟大复兴，一直以来都是中华儿女为之奋斗不息的梦想。我们处在实现中国梦的黄金时期，更需要培养青年学生高度自觉的民族责任感。为此，问卷对青年学生的民族责任感进行了调查。根据调查显示：当前，60.35%的青年学生认为自己在社会主义现代化建设中扮演着普通成员的角色；26.82%的青年学生认为自己是社会主义现代化建设中的主力军；而12.83%的青年学生不清楚自己的地位。（图20）

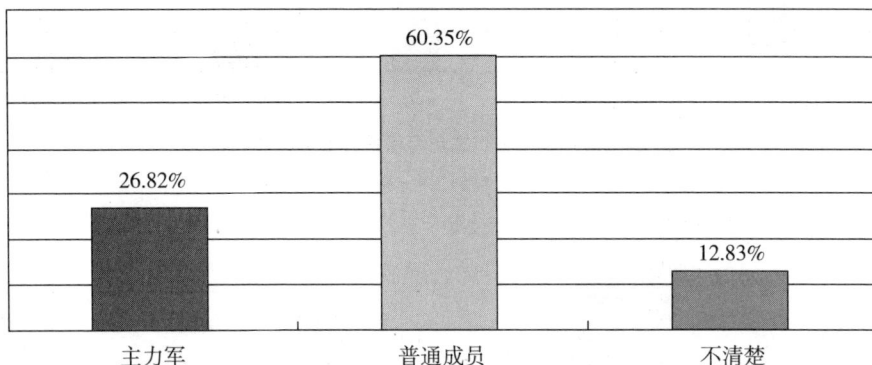

图20 调查对象对其在社会主义现代化建设中的地位认知

4. 对保护环境的持续发展责任的认知状况

党的十八大将生态文明建设纳入中国特色社会主义事业"五位一体"总体布局，生态文明建设不仅关系到国家的可持续发展，与个体的成长也是息息相关的。所以每个公民都应该自觉形成高度的责任感，保护环境，参与生态社会建设当中。通过调查可知，当前青年学生在生态环境保护方面的关注程度表现为：特别关注的占所调查对象总数的16.47%，比较关注的占43.73%，一般关注的占32.94%，不太关注的占4.37%，从不关注的占2.48%。（图21）从总体看，青年学生具有较强的持续发展责任意识。

5. 对担当国家建设与发展责任的认识状况

依法纳税是每个公民的应尽义务。通过调查青年学生对依法纳税的认知，可以看出其对担当国家建设与发展的认识。调查发现，63.85%的青年学生认为自己应该主动依法纳税；32.65%的青年学生认为纳税是国家强制要求的，无可奈何，只能被迫缴纳；3.05%的青年学生不想纳税，想着能逃就逃，不得已时再缴纳。（图22）

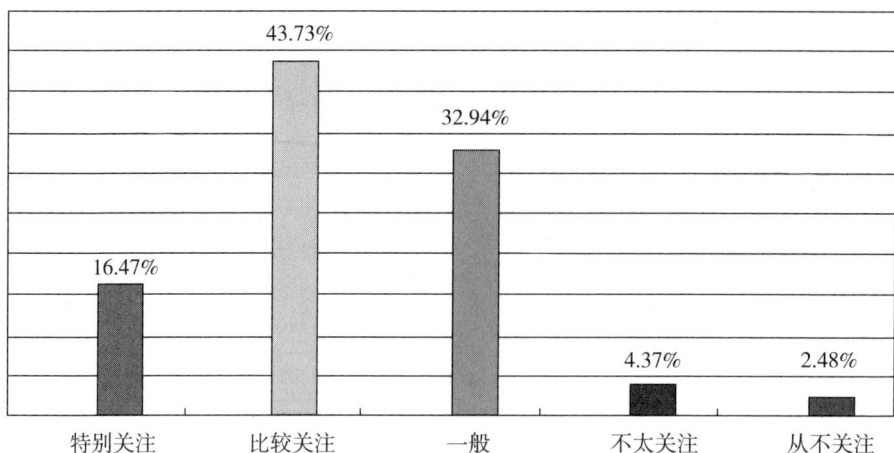

图21 青年学生在生态环境保护方面的关注状况

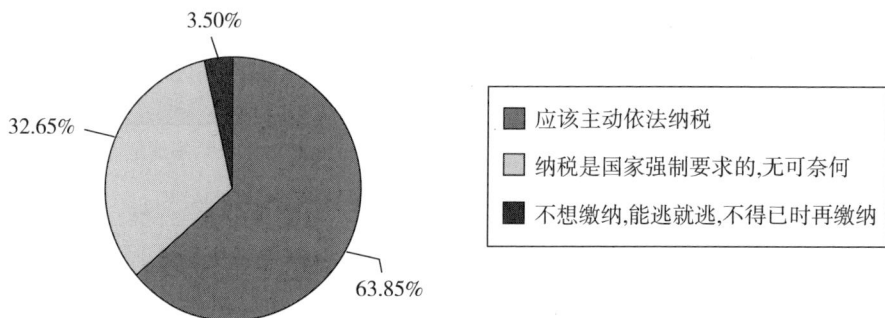

图22 调查对象对依法纳税的认识

(四) 青年学生群体对权利与义务二者关系的认识状况

公民在享有各项基本权利的同时也必须履行各项基本义务,这就是权责统一原则。通过调查发现青年学生对此原则评价不一,57.58%的青年学生认为这些基本义务是非常重要的,应该自觉履行;13.12%的青年学生认为太多的义务限制了公民的权利和自由;15.01%的青年学生认为宪法规定的基本义务没什么约束,有时可以逃避履行;而有14.29%的青年学生则对这些基本义务不甚了解。(图23)通过进一步了解获悉,当前27.55%的青年学生表示对自己能做到权责统一表示很满意;39.65%的青年学生表示满意;26.38%的青年学生表示一般;4.94%的青年学生表示不满意;1.46%的青年学生表示很不满意。(图24)而当被问及"当您遇到一件可能对社会公共安全造成危害的事情（如有人正在破坏广播电视设施），如果您去制止可能会给自己带来麻烦的时候，您还会去制止吗?"这样的问题时，16.91%的青年学生表示一定会去制止，而49.71%的青年学生认为自己需要权衡利弊，15.45%的青年学生表示不会前去制止，17.93%的青年学生表示不清楚。（图25）

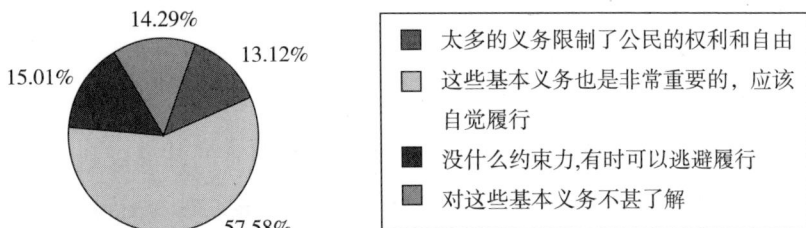

14.29%
13.12%
15.01%
57.58%

- ■ 太多的义务限制了公民的权利和自由
- ▨ 这些基本义务也是非常重要的，应该自觉履行
- ■ 没什么约束力,有时可以逃避履行
- ▨ 对这些基本义务不甚了解

图23　调查对象对公民在享有各项基本权利的同时必须履行各项基本义务这一要求的评价

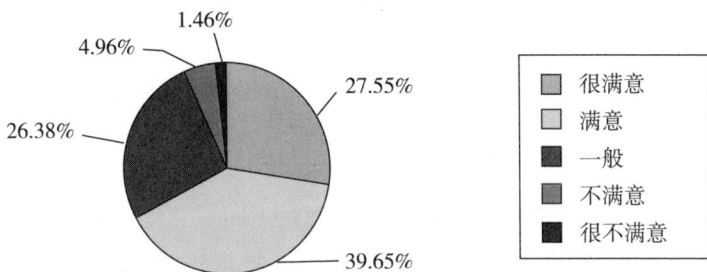

1.46%
4.96%
27.55%
26.38%
39.65%

- ▨ 很满意
- ▨ 满意
- ■ 一般
- ▨ 不满意
- ■ 很不满意

图24　调查对象对自身能否做到权责统一的满意程度

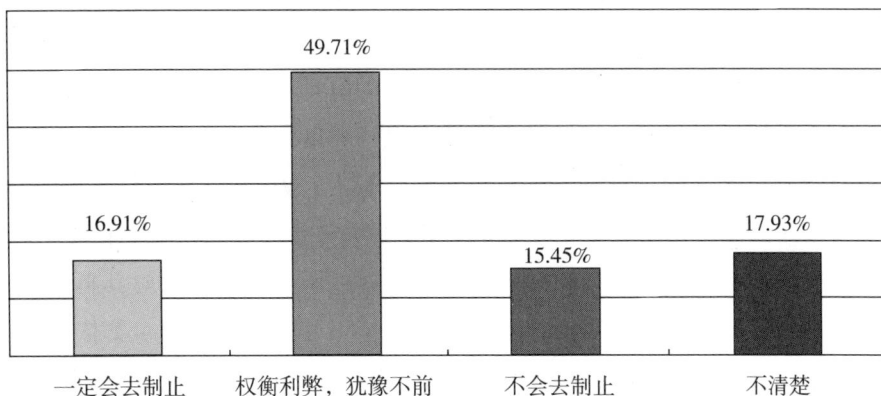

49.71%

16.91%　　　　　　　15.45%　　　　17.93%

一定会去制止　　权衡利弊，犹豫不前　　不会去制止　　不清楚

图25　调查对象在遇到一件可能对社会公共安全造成危害也会给自己带来麻烦的事情时的表现

三、当代青年学生群体的权利和责任意识存在的问题

（一）青年学生群体对自身的公民权利认识上存在的问题

1. 权利概念模糊，缺乏理性判断

人们只有对宪法和法律赋予的各项权利的具体内涵有了较为清晰、正确和深刻的理解之后，才能正确地运用和行使自己拥有的各项权利。可以说，正确理解各项权利的内涵是正确权利意识形成的前提，能否正确理解自己所拥有的各项权利的内涵，将影响公民行使权利的实际效果。通过调查发现，当前部分青年学生对自己所拥有的各项权利的内涵的理解是模糊的，缺乏清晰准确的认识，部分青年学生在一些重要的权利的内涵的理解判断上甚至还出现了偏差。

通过调查发现，当前仍存在着29.15%的青年学生没能正确理解 "言论自由" 这一概念的正确含义，对 "言论自由" 这一公民政治自由的权利的理解出现了偏差，出现了走极端的倾向。一方面是走向了 "绝对言论自由"，认为言论自由就是畅所欲言，不用在意是非对错（持这样观点的青年学生占到所调查对象总数的13.84%）；另一方面则是走向 "绝对奴役"，觉得自己没有所谓的言论自由（持这样观点的青年学生占到所调查对象总数的15.31%）。

2. 权利意识薄弱，欠缺实现意识

权利意识，表现为人们对其自身所拥有的权利的理解、运用及掌握。因此，判断人们的权利意识的强弱主要从人们对其自身权利的 "知" 以及如何对其自身权利的 "行" 这两方面出发进行考察。一方面，权利意识是一种观点、态度。因此，判断青年学生权利意识的强弱，可以通过调查青年学生对其所拥有的权利的价值判断和理解而获悉。通过调查青年学生对其自身所享受的权利的了解以及对其评价时发现，只有5.98%的青年学生对其依法享有的权利十分清楚，然而还存在着12.54%的青年学生对自己依法享有的权利基本上不了解，而高达81.49%的青年学生虽然了解自身依法享受的权利，然而却是一种模糊的认识（图26）。当问到对这些权利的评价时，26.68%的青年学生认为其依法享受的权利只是形式而已。

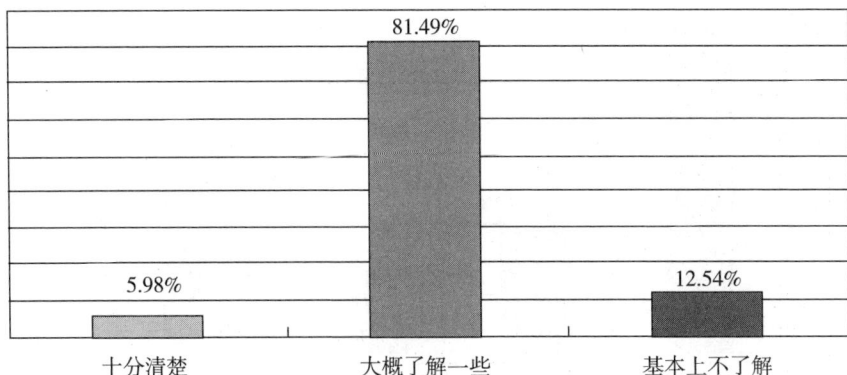

图 26　调查对象对其自身所享受的权利的了解

　　另一方面，由于意识对人们的行为具有引导作用，因此，考察青年学生权利意识的强弱还需要进一步了解青年学生在具体问题上的具体行为表现，从而作出更好的判断。通过调查青年学生对宪法赋予其自身的各种权利的运用情况发现，他们的权利实现意识比较薄弱。首先是高达 71.43% 的青年学生从未参加过基层选举活动，而在这些没有行使过自身选举与被选举权的青年学生中，除了因为不知道有这方面的活动而没参与，31.63% 的青年学生由于自己不感兴趣而放弃自己的权利或因为自己觉得这些活动只是搞形式，没有意义而放弃自己权利，抑或是由于自己不喜欢某个候选人就选择不参加。青年学生提出的这些理由正反映出他们对宪法赋予其自身的选举与被选举权不重视，缺乏实现意识，将自身的权利弃若敝屣。其次是那些参加过基层民主选举的青年学生（占所调查对象总数的 28.57%）在面对熟人请求其投票时，37.17% 的青年学生不会因为是熟人的缘故就碍于情面而违背个人的意愿把自己神圣的一票投给对方，而是会客观公正地投票，62.83% 的青年学生往往在碍于情面的情况下投票。青年学生拥有权利而不行使权利，这是他们权利意识薄弱的一种表现。而他们当中一些人虽然行使了权利，但在行使的过程中没有用好自己的权利，这同样是青年学生权利意识薄弱的一种表现。

　　此外，在权利意识方面，女青年学生相对于男青年学生来说，其权利意识更加薄弱。面对发生在自己周围的官员的贪污腐败行为时，31.94% 的男青年学生选择了一种事不关己的消极态度来对待自己的民主监督权，而在女青年学生中，这一比例更高，达到 40.69%。（图 27）

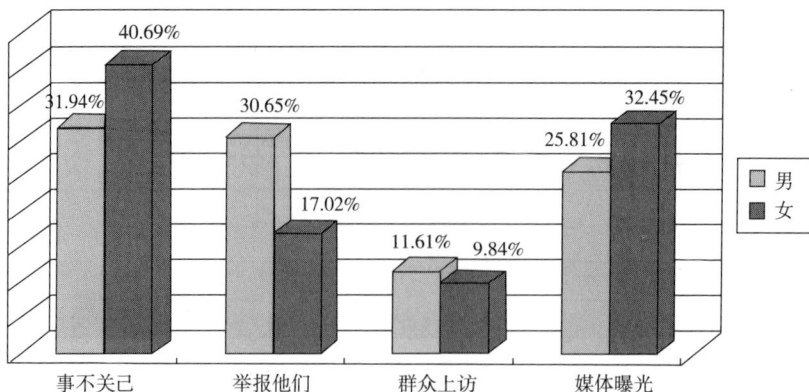

图27　男女青年学生在面对发生在自己周围的官员的贪污腐败行为时的表现

（二）青年学生群体对自身的公民责任认识上存在的问题

1. 责任概念模糊，未能准确理解

责任应当是一个具有双向指向的概念。一方面，责任是对自己负责，即有责任规范自己的行为，努力做好自己，从而成为有责任感的人；另一方面，责任也是对他人及社会负责，即规范别人的行为，从而使别人也成为一个有责任感的人，促进社会公平正义。通过调查发现，青年学生对责任概念理解的片面化，存在着模糊不清之处。虽然青年学生能够较好地认识到必须对自己的行为负责，做一个有责任感的公民，然而对待别人的不道德或违纪违规的行为时，青年学生并没有认识到及时进行阻止也是他们的责任，而是以一种消极的"事不关己，高高挂起"的态度予以对待。例如在回答对"在公交车上主动为老弱病残及怀抱婴儿者让座"的满意程度中，只有4.52%的青年学生感到不满意。由此可以看出青年学生在面对道德选择时，能够展示较高的道德责任感。然而当他们面对公共场合出现的大声喧哗、不遵守公共秩序等行为时，17.06%的青年学生会选择及时阻止并进行教育，82.94%的学生则是持着一种消极的态度。同样，在回答面对身边的同学不遵守纪律的行为（如考试作弊），自己将如何抉择时，83.96%的青年学生选择消极对待的方式，16.04%的青年学生会选择及时制止并予以教育。青年学生没有及时对别人不道德或违纪违规的行为进行阻止，一个主要原因是他们过于考虑自身的风险和成本。此外，不少青年学生对何为"责任"理解模糊不清，存在"自扫门前雪，休管他人瓦上霜"的片面化理解，认为别人不道德或者违纪违规的行为是别人的责任，自己只需管好自己、做好自己就好。

2. 责任能力偏弱，知与行存在脱节

一个人是否具有较强的责任意识，不仅要看其是否能清楚地认识到应当承担的责任有哪些，还要看其能否将应当承担的责任自觉地转化为实际行动。通过调查发现，青年学生的责任意识总体而言还是比较强的，基本能够意识到自己的责任所在并自觉承担。然而当面对一些与自身利益有着较强关联时，他们的责任能力就显得相对薄弱，承担意愿不强，且不能将责任自觉地转化为自己的实际行为，知与行出现脱节，出现个人利益倾向化的趋势。

（三）青年学生群体在对权利与责任二者关系的认识上存在的问题

权责意识出现偏差，带有自利倾向。权利与责任两者是辩证统一的，这意味着权利和责任不可分割，公民在获取权利的同时应当自觉承担责任，即做到权责统一。因此，判断青年学生的权利和责任意识时，除了要将青年学生的权利意识和责任意识的强弱作为一个重要的考察指标，还应将青年学生的权利意识与责任意识进行对比分析，以防止其某一意识出现偏差。通过调查发现，部分青年学生在对权利与责任二者关系的认识上存在着偏差，出现重权利而轻责任的带有自利倾向的问题。18.66%的青年学生在认为自己拥有的权利还不够全面，宪法和法律应该赋予其更多的权利；13.12%的青年学生认为太多的义务限制其权利和自由。

四、存在问题的分析

（一）学校缺乏系统的公民意识教育

1. 学校教育囿于传统体制，对公民意识教育缺乏重视

目前学校还没有将公民意识教育课程纳入到教育体系中。从开设的课程看，无论是中等教育阶段开设的道德教育课程，还是高等教育阶段开设的思想政治教育课程，均缺少公民意识教育的内容。虽然在道德教育和思想政治教育课程中会涉及一些公民意识内容，如高中教育阶段的思想品德课程中对学生进行一些公民基本权利和义务常识的教育，大学教育期间开设的《思想

道德修养与法律基础》也涉及一些公民意识的教育内容，但也只是涉及公民意识教育内容依然不够。现有的公民意识教育的内容零星地散布在课程之中，学生得不到系统的公民意识教育。此外，许多学校迫于学生升学的压力，在实际教育过程中实行的仍然是应试教育。学校将升学考试要求的学科课程置于最高位，而将培养公民素质的公民意识教育搁置一边。正是由于学校囿于教育体制，对公民意识教育缺乏重视，才造成青年学生没能获得系统的公民意识教育，导致他们在权利意识和责任意识的认识方面存在许多不足之处。

2. 教师的公民意识教育水平不高，制约了教育效果

教师是人类灵魂的工程师，是学生健康成长的指导者和引路人。教师的教育水平将对其所教授学生的学习效果产生直接且深刻的影响。少数教师的公民意识教育水平不高，首先表现为教师缺乏系统的公民意识教育培训，在进行公民意识教育时经验不足，不能专业地掌握公民意识教育的内容并有效开展教育。其次，教师对公民意识教育的理解存在着一些偏差，将公民意识教育视同政治教育，认为公民意识教育就是培养社会主义的接班人，在教育内容上，重责任意识教育而轻权利意识教育。最后，教师缺乏教学艺术。公民教育作为思想意识教育，需要教师运用多种教学艺术，激发学生学习的意愿。个别教师在教学过程中采用理论灌输的"填鸭式"教学方式，学生渐渐对公民意识教育产生反感，公民意识教育的效果自然不容乐观，青年学生的权利意识和责任意识没能因教育而得到强化。

3. 公民意识教育途径多样化不足，教育渠道狭隘

学校在对学生进行公民意识教育时，缺乏多样化的教育途径。第一，学校没有充分开发利用校内教育资源。"凡是在学校环境中蕴含一定的教育价值、能促进学校教育教学活动顺利开展的资源，都可以称为学校教育资源。"[①]学校的教育资源原本应当是多样化的，然而个别学校只是将公民意识教育限于课堂教学，限于教师这一人力资源上。第二，学校没有积极拓展校内教育的外延。公民意识教育往往过多注重课堂教育的理论灌输，而缺乏课外社会实践，没有实现知与行的有机结合。以上这些因素都使得青年学生获取公民意识教育的渠道变得狭隘，其权利和责任意识也因此得不到更多强化机会。

---

① 陈文平：《浅谈学校教育资源的开发利用》，《科教文汇（下旬刊）》2010 年第 3 期。

（二）家庭教育存在不足

1. 家长对家庭教育与学校教育的认识存在偏颇

每一个孩子最初接受到的教育都是家庭教育，父母作为第一任教师，在孩子的成长过程中发挥着重要的教育功能。随着子女年龄的增长，规范化的学校教育逐渐成为子女接受教育的主要方式。然而，家长不能将学校教育当作万能教育，指望学校能教会学生一切东西，从而把责任全盘推给学校；更不能将其当成阶段性教育，将家庭教育局限于婴幼儿时期。家庭教育是家长对孩子所进行的一种终生教育。许多家长并没有正确认识家庭教育与学校教育之间的关系。他们没有认识到除了学校教育，自己还应该在家庭教育上加强对青年学生的权利和责任意识的教育，导致青年学生接受权利和责任意识教育的渠道狭窄，教育效果不理想。

2. 家长缺乏公民素质，未能树立起榜样示范

言传身教是家庭教育的重要方式，家长的一言一行均会对子女产生潜移默化的影响。因此，家长自身的公民素质水平，将会通过其行为在孩子面前表现出来，对孩子造成影响。个别家长的公民素质偏低，缺乏民主意识，家长作风强盛，在孩子面前往往表现出"唯我独尊"的姿态。长期生活在这种缺乏民主氛围下的孩子自然缺乏民主意识和权利意识。此外，少数家长的权利和责任意识偏弱，常常未能正确行使自己的权利以及自觉承担其应有的责任。家长的这些行为表现未能为孩子作出表率，未能为孩子树立起榜样示范。

3. 家庭教育方式欠佳，教育效果不理想

少数家庭在对子女进行教育时，选取的教育方式还存在一定的误区。个别家长过分溺爱自己的子女，对子女的要求百依百顺，对其日常生活照顾地面面俱到，导致孩子自小就缺乏责任意识。而少数家长采取过度干涉子女的教育方式，过分强调孩子的学业成绩。为了让子女取得更好的成绩，常常教导自己的孩子必须以学业为重，不允许其参与其他活动，这使得子女缺乏主体意识（权利意识）。还有个别家长对子女采取放任的教育方式，对他们的行为不闻不问，漠不关心，即使孩子做错了事情也不及时予以纠正。这使得当孩子的权利意识和责任意识出现问题时不能及时得到改正。当前少数家庭仍未摆脱传统家庭教育观念，缺乏民主的家庭教育方式，这是青年学生缺乏权利和责任意识的重要原因之一。

(三) 当前社会现实状况的制约

1. 公民权利受到漠视，民主政治发展水平有待提高

我国有着两千多年漫长封建专制历史，直到近代之后才开始孕育出民主的意识。民主法治建设至今仍是我国一项艰巨的任务。"公民是民主时代的产物，是与民主伴生的，与民主法制是一对孪生姊妹。"[①] 公民意识的形成必须在良好的民主氛围下才可以得到健康发育，然而对于当前这样一个民主发育仍未健全、民主政治发展水平有待提高、人们观念中的不良思想和心理仍未纠正，不利于加强青年学生的权利意识。

2. 市场经济体制不健全，权利责任不统一的影响

自改革开放以来，我国的社会主义市场经济体制得到建立并以迅猛的速度发展。一方面，市场经济倡导自由公平竞争，强化了人们的主体意识、权利意识和自由意识。另一方面，改革开放和市场经济的发展加强了国家之间、地区之间、人与人之间在经济、政治、文化和思想方面的交流，各种思想价值观念因此得到了更多的交融，人们的思想、价值观念也开始呈现出多样化的趋势。然而，由于社会主义市场经济体制发展得还不够成熟、健全和完善，使得物质主义、享乐主义、拜金主义、个人主义等不良倾向产生。"市场经济物质主义的价值导向造成当代青年学生对涉及个人利益的权利意识浓厚，而事关国家利益和集体利益的责任意识相对薄弱的失衡状态。"[②] 这样容易导致青年学生对权责的认识不能统一。

3. 社会不良因素的制约，公民责任的履行受影响

当前社会上的很多公民是有社会责任感的。然而，当"扶起了摔倒的老人遭讹诈""见义勇为后生活很凄惨""路边的乞丐实际上是月入过万的装作盲人、瘸子的职业乞丐"等一个个畸形的社会现象出现时，公民的责任感一再受到打击，热情也逐渐消退，其承担责任时的成本和风险却逐渐增加。原本只是少数被利益遮蔽良知的人所做的行为，却毒害了整个社会的风气。渐渐地，人们发觉自己虽然很想做点"好事""义举"，但同时发觉"见义勇

---

① 郭丽琴：《当前我国公民教育实施中存在的问题及对策探析》，山东师范大学硕士学位论文，教育学原理专业，2006 年。

② 韩慧：《当代青年学生群体公民意识的调查与思考》，《理论学习》2010 年第 10 期。

为""行侠仗义"是要付出很大的代价和成本时，便让公民在承担责任的时候顾虑重重，犹豫不前。青年学生原本充满着朝气热情，乐于奉献，勇于担当，但长期在这种局面的影响下，不利于其履行责任的能力。

五、强化当代青年学生群体权责意识的对策

（一）开设公民教育课程，制订完善学生培养方案

"随着公民教育实施范围的不断扩大，当前大多数国家都采取各种课程形式来推行公民教育，公民教育课程化成为世界公民教育发展的必然潮流。"① 我们必须纠正以往把公民意识教育当成非正式课程，忽视公民意识教育重要作用的错误认识。我们要将公民意识教育作为一门独立的课程正式纳入到学校正式课程当中去，定期对学生开展考试考核以巩固教育成果。我们可以立足本国国情，适当借鉴国外公民意识教育的优秀经验，开设公民意识教育课程。同时要根据我国青年学生的公民意识状况及未来发展趋势，科学制订出适合我国青年学生的公民意识培养方案。该方案要将青年学生权利责任意识、民主法治意识、道德文明意识、国家意识、政治意识的形成和强化作为公民意识教育的基本目标，"内容上要突出国家观念教育，责权意识教育、民主和法制教育，使青年学生明确自己在国家中的地位，在国家中的权利和义务，依法治国的重要性，增强青年学生对社会的责任感"②。此外，还要适时根据青年学生身心发展规律进行动态调整，形成适合不同年龄阶段的青年学生接受公民意识教育的具体化和有针对性的培养方案。针对调查中发现的高等教育阶段的青年学生相对于中学阶段的青年学生的权利认知更不足这一问题，在制订高等教育阶段的青年学生培养方案时要更加突出对其权利认知的教育。

公民意识教育的顺利开展离不开正确的教育政策方针支持，更离不开教育的主体——教师的导学。教师的公民意识教育水平直接影响着青年学生的学习效果。因此，必须提高教师的公民意识教育水平。第一，要积极引进一

---

① 王静：《试论公民教育课程化与学校公民教育》，《经济研究导刊》2010 年第 11 期。

② 张宏韬，张宏伟：《加强青年学生公民素质建设的几点思考》，《黑龙江史志》2010 年第 13 期。

批专业水平过硬，具有较强公民意识的教师，形成学校公民意识教育的师资队伍。第二，除了引进来，学校还要建立公民意识教育培训机制，定期对教师进行培训，并定期对教师的公民意识教育水平进行考核。通过"引进来"和"产出来"提高学校教师公民意识教育的整体水平。第三，要组织教师到其他学校进行教学交流，学习借鉴其他学校在公民意识教育方面的先进经验。第四，要鼓励教师积极开展关于青年学生的公民意识及相关内容的学术研究等活动。通过科研活动提高教师专业水平，进而提高学校公民意识教育的教学质量。

（二）开展课外实践教育活动，激发学生自主学习兴趣

在公民意识教育活动中，虽然教师发挥着引导作用，但这并不意味着教育的主体仅是教师，还应包括学生，在进行公民意识教育教学时还应积极发挥学生的主体性教育。"所谓主体性教育是指根据社会发展的需要和教育现代化的要求，教育者通过启发、引导受教育者内在的教育需求，创设和谐、宽松、民主的教育环境，有目的、有计划地组织、规范各种教育活动，从而把他们培养成为独立自主地、自觉能动地、积极创造地进行认识和实践活动的社会主体。"① 实现学生权利和责任意识的自主性教育，学校可以通过开展丰富多彩的课外体验教育活动激发学生自主学习的兴趣，从而培养青年学生的权利和责任意识。

开展丰富多彩的课外体验教育活动，一方面要求学校开发利用好校内各种教育资源。第一，为学生创建自主管理平台。在高中教育阶段，许多学校迫于升学的压力，一再压缩学生自主管理组织的数量和规模，有些学生甚至还反映不清楚校园里有团委、学生会或青年志愿者等学生自主管理的社团组织的存在，导致青年学生严重缺乏自主管理的意识。因此，学校要积极为学生创建属于他们的自主管理平台，而教师在学生自主管理平台中只需扮演指导的角色便可。至于这个平台的运行管理，如成员的选举、活动的操办等则由学生独立进行，有利于让青年学生在管理的过程中切身体会自己的权利和责任，增强他们的权利和责任意识。

第二，学校还要为学生提供校园网络学习交流平台，通过这一平台的搭

---

① 李澍：《论学生的主体性教育》，《现代商贸工业》2009 年第 4 期。

建，让青年学生亲身体验自主学习所带来的乐趣，从而明晰其在学习上的主体地位。一方面，通过校园网络学习平台，青年学生可以自主学习公民意识教育的相关理论知识；另一方面，通过该平台，学校可以及时公开各类校务信息，保障学生的知情权。此外，学校还要鼓励青年学生通过网络交流平台对校园发生的大小事务进行商讨和评议，从而保障学生的参与权和表达权。总之，校园网络学习交流平台的搭建，既有助于拓宽学生自主学习公民意识教育相关知识的渠道，又有助于强化青年学生的权利意识。

第三，开展丰富多彩的课外实践教育活动，积极拓展校内教育的外延。教育家陶行知先生在反对"学校即社会"这一观点的同时还提出了"社会即学校"的观点，他认为学校的教育不应囿于校园，而应当积极拓展学校教育的外延，鼓励学生积极参加各类社会实践活动以便接受到更多校园所没能学到的知识和能力。同样，开展课外实践教育活动也不应囿于校园内，而应当积极开拓一些校外社会实践活动。学校可以利用的校外教育资源其实是非常丰富的。例如，可以通过开展社区志愿服务、党员"三下乡"等社会实践活动提升青年学生服务社会的责任意识。

"青年学生接受的公民意识相关知识只有经过自觉自愿的实践活动，才能内化为情感和意志，外化为行为和习惯。"① 所以，开展课外实践教育活动有助于青年学生将公民意识教育的相关知识内化成为一种自觉的公民意识，对青年学生存在的权责意识中知与行存在脱节的问题的改善是大有裨益的。

(三) 重视家庭教育补充功能，发挥家庭环境良好作用

家庭是青年学生权利意识和责任意识萌芽的地方，青年学生所接受到的正规教育都必须以家庭教育为基础。正因如此，家庭教育在青年学生权利意识和责任意识确立初期发挥着重要的教育意义。具有现代文明意识的家庭往往能与学校教育和社区教育形成教育合力，大大增强青年学生的权利意识和责任意识。所以，家长应重视家庭教育在青年学生权利意识和责任意识形成过程中的教育补充功能。努力建设具有现代文明意识的家庭，积极发挥家庭环境对孩子的正面引导作用。

建设具有现代文明意识的家庭，第一是家长要转变教育观念。家长要树

① 韩慧：《当代青年学生群体公民意识的调查与思考》，《理论学习》2010 年第 10 期。

立家庭教育一种终生教育的观念，增强其教育子女的责任意识。第二是家长要优化家庭教育方式。"家庭教育方式是指父母在教育孩子的过程中运用的方法和方式，是家长教育观念和教育行为的综合体现。"[①] 因此，家长们在转变教育观念之后，还应及时优化家庭教育方式，对子女进行教育时应避免溺爱、过分干预或不作为等不利于青年学生权利意识和责任意识成长的教育方式。家长要善于遵循孩子的身心发展规律，适时调整教育方式，循循善诱，达到优化教育的目的。第三是家长要提高自身的公民素质，起到榜样示范作用。家长要与时俱进，不断提高自己的公民素质，通过自己的言行给予自己子女更多正能量。第四是学校和社区要与家庭加强教育互动。家庭教育作为一种基础教育，具有学校和社区所没有的独特教育优势。学校和社区应当与之形成有效的教育互动，如学校要定期召开家长会议，向家长反映孩子的教育状况，以便家长能更好地掌握孩子的教育动向，更有效地配合学校开展教育工作。

(四) 健全公民行使权利机制，促进公民权利更好实现

健全公民行使权利机制，一是要在健全和完善现有的保障公民行使权利的相关制度、方式和渠道的基础上，积极开发和利用新媒体等渠道。二是要在公民行使权利机制实现程序化运行的基础上，逐渐简化操作程序，提高机制的运行效率，进而保障公民的权利能够得到顺利的行使。三是要依法严格规范公民行使权利机制的运行方式，杜绝和避免出现各种形式化的问题，实实在在地发挥好机制造福于民的作用，从而保证公民行使权利的积极性。

总之，在民主政治建设的过程中，我们必须注重健全公民有序政治参与的机制，促进公民权利更好地实现，不能让公民的权利意识受到压制，而应该使其在健全的民主政治生活中得到发展。

为了更好地了解青年学生的权利意识和责任意识，本文综合运用了问卷调查法和文献分析法对青年学生的权利意识和责任意识状况进行研究。通过大量数据获悉了青年学生的权利意识和责任意识的状况，并对发现的问题进

---

① 朱黎丽：《转型期家庭结构、功能的新变化及其家庭德育实效研究》，华中师范大学硕士学位论文，思想政治教育专业，2011 年第 24 期。

行了分析，从社会、学校、社区和家庭教育的角度提出了强化青年学生权利意识和责任意识的教育对策。希望这些教育对策能为学校、家庭以及相关教育职能部门在对青年学生进行公民权利和责任意识教育时提供参考。

论道德激励的伦理限度[*]

王可心[**]

道德激励一直被看作推动社会道德建设的主要手段之一,从教育学的角度看,道德激励也是使受教育者提高思想道德修养的重要方法。从字面意义上理解,道德激励是以合乎道德为标准,对个体作出的道德行为或表现出的道德品质进行褒奖或正向引导,从而实现对更多个体的道德诉求的激发,使其自主地进行合乎道德的选择。然而,在现实生活中,正面的道德激励并不一定带来提高个体道德素养的必然结果。首先,从道德激励的主客体上讲,无论是道德激励的主体还是被激励的个体,在判断个体是否道德这个出发点上都无法清晰地界定;其次,从道德激励的具体方式上讲,无论是物质性的道德激励还是精神性的道德激励,激励行为程度的非量化容易导致过度和不及;最后,不同类型的道德激励可能违背道德激励的初始目的,甚至给被激励个体带来反向的影响。本文旨在从伦理学的角度重新审视道德激励,根据伦理学所定义的个体幸福和道德自由,以个体伦理、社会伦理为两个方面尝试探索道德激励的伦理限度,使道德激励更好地为社会主义道德建设发挥作用。

道德和伦理常被混为一谈,但实际上二者的立足点却不同。本文的出发点是以伦理学所定义的个体幸福感和道德自由来重新审视道德激励的尺度[①]以及对主客体的影响和具体方法,结合已有研究的结论和启发,反思道德激励的某些过度与不及以及可能带来的不良影响。

---

[*] 本文为 2016 届本科优秀毕业论文。

[**] 王可心,广州大学马克思主义学院思想政治教育专业 2012 级本科毕业生,指导教师:罗明星。

[①] 宋希仁:《伦理与道德的异同》,《河南师范大学学报(哲学社会科学版)》2007 年第 5 期。

道德激励旨在将个人道德价值认知自觉转移到道德实践，也关乎社会以人为本和保障公平的社会风气，是道德建设的重要方法之一。从个人伦理和社会伦理的角度出发，探索道德激励的伦理限度，从而使道德个体的主体性和道德激励制度更加和谐的结合，更好地发挥道德激励的积极作用。从另一个角度来说，也能够引起更多人对道德激励尺度的关注，改变人与人关系扭曲和紧张的倾向。

一、道德激励与伦理限度

道德激励很多时候被视为管理学的方法之一，从"胡萝卜加大棒"到"马斯洛需要层次理论"，在管理学中越来越重视激励的重要作用，道德激励将道德行为或品质作为对象，成为激励方法的内容之一。然而，道德激励更重要而直接地作用于道德教育的内容之中。德育中的道德激励，就是指德育主体在一定价值目标引导下，通过一定的形式和手段去引发、激活个体的道德善行的需要和动机，激发个体合乎道德的行为的发生，并在行为发生后根据个体行为评定给予回报性激励[①]。本文力图从道德教育的角度，探讨关于道德激励作为德育方法的一些局限性，思考道德激励背后所隐藏的伦理过度和伦理不及。

（一）道德激励的内涵与特点

从道德教育的角度来探讨道德激励，不同于管理学中的道德激励更侧重于激励的行为机制的管理和效果，它更加注重道德本身的界定和实现。德育中的道德激励的核心就在于使受教育者从"知善"到"行善"，为受教育者进行高尚的道德选择提供引导。但是值得注意的是，道德本身具有相对性，无论从哪种行为主体的角度来看，对道德的诠释都具有一定条件下的合理性。道德很难像社会规范一样有明确的评判标准，所以德育中的道德激励只能在帮助个体树立与社会和时代相适应的、相对合理的价值标准的方向努力。

---

① 邹海贵、焦惠：《传统道德激励与现代道德激励比较及转化路径》，《南华大学学报（社会科学版）》2013 年第 3 期。

1. 道德激励的特殊性

从道德激励的主客体和激励行为的角度来看，道德激励具有特殊性。德育中的道德激励以道德培育为目标，有教育者和受教育者的主客体，从这个角度来看，道德激励作为一种教育手段，具有矛盾的特殊性。从教育对象来看，道德激励的对象遍布社会的各个群体，并没有年龄和身份的限制，每个社会成员在进行自我社会化的过程中都会或多或少地接受道德激励。但是每个个体都有不同的世界观和人生经历，他们对同一种道德善行的激励行为会产生不同的教育效果。德育者在对不同的教育对象进行道德激励时，需要根据对象特殊的人生观、价值观和人生阅历，有针对性地组织道德激励的内容和方式。从个体的具体道德行为来看，每一种道德选择都在一定的条件下有其自身的合理性，不能单纯地把某种具体的道德选择列为道德或者不道德，而应该充分考虑道德行为的特殊性。以最常见的为别人让座这一行为为例，在不同的价值标准下，让座与不让座的选择可能会面临道德矛盾。从绅士价值角度，男士应为女士让座，从师生价值角度，学生应为老师让座，但是当女学生和男老师面对让座与否的问题时，就产生了道德矛盾。所以道德激励要以行为的特殊性为依据，综合考虑道德选择的价值背景和现实情境，适当选择激励行为。从道德标准的特殊性来看，不同的社会性质和不同的时代氛围会对道德标准的界定带来特殊性，道德标准的发展转变必然要求道德激励具有特殊性。

2. 道德激励的广泛性

从道德激励的地位功能的角度来看，道德激励具有广泛性。道德激励作为一种德育的具体方式，在整个社会建设和推动社会和谐发展的过程中具有广泛而深刻的作用。一方面，对于道德激励的应用范围来说，道德激励是从个体出生，到离开社会，接受社会影响并用自己的行为态度影响社会的过程中，随时可能会接受到的德育方式。所以无论是家庭教育，学校教育，还是企业单位的人才培养，道德激励一直都是个体养成高尚道德品质的重要方式。另一方面，对于道德激励所涉及的社会问题来说，道德建设与经济建设、政治建设、文化建设、生态建设齐头并进，很多社会问题都与道德选择息息相关。尤其是我国社会主义市场经济建设已经发展到深水区，要将制度建设和道德建设紧密结合，道德激励要有更广泛的社会作用。

3. 道德激励的不确定性

从道德激励的过程来看，道德激励具有不确定性。道德激励虽然是正向度的道德教育方式，但由于道德界定本身以及道德权威和道德质态的相对性，道德激励的形式和程度，以及所产生的教育效果都具有不确定性。道德激励的特殊性和广泛性都在一定程度上加强了道德激励的不确定性。另外，道德激励不是单指教育者对教育对象的道德激励，教育者和受教育者之间是可以相互转化的辩证关系，教育对象也可以是自己的教育者，即个体在进行道德选择时也会对自己进行道德激励。道德激励与道德回报的本质区别，就在于道德激励注重激励过后所产生的德育效果，而道德回报更注重回报本身。正是这一区别，凸显了道德激励的激励形式、激励程度和激励效果有巨大的不确定性的特点。道德激励在实际的教育行为操作中，不能确定教育对象的德育水平和价值观念，不能确定最合理的激励形式，很难把握适当的激励程度，也不能保证产生正向度的道德培育效果，最终很有可能使道德激励陷入伦理过度和伦理不及的尴尬之中。这也正是本文所要进一步探究的问题。

（二）伦理限度的内涵与特点

道德和伦理经常被混为一谈，但是在道德激励这个问题的学理探讨中，道德和伦理是两个有明显区别的概念。道德强调在社会中约定俗成的善行规范在行为者个体身上的体现，伦理更强调这种善行规范的外在性和客观存在性，侧重于思想体系和人伦关系。德育中的道德激励要在一定的伦理限度的范围之内，即一方面，要重视通过道德激励培养教育对象的内在品质，以人为中心，强调先有"知善"，而后"行善"；另一方面，要重视个体在道德选择中的实际社会行为是否符合一定的道德原则、道德规范，是否履行了一定的道德义务，强调道德选择的最终结果的评价。这两个方面的内容可以看作伦理限度的两个边界，但是德育中的道德激励在实际的教育操作中会出现超出两个边界的现象，分别导致过分强调个体道德选择的德性本身的伦理不及，和过分强调个体道德选择的行为结果的伦理过度。

1. 伦理限度的社会性

从伦理限度目标要求的角度来看，伦理限度具有社会性。在伦理学中，个体幸福的定义是拥有充分的道德自由并得到自我满足，道德激励的伦理限度也是要求将个体道德价值认同和个体道德选择行为结果有机统一。但是不论是内在的道德价值认同，还是外在的道德选择行为结果，其背后的支撑点都是个体所在的社会所倡导的世界观和道德标准，因此，伦理限度具有社会性。一方面，不同性质和发展程度的社会会以自身发展需求为依据，选择能够与其共融且促进其发展的世界观和道德标准。例如，在古希腊时期，亚里士多德所主导的以道德价值认同的内在主体意向和情感为重点的道德教育成为社会主流，成为有德之人一直是社会个体德育发展的至上追求①；随着西方资本主义社会的日益兴起，仅仅强调内在道德追求已经不能满足社会的协调发展要求，道德教育开始注重个体对道德规范的遵守，要求个体履行道德义务；近代西方市场经济的无政府状态导致人的价值扭曲，又要求培育个体的具有社会一致性的道德价值标准。另一方面，伦理限度不仅是道德范畴的概念，它与社会的经济、政治、文化，甚至生态都具有密切的联系。进行道德激励不仅要使个体形成社会主流的道德价值观念，履行社会倡导的道德规范和义务，更要考虑个体道德选择的经济背景，社会政治要求和文化氛围，综合分析道德选择背后的社会因素。

2. 伦理限度的利他性

从伦理限度的品质来说，伦理限度具有利他性。伦理限度是道德激励的伦理限度，道德激励是道德教育的重要方式，无论是哪种道德标准，无论是什么发展程度的社会，道德本身就以利他主义为价值导向。伦理限度也因此毋庸置疑的的具有利他性。在通过道德激励培养教育对象自我的内在品质，以人为中心，强调先有"知善"，而后"行善"的伦理界限中，要将利他主义作为道德选择的动机。即使是在资本主义社会，道德也不会以某一个体的利益为标准，而是反复强调要尊重人权，私人财产神圣不可侵犯，恰恰反向说明了尊重他人的必要性。在我国的社会道德中，利他主义更是从中国传统文化一直延续至今的主流道德价值观，从《道德经》的"上善若水，水善利万物而不争"到范仲淹的"先天下之忧而忧，后天下之乐而乐"，再到新文化运动以后的爱国主义思潮，直到社会主义荣辱观和社会主义核心价值观的提出，无一不是对利他主义的深刻诠释。在强调道德选择的最终结果的评价的界限中，利他主义又是行为结果评价的重要标准。现实生活中，在进行道德

---

① 姚大志：《亚里士多德还是尼采？——麦金泰尔对现代道德哲学的批判》，《学习与探索》2003年第3期。

激励之前往往会判断道德行为的高尚程度，而是否产生了利他的行为结果是常见的判断标准。同样是打扫小区内公共场所的积雪，某一居民清理车道，使自己的车能够顺利行驶；另一居民为清理小路，也为别人行走带来方便，按照利他主义的标准，后者更容易被认定为更高尚的道德行为。伦理限度在界限的两端都具有利他主义的性质，但是不同个体对这一性质的把握往往具有差异性，导致道德激励很难把握利他性的限度，从而陷入伦理过度和伦理不及的尴尬之中。

3. 伦理限度的可量度性

从伦理限度的本身内容来说，伦理限度具有可量度性。德育中的道德激励要在一定的伦理限度的范围之内，即一方面，重视通过道德激励培养教育对象自我的内在品质，以人为中心，强调先有"知善"，而后"行善"，此方面作为伦理限度的边界之一，在道德激励的具体行为实践中是可以被量度的，激励主体要在过程中观察、分析被激励个体的内在道德认同的发展状况，但不能唯"知善"是从。另一方面，要重视个体在道德选择中的实际社会行为是否符合一定的道德原则、道德规范，是否履行了一定的道德义务，强调道德选择的最终结果的评价。此方面作为伦理限度的另一边界，同样需要激励主体进行针对性量度分析，以激励对象实践道德行为为标准，但不能唯"行为"是从，而忽视了道德观念的培养。这两个方面的内容作为伦理限度的两个边界，都具有可量度性，需要激励主体有意识的观察、分析、并以此为界，避免导致过分强调个体道德选择的德性本身的伦理不及，和过分强调个体道德选择的行为结果的伦理过度。

4. 伦理限度的变化发展性

从伦理限度的边界划分来说，伦理限度具有变化发展性。伦理限度不是一个固定不变的范围，本质上讲，既注重个体内在品格的道德动机，又强调道德行为的规范性结果，二者都是对个体进行道德激励时所要考虑的分析对象，是相互依存、辩证统一的整体。作为一个对立统一的整体，伦理限度是一个不断发展变化的范畴。在以个体内在品格为主导的社会道德教育中，伦理限度会偏向于将人的主体意向和情感朝着社会所标榜的道德观念培育，相对的弱化对道德规范和道德义务的行为结果的管理。在以道德行为的规范性结果为主导的社会道德教育中，伦理限度也会相对扩大对道德选择的行为结果的分析范围，在进行道德激励时更多的以个体"做什么"为评判依据。例如，近代西方市场经济的无政府状态导致人的价值扭曲，又要求培育个体的具有社会一致性的道德价值标准，伦理限度会相对扩大。

二、道德激励的伦理过度

正如前文所阐释的，道德激励的伦理限度包含两个界限，一方面，要重视通过道德激励培养教育对象自我的内在品质，以人为中心，强调先有"知善"，而后"行善"；另一方面，要重视个体在道德选择中的实际社会行为是否符合一定的道德原则和道德规范，是否履行了一定的道德义务，强调道德选择的最终行为结果的评价。道德激励的伦理过度，就是德育中的道德激励在实际的教育操作中会出现过分强调个体道德选择的行为结果的倾向。具体来说，道德激励的伦理过度可以由以下三个方面概括：进行道德激励之前，对个体道德行为结果的判断超过了道德教育的范畴；将个体进行道德选择的道德原则和规范绝对化，使某些道德原则作为评判道德行为的唯一标准；道德激励的具体激励方式（本文主要探讨物质激励和精神激励两种激励方式）的选择过分形式化，忽视了对个体内在道德素养培育的激励目标。

（一）伦理过度的表现

道德激励的伦理过度是在道德教育实践中经常出现的问题，有些问题让教育者和教育对象陷入道德两难选择的尴尬境地；有些道德激励的伦理过度使教育对象被迫进行不道德的选择；还有些问题不利于对象的道德培育。笔者将众多道德激励伦理过度的现实例子进行总结，归纳出以下三种伦理过度的表现形式。

第一，用道德激励的方式试图解决非道德问题或者道德伪问题。道德问题的正确界定是能够运用道德激励的德育方法解决问题的前提，但是现实生活中的道德问题却很难精准地界定。以道德激励的方法试图解决道德真问题以外的问题，就会导致道德激励的伦理过度。由于道德问题具有社会性，有时某些看似道德问题的社会现象，实际上背后包含着深刻的社会原因，并不能称之为道德问题，而是道德伪问题。这些道德伪问题往往由多种因素造成，且道德因素作为问题表象是被其根本因素所决定的，如果企图用道德激励的方法从根本上解决这些道德伪问题，只会得出不正确的结论。例如，同样是为市民提供漂流伞的公益活动，在 20 世纪改革开放之初的广州，和在工业发达的西欧国家瑞士，一段日期后漂流伞的回收率相差甚远，广州市民的漂流伞回收率大大低于瑞士。由此得出亟需加强广州市民的道德激励和道德教育的结论，就是道德激励的伦理过度。实际上，经济水平的天壤之别是实验结果大相径庭的根本原因，对于改革开放初期的广州市民来说，漂流伞不仅是一个必不可少的生活必需品，而且对经济水平有限的人来说，获得漂流伞的使用权也是减少必要花销的方法；而瑞士经济发达，人们对漂流伞的需求也不如广州市民的强烈，大大增加了漂流伞的回收率。这就是典型的道德伪命题。那些无论个体做出任何道德选择都会陷入不道德的行为结果的问题属于不道德的道德问题，也无法通过道德激励去解决。例如，妻子与母亲同时落水而又不会游泳，要如何进行救助选择的问题，无论男子选择救妻子还是选择救母亲都会被迫陷入不道德的境地，这种不论作何选择都以不道德为行为结果的道德问题就属于不道德的道德问题，如果运用道德激励的方式对因此产生不道德的行为结果的个体进行道德教育，则是道德激励的伦理过度。

第二，道德激励超越个体的接受能力。道德激励的伦理限度要求个体的道德选择和道德行为符合一定社会的道德原则和道德规范，履行社会的道德义务，但当教育者将道德激励的道德原则、道德规范、和一定社会的道德义务绝对化，即把对象的道德选择结果无条件地与刻板的原则规范相嵌套，不考虑对象的主观道德意向和原则规范本身的合理性，这种现象就成为典型的道德激励的伦理过度。例如，伦理限度具有利他性，教育者的道德激励很容易将教育对象利他主义的行为结果作为唯一的激励内容和激励目标，甚至在道德激励之前的个体道德选择行为评定中，将利他主义作为行为结果的唯一的评定标准，否定个体自身的道德自由和自我满足，从而使道德激励超过伦理限度。大学生毕业后，在面临"回到农村老家陪父母尽孝"还是"留在城市工作赚钱"的选择时，不能因为将大学生的道德选择无法嵌套在"父母在，不远游"的道德规范上，就判定其道德选择不道德，忽视大学生的内在利他主义道德意向。另外，道德激励如果不考虑道德原则规范本身的合理性，只是机械化地对教育对象进行原则灌输，以不合理的原则为对象道德选择的评定标准，也同样陷入道德激励的伦理过度。追溯过去，中国封建社会的贞烈观正是通过伦理过度的道德激励，让众多妇女以牺牲自己的幸福甚至生命为代价而服从和遵循。这种道德激励不但不能对道德教育的目标产生积极正面的作用，而且以不合乎人性的封建道德原则禁锢了人的道德发展。

第三，道德激励超越了道德自由的追求。在教育主体进行道德激励的具体激励方式的选择时，往往会过于注重激励方式本身，导致过分形式化，忽视了对个体内在道德素养培育的激励目标。具体来说，道德激励的方式可以分为物质激励和精神激励，物质激励是以物质利益为载体对个体善行的肯定和引导；精神激励是以精神鼓励和嘉奖为载体对对象的善行予以精神回报和精神激发，教育主体在选择激励方式和量化激励内容时，不能够精确地判断，导致教育对象对道德激励不满、或者客观上为对象的善行带来道德质疑，都不能实现道德教育的目标。对于物质激励的道德激励方法，从激励性质来说，如果物质激励是对个体选择善行所牺牲的个人利益进行补偿，只是通过个体道德选择的最终行为结果的评定，用物质补偿损失，那么个体在道德行为中的损失与物质激励很难完全成正比，不能满足个体的补偿愿望，反而使受教育者陷入自己所牺牲的个人利益的苦闷中，无法提高个体的道德水平；青年大学生为救溺水儿童而失去生命，教育者不可能实现对其进行物质激励的等额补偿。从用于激励的物质的数量来说，无论有多少的物质进行激励，当教育者试图对个体的道德善行给出数量型的价格时，实际上是对道德的价值贬损。如果物质激励过多，受教育者因为道德善行的结果而获得大量的物质回报，会引起其他个体的道德猜想，质疑善行主体的行善动机；如果物质激励过少，受教育者选择道德善行的巨大损失无法弥补，仍然不能达到道德教育的目标。过分强调物质激励的方式本身，只能使教育者陷入为道德定价的深渊，也让道德激励的教育方式走进伦理过度的死胡同。对于精神激励的道德激励方法，从方式选择来说，精神激励不一定能够满足善行主体的主观意愿，换句话说，个体不希望得到来自教育者的精神激励，或者善行个体不在乎得到精神激励的具体内容，那么教育者的激励行为将没有教育效果。从方式运用频度来说，精神激励如果不加控制的滥用，就会降低激励的有效性，也很难对受教育者的道德境界起到提升的作用。过分强调精神激励的作用，忽视受教育者内在的道德价值认同的教育，会使教育者的道德激励因为伦理过度而失去效果。另外，精神激励之后所产生的社会舆论对善行主体带来激励的异化，即一方面，带来的荣誉感使主体获得心理满足，另一方面，这种道德权力伴随着道德义务的附加，要求激励对象必须在以后的道德选择中继续自己的善行，从而一定程度上限制了个体的道德自由。

(二) 伦理过度的原因

道德激励的伦理过度，在道德教育的实践中是一种常见的现象，道德激励的伦理过度之所以难以避免，原因实际上根源于多个方面。从道德问题本身的界定来说，道德无疑具有相对性，教育者对道德问题的判断无法做到完全精确，容易出现以道德激励的方式企图解决非道德问题的过度现象。从教育者的角度来说，一些教育者没有准确把握道德激励的伦理限度，甚至没有伦理限度的概念，仅凭对象道德选择的行为与社会道德原则规范等生硬的客观内容，盲目地进行道德激励。从具体的道德激励方式来说，物质激励和精神激励只能在一定程度上对道德教育对象产生引导和激发的作用，且具体的激励行为要视对象的实际内在道德价值观念和个人需要而定。另外，由于任何道德诠释的合理性都是有条件的，道德教育正是要在帮助受教育者克服价值标准的困难的同时，扩大受教育者的道德选择自由①。因此，向受教育者传递不同道德的合理性比为受教育者提供绝对化的单一道德的合理性证明更加合理，道德激励不应该将道德教育的视域过分集中在教育对象的道德行为结果是否与社会某一道德原则相一致的伦理过度中。

对道德真问题认识不足导致伦理过度。在道德问题的界定方面，首先，内化于人的道德本质上是一种主观性的精神存在，每个人的世界观、知识背景和生活经验不同，不可避免地对道德的解读也各不相同。但是道德教育仍然需要根据社会和时代发展的要求，向受教育者进行具有相对性的道德阐释。其次，世界上不存在绝对的善的道德，也不存在绝对恶的道德，任何道德行为都是在特定条件下才具有善恶的意义。进行道德激励的目标并不是显示出道德的真正标准，而要将每个道德选择进行"善减去恶得到净善"的剖析，从而受教育者能够在道德激励的过程中使自身的道德观更加健全，而后更有价值地"行善"。最后，能够使道德教育和道德激励发挥作用的只有道德真问题，由其他因素所决定的道德伪问题和无论怎样选择都使个体陷入不道德的问题都不能简单地通过道德激励来解决。

---

① 罗明星：《基于道德本性的道德教育研究》，中山大学博士学位论文，思想政治教育专业，2010年。

对伦理限度认识不足导致伦理过度。在教育者对道德激励的伦理限度的把握方面，一方面，一些教育者仅凭借对象道德选择的行为与社会道德原则规范等生硬的客观内容，盲目地进行道德激励，教育对象的内在道德价值认同作为其进行道德选择的动机，则被教育者忽视，很可能因此造成道德激励的伦理过度。另一方面，教育者对某些道德原则和道德规范神圣化，尤其是利他主义思想。实际上，道德必须与接受主体的个人利益具有同一性，这样道德的价值取向才能与主体的主观意向相吻合①。仅仅肯定个人利益的道德是堕落的道德，但是这并不代表着完全摒弃个人利益就是最高尚的道德。从现实生活的道德选择现状来看，最具有普遍有效性的道德并不在于它否定个人利益的存在，而在于它能够使个人利益与社会利益形成最有效的统一。因此，在道德激励的德育过程中，要以人性化为基础，使个体在道德选择中实现个人利益和社会利益最大范围的融合。

忽略主体道德需求的特殊性导致伦理过度。在具体的道德激励方式方面，物质激励和精神激励本身的存在与道德回报有很大的相似性，很多德育者并没有将其明确区分，只是单纯地把物质激励理解为物质回报，把精神激励理解为精神回报，直接忽略了对教育对象内在的道德认同的分析和培育。这种现象的结果，是物质激励可能带来道德主体高尚性的销蚀，精神激励可能引申出道德的无能和虚伪。实际上，道德回报自身最大的特点是，它具有延续性，虽然不一定为道德主体所感知，但是它遵循着自己的逻辑，以跨越时空的方式潜移默化地推动道德善行和道德回报之间的因果关联。另外，物质激励和精神激励只是一种激励方式，它们能够发生作用是建立在一定的教育背景基础上的，在道德激励的实际操作中要把握方式运用的度，包括激励内容的确定，物质奖励的定量，精神奖励的频率和广度，还要根据教育对象的道德选择动机和行为结果综合运用不同的激励方式。

(三) 伦理过度的危害

道德激励的伦理过度通过各种具体的表现形式，直接对德育者，教育对象产生影响，但从根本上讲，伦理过度带来的不是仅仅这些表面的危害，还深入到相对道德的绝对化，对道德的社会作用的质疑，以及对个体人文关怀

---

① 何建华：《社会主义荣辱观认同机制探析》，《伦理学研究》2008 年第 3 期。

的缺失和个人自我价值和意义的丧失。

伦理过度会破坏激励效果，影响社会的道德权威。教育者进行伦理过度的道德激励直接影响到教育效果，很可能不仅没有培育对象更加完整的道德价值观，反而使道德激励成为道德的累赘和负担，销蚀道德的高尚性，引发道德无能论和道德虚伪论的质疑①。教育对象在伦理过度的道德激励中往往会陷入绝对道德的困境，并且在实际的道德激励中产生道德奖励向道德惩罚的异变，不仅不能将"知善"蜕变为"行善"，反而带来"行善"的担忧和困扰。

伦理过度会引发不必要的社会道德矛盾。对于社会道德的发展来说，道德激励的伦理过度加剧了道德作为文化的形式之一所具有的相对性和现实社会道德价值的稳定性之间的矛盾，将某一道德原则作为不同情境下一成不变的教条，遏制了道德作用的发挥和道德本身的发展。道德激励过度强调行为结果，企图以偏概全地单靠道德激励解决一些复杂的社会问题，最终使道德被视作对社会无能的摆设，更不利于整个社会的和谐发展。

伦理过度会阻碍个体道德自由。道德本身是具有浓厚的人文色彩的文化符号，但是道德激励的伦理过度将个体的道德选择的行为结果夸大为进行道德评判的唯一依据，仅仅关注个人行为的外在约束和限制，忽视了最重要的个体道德价值的认同。个体在这样的道德激励中无法追求自我完善，甚至逐步丧失个体的自我价值，更不能获得伦理学中所定义的拥有道德自由和自我满足的幸福感。

三、道德激励的伦理不及

根据道德激励的伦理限度的界定，伦理不及是与伦理过度相对的概念，是道德激励的另一个极端，即教育者在运用道德激励方法时，过分注重个体进行道德选择的主体意向，将个体拥有选择善行的感性认识作为德育的最终目标，忽视了从"知善"到"行善"的融汇统一的极端重要性。这种伦理不及不仅加剧了个体在日益复杂的社会环境中对于道德善行"有心无力"的道

---

① 施一满：《大学生"道德银行"建构论》，中南大学博士学位论文，思想政治教育专业，2012 年。

德困境，而且为不道德的行为增加了辩护的理由，不利于个体真正成为道德的人，更不利于社会道德风尚的树立。另外，道德激励的伦理不及也会导致道德的个体和不道德的社会之间的不对等，并在这种不公平差异中加剧了个体对道德的质疑。道德教育是通过对教育对象个体进行道德培育从而实现整个社会崇尚道德、遵守道德的重要途径，要求社会成员"知行合一"，不仅包括内在的道德价值认同的培育，还涵盖道德行为结果的合原则性的道德实践的引导，道德激励的伦理不及在对个体面对道德问题进行激励的各个阶段，即道德观念培养的激励、道德观念向道德实践质变的激励、道德行为和原则性实践的激励，都产生重大的影响。

（一）什么是伦理不及

正如前文所言，道德激励的伦理不及就是教育者在运用道德激励方法时，过分注重个体进行道德选择的主体意向，将个体拥有选择善行的感性认识作为德育的最终目标的现象。道德激励作为一种德育方法，作用于个体面对道德问题之后的各个阶段，在个体产生道德价值认同的阶段，道德激励将一定的道德原则和道德规范作为内容植入教育对象的道德观；在个体将道德观念转化为实际道德行动的阶段，道德激励要运用物质和精神的具体激励方式，使对象能够根据合乎道德的主体意向和情感实施道德的行为实践；在个体进行道德选择并产生行为结果之后，道德激励要根据对道德行为结果的综合性评估进行引导和激发，以修正或者巩固个体的道德观念，鼓励道德行为的发生。笔者将道德激励的伦理不及根据以上的三个激励阶段进行划分，探讨伦理不及的具体内涵及表现。

完全否定道德选择中的个人利益，导致伦理不及。在个体产生道德价值认同的阶段，道德激励要将一定的道德原则和道德规范作为内容植入教育对象的道德观，但是如果教育者没有正确把握道德原则和道德规范，完全否定道德选择中的个人利益，则会导致伦理不及。例如，黑格尔曾经研究的"德福背离"现象——"有道德的人常常遭受不幸，而不道德的人往往是幸运的"。对于那种认为具有高尚道德价值的善行就是要舍弃个体私利，否则将会损害道德道义的观点，就是典型的伦理不及的德育内容。尤其是我国自古以来就崇尚利他主义的道德文化观念，如果教育者在道德激励时过度放大自我牺牲精神，让个体在进行道德选择时要完全摒弃自己的利益需要，就会导致道德激励的伦理过度。例如，在小学生道德培育工作中，要将"见义勇为"对应的转化为"见义智为"，让孩子在能够保全自己的前提下作出道德选择，学会借力，既保护自己又帮助他人。但是值得注意的是，通常情况下认为，虽然道德于人既是目的性价值存在，又是工具性价值存在，但是道德的工具性价值不能依靠个人来实现，否则很容易陷入道德沦落的深渊①。例如，出租车司机在车上发现了乘客遗落的包，在乘客主动联系车主请求归还的情况下，司机以得到报酬相胁给予归还。司机的这种行为并不能称之为伦理不及，他作为出租车司机本身就从事于服务行业，以恶劣态度要求还包行为得到报酬属于不道德的行为结果。

完全忽略道德行为实践的地位，导致伦理不及。在个体将道德观念转化为实际道德行动的阶段，道德激励要运用物质和精神的具体激励方式，使对象能够根据合乎道德的主体意向和情感实施道德的行为实践，而这正是道德激励的伦理不及所缺少的内容。教育者在德育中只对对象的内在道德价值观念进行培养，而不关注对象的道德选择实践，甚至唯心主义认为只要"心善"就是道德，这种道德激励的伦理不及会导致合乎道德的行为得不到道德回报，甚至会成为某些人的不道德行为结果的辩解借口，不利于个体的道德培育，更无益于社会道德风尚的构建。自从2011年10月13日，"小悦悦"事件发生后，"7分钟内，18名路人路过但都视而不见，漠然而去"的道德缺失的事实让人们不寒而栗，也由此引发了人们对道德问题的广泛关注。根据记者对路人的采访可以发现，人们对小悦悦因无人施救而失去生命的悲剧都扼腕叹息，但是有合乎道德的同情心并不能拯救社会的道德失范，道德教育不能仅仅停留在普世道德理念的建立，只有通过道德激励把具有普遍道德价值的感性认识付诸于实际的道德实践，才能真正改善社会的道德风气。从主观条件来说，随着经济和科技的发展，人们的生活更加具有时效性，人们更加注重付出与收获是否成正比，也潜移默化地滋生了功利主义，这就更加需要通过道德激励将埋藏在人们心底的道德素养激活，发挥出道德的强大能量。从客观社会条件来说，老人摔倒无人敢扶，遇到小偷无人帮助，小孩溺水无人报警……这些令人心寒的社会现象并不是根源于人们没有道德意识，而是复杂的社会环境增加了他们行善的顾虑和风险——扶起老人反被误解成伤害者；

① 罗明星：《道德回报的伦理质疑》，《江汉论坛》2009年第10期。

大学生下水救孩子失去生命,其家人却得不到一句道谢,这些以"恩将仇报"的社会事实加之现代信息技术的传播和渲染,会增加受教育者由内在道德价值认同到实际道德实践的质变的顾虑和难度。主客观的不利条件更加紧迫地呼唤道德教育在个体道德观念向实际道德行动转化的阶段加强道德激励,克服道德激励的伦理不及。

忽视道德行为产生后的回报性道德激励,导致伦理不及。道德激励的伦理不及最典型的表现就在于,忽略了在个体进行道德选择并产生行为结果之后的激励教育,实际上,道德激励要根据对个体道德行为结果的综合性评估进行引导和激发,以修正或者巩固个体的道德观念,鼓励道德行为的发生。道德"可育不可教",提高个体由"知善"到"行善"转变的确定性体现着道德激励的核心本质,是道德激励真正发挥作用的关键。当个体作出了合乎道德的行为,教育者要通过物质奖励和精神鼓励等方式,积极肯定个体的行为,加强其内心的道德价值认同;同样地,当个体的行为结果不符合社会道德规范和道德原则,就需要教育者加以精神批评、舆论抨击,甚至物质惩罚,规范个体的道德行为,修正道德观,这也是弥补当代社会法律漏洞的重要道德范式。正如孔子对子贡和子路救人后对待道德激励的不同态度的评价一般:子贡赎回一个奴隶,但他拒绝国家的回报,孔子不赞成他的做法。接受国家给予的回报,并不会损害赎回奴隶这一道德行为的价值;而不接受国家的补偿,其他人就可能不肯再赎人了。子路救了一名落水者,被救人以一头牛作为谢礼送给子路,他收下了,孔子表扬子路——自此之后鲁国人定会勇于救落水者了。对道德行为的激励不仅作用于教育对象个体,而且对其他社会成员对待道德行为的态度也有巨大的影响。相较于培育个体纯粹的道德心,社会的道德进步更加需要个体合乎道德的行为选择结果及其正向榜样影响,这也正是道德激励的伦理不及所忽视的内容。

(二)为什么伦理不及

道德激励的伦理不及是影响当代社会众多道德问题的客观因素,道德教育对道德行为实践的忽视也成为道德教育亟需面对的现实问题。社会个体的道德观念的培养和主观道德意向越来越难以有效地转化为道德实践,"德福背离"的观念,人们对道德工具性价值的盲目追求,实践道德行为所需要的行动成本非正常激增的社会现象,这些伦理不及的表现根源于以下几方面:从教育者的角度来说，德育者对道德激励的伦理限度把握不准确；从社会文化环境来说，社会转型期的复杂多元的价值观念并存，模糊了教育对象道德工具性价值的界限；从道德激励的载体来说，对道德行为进行激励的具体实施机制的不健全。

教育者对道德激励伦理限度的认识不足，产生伦理不及。首先，教育者对社会主义道德准则的不准确理解，导致德育的道德激励以"牺牲主义"代替"集体主义"，在道德激励的内容方面出现偏差。其次，教育者只注重个体内在道德价值的培育，缺乏对教育对象知行统一的激励，在个体面对道德问题时所要进行的道德激励中，忽视了将道德主体意向向道德行动的转化的激励，也忽视了道德实践完成后对个体的反馈性激励，由此加剧了道德失范现象的发生。最后，道德激励的伦理限度是关于教育对象的道德价值认同和道德行为合原则性、合规范性之间辩证统一的限度，它并不是一成不变的，而是要根据社会发展需要和现状，教育对象道德实际，以及其他各种社会因素的变化而辩证发展的，这就要求德育者密切关注社会道德现状，准确分析对象道德实际，灵活把握道德激励的伦理限度。

社会文化环境带来的挑战，激化伦理不及。第一，经济全球化、科技信息化以及我国的改革开放，为文化带来了丰富多元的内容，但是其中也掺杂着功利主义、拜金主义等不良思想，潜移默化地影响着人们的道德观，增加了人们对道德工具性价值的追求，即要求道德行为必须给予道德回报，这就使道德激励的需求非正常激增，反向也就带来了道德激励的伦理不及。第二，"德福背离"的社会现实越来越多，加之社会法律对于道德问题的无力，使个体在实施道德行为之前徒增很多顾虑和压力，增加了道德激励对个体"知善"到"行善"质变的需求，亟需通过道德激励缓和个体的心理和伦理的矛盾。由以上两点可以看出，目前社会文化环境对道德激励的伦理限度的需求有一定的偏向，道德问题的伦理不及现象日益突出，更加要求教育者在对个体的道德实践及其结果的激励方面更加注重。

道德激励的载体不完善，诱发伦理不及。激励机制的不完善使教育者在实施激励行为时没有可以凭借的规则依据，从而容易引起公众对激励结果的合规则性的质疑，导致教育者不会，甚至不敢对个体的行为结果给予激励。道德激励机制的制定是主观与客观相结合的纽带，关于道德行为评定的标准，物质激励方式的量化标准，精神激励方式的限度和广度，都无法精准确定，它本身就因为不确定性而很难拥有完整的系统，以至于目前还没有独立健全的社会道德激励机制，在客观上也导致了道德激励出现伦理不及的状况。

（三）如何克服伦理不及

根据伦理不及产生原因的分析，可以有针对性地提出克服伦理不及的方法。即从教育者对道德激励的伦理限度的把握方面，从社会文化环境教育对象道德工具性价值的界限的模糊方面，从道德激励的具体实施机制的方面，探索克服伦理不及的方法。

对激励对象来说，提升激励对象的道德敏感性。由于个体的主观意向与道德的价值取向之间客观的存在不同程度的偏差，道德教育就要为个体提供合乎道德的思想观念和言行的价值指向。但是，教育对象不同的世界观又决定着人生价值的追求目标，所以科学系统的世界观的建立是道德教育不可回避的源头性问题。要想开拓自身在社会中的领地，就应该把人们的世界观引到社会主义的轨道上来。马克思深刻地指出："人们奋斗所争取的一切都同他们的利益有关。人们从事物质生产活动，是为了获取物质利益；人们的社会结合，是为了取得共同的利益；革命也是为了利益。"① 社会主义并不将"利益"看做是羞于启齿的，因为最优秀的道德并不在于它否定了个人利益的存在，而在于它寻求了个人利益和社会利益最紧密的结合和最有效的统一。教育者要以科学的世界观和与其对应的道德价值观念为激励内容，在道德教育过程中使个体能够坦然面对个体利益与社会利益的矛盾，重视对个体道德实践及其行为结果的激励。改正只重视"心善"而不在意"行善"的道德异变的教育观念，准确理解和把握道德激励在内在道德价值认同和外在道德实践结果之间的伦理限度。

对激励过程来说，增强激励过程的持续性。改善社会文化环境带来的人们思想观念的不良影响，从根本上依赖于科学世界观的建立，从而坚定人们的社会理想，巩固共同的道德规范，也有力抵制功利主义、拜金主义对道德的侵蚀。道德激励要与世界观教育相结合，一方面通过道德激励减少个体行善的顾虑和担忧；另一方面通过世界观引导个体实施道德行为的坚定信念。

对激励主体来说，促进激励主体多元化。道德激励机制的建立并不是单

① 《马克思恩格斯全集》第 1 卷，人民出版社 1956 年版，第 82 页。

靠道德教育就能完成的任务，它是一种社会机制，还需要社会组织帮助，从被激励行为的评判标准、激励内容、激励方式选择、具体激励方式的使用量化、使用频度等各个方面综合考量，制定较为完善的激励机制。美国思想家莱茵霍尔德·尼布尔认为，如果一个社会好人得不到好报，恶人受不到惩罚，却仍然要求人要无条件地讲道德，把道德的本性看作自我牺牲，就会造成个体道德与社会伦理的悖论，即道德的人与不道德的社会①。道德激励机制能够帮助教育者在个体的道德行为结果评定和激励行为选择方面有所依据，提高道德激励的实效性。

对激励形式来说，促进激励形式精致化。在激励主体的激励行为精神激励中，物质激励和精神激励作为两个基础性方式，需要进行进一步加工和包装，针对激励对象的实际需求，在其最缺少、最渴望得到的方面给予激励，避免机械地分配或者广泛地褒奖。另外，物质激励和精神激励是相辅相成、互为一体的，可以采用物质激励为主、精神激励为辅的方式，或者精神激励为主、物质激励为辅的方式，避免采用单一的激励方式。道德激励是具有对象针对性的德育方式，要求激励主体将激励形式尽可能做到精致化，提高激励行为的教育效果。

四、道德激励的伦理适度

道德激励的伦理限度并不是对道德激励的价值的否定，相反，本文对伦理限度的初探正是对道德激励的肯定和积极探索。道德激励的伦理适度实际上是一种客观存在的道德教育的要求，以道德激励对个体面对道德问题时进行德育所关注的两个重点为界限，即个体内在道德价值观念和个体道德行为结果的合原则性和规范性，要求德育者在道德激励实践中辩证的、发展的、统一的把握二者的权重，真正实现道德激励的教育目标，使个体成为道德的人。笔者将从道德激励的伦理适度的价值，道德激励伦理适度的具体表现，道德激励的条件三个方面，浅析伦理适度对当代社会发展的实际意义和作用。

---

① 罗明星：《道德回报的伦理质疑》，《江汉论坛》2009 年第 10 期。

（一）伦理适度的价值

道德激励作用于人的发展的全过程。实际上，道德激励的主体和客体是相对的，以各种形式在人的学习、工作、生活中发挥作用，有明确教育目的的道德激励，也有以各种活动为载体而间接达到教育目的的道德激励。正是因为道德激励的广泛性，产生的影响的长久性和多方面性，把握道德激励的伦理适度就更加重要和紧迫。从道德教育的角度来看，道德激励的伦理适度是实现德育目标的客观要求；从社会道德建设的角度来看，伦理适度是提高社会道德水平，化解社会道德难题的重要方法；从道德问题学术研究的角度来看，伦理适度从德育的"知善"和"行善"两个关键点的层面，为道德问题的界定、个人与社会的矛盾等问题提供了一些新的论据。

伦理适度能够提升道德功能作用的效率。在道德教育方面，道德激励是道德教育的重要方式之一，对实现德育目标具有重大影响。但从众多现实的道德激励实例中，可以发现伦理过度和伦理不及越来越成为阻碍个体道德发展的绊脚石：伦理过度在实际的教育操作中会出现过分强调个体道德选择的行为结果。进行道德激励之前，对个体道德行为结果的判断超过了道德教育的范畴；将个体进行道德选择的道德原则和规范绝对化，使某些道德原则作为评判道德行为的唯一标准；道德激励的具体激励方式的选择过分形式化，忽视了对个体内在道德素养培育的激励目标。伦理不及过分注重个体进行道德选择的主体意向，将个体拥有选择善行的感性认识作为德育的最终目标，忽视了从"知善"到"行善"的融汇统一的极端重要性。由此看来，伦理适度要求既实现个体道德观念的建构，又推动出现"由知到行"的质变节点，促使个体的道德选择合乎道德原则和道德规范，并且通过对道德行为结果的评定和反馈再次重塑道德观。帮助个体"由内而外"地实现主体道德意向和道德行为实践的统一，使之在面对道德问题时能够既获得自我满足，又拥有道德自由地作出合乎道德的选择。

伦理适度能够增强主体施行道德的积极性，提升个体的道德认同感。在社会道德建设方面，社会道德问题影响因素众多，文化环境复杂，问题差异性大，具有复杂性，如果德育者对道德激励的伦理限度不甚了解，就很容易导致出现伦理过度和伦理不及的现象，最终无益于社会的道德建设。把握伦理适度要求将道德问题进行剖析，分解出问题的主要矛盾，以科学的世界观为基础为个体培育道德观，并且根据个体的思想实际和差异性，选择适当的激励方法。一方面，伦理适度有利于平衡个体进行道德选择时在个人利益与他人利益、集体利益和社会利益之间的关系，努力寻求个体与社会的结合与统一；另一方面，伦理适度是改善当前社会道德失范现象，缓解个体道德恐慌的重要方法，为更多人能够做出善举提供了精神支持和物质保证。

伦理适度能够为道德问题的分析提供新的思路。在道德问题学术研究方面，道德本身具有的不确定性，以及伦理限度的利他性等道德研究的问题都在道德激励的伦理适度中找到了新的论据。伦理适度要求德育者在评定个体的道德选择时，充分考虑道德的评定标准的不确定性。例如，社会道德和个人道德在某些道德问题上不能够兼顾，在道德激励之前要综合考虑某一具体道德选择的主体道德意向和客观道德净善（行为产生的善减去行为产生的恶）。伦理适度要求综合运用具体的激励方式，物质激励与精神激励相结合，根据适度原则和激励对象的实际需求，最大限度地实现激励目标。这在一定程度上回应了对学术上对道德回报的质疑。例如，雷锋在为人民服务的道德实践中经常牺牲个人利益，但他并没有接受来自感谢者的物质回报，甚至不留名字，以"我是中国人民解放军"作为回应。实际上他的道德回报已经按照他的价值追求以精神补偿的方式进行回馈。还有很多问题，如道德发挥作用的条件，道德教育的协调性，伦理秩序与道德关怀的联系等，都在道德激励的伦理适度中有所体现，也侧面说明了道德激励的伦理适度具有一定的学术价值。

（二）伦理适度的具体表现

道德激励的伦理限度是对于道德激励的整个过程来说的，因此伦理适度的具体表现体现在德育者对内在道德观念和实际道德行为的各个方面的激励行动之中。具体来说，通过激励培育或完善个体的道德观，使其具有"知善"的内在品格，在激励内容和关注点上兼顾道德意识和道德行为导向的培养；激发个体在面对道德问题时由"知善"质变为"行善"，知行合一，以科学的道德观念指导道德行为；在个体在道德行为实践后平衡个人利益与他人利益、社会利益的关系，实现道德的个人与道德的社会的和谐统一。按照伦理适度在每个阶段的要求，可以总结出以下四个方面的特点。

第一，道德激励的伦理适度是个人利益和社会利益的统一。一般来说，公众普遍认同的高尚的道德是以社会利益为重的道德，甚至道德行为往往出现个体利益损失的情况。在"义"和"利"之间的取舍是道德激励所要帮助教育对象解决的问题。在道德激励的价值取向方面，伦理适度要求承认道德的功利性存在的合理性，增强社会中"德性有用""德福一致"的价值观念，最大限度地实现个人利益与社会利益的统一。在具体的激励方式的选择中，不能机械地、形式化地要求物质或精神的回馈与个体道德行为量性的完全对等，陷入道德激励的尴尬之中，道德激励并不否认个体道德选择所损失的个人利益，只不过通过另一种形式帮助他们在更高层次上寻求个人利益的满足，缓和"义""利"冲突，化解个人与社会的矛盾。

第二，道德激励的伦理适度是"知善"和"行善"的统一。由于道德激励是主体与客体之间有交流有互动的德育方式，具有不确定性的特点，很容易陷入过度注重个体道德信念或者过度注重道德行为结果的伦理不及或伦理过度。德育的目标在于将教育对象培养成道德的人，从内在价值认同到外在行为实践都能够做到合乎道德，知行合一。需要特别注意的是，如果一个人行善是以牺牲利益的方式来谋求利益，那么高贵的道德就沦落成谋求私利的手段，对于这种披着行善外衣的不道德行为，德育者应该深入了解，加以区分①。这也需要德育者拓展自己的教育方式，通过社会道德活动、道德问题实例分析等多种途径，综合培养对象的道德价值信念和道德实践能力。

第三，道德激励的伦理适度是道德普遍性和主体特殊性的统一。从个体的角度看，每个人的道德有不同的境界，康德"绝对命令"式的道德是崇高的道德理想，但是不会成为所有个体的实际道德行为。不是每个人都会成为雷锋，道德教育需要根据对象的思想实际有针对性地对症下药、因材施教。从道德问题的相对性来看，教育者在进行道德激励之前，要将道德的相对性作为德育的理论背景②，在阐释具体道德观念时，尽可能地对应某一道德的适用范围和条件，将对道德问题的选择权留给受教育者，保留充分的道德自由。德育具有普遍适用的道德原则和道德规范，也具有普遍的社会价值，但是在具体的道德激励行为中，更要从对象的思想情况和道德实际出发，具体分析

---

① 罗明星：《基于道德本性的道德教育研究》，中山大学博士学位论文，思想政治教育专业，2010年。

② 罗明星：《论道德教育的相对性》，《湖北社会科学》2011年第11期。

个体所面对的道德问题，做到普遍性和特殊性的统一。

第四，道德激励的伦理适度是道德规诫与道德自由的统一。伦理适度是在个体内在道德价值认同和个体外在道德行为实践之间的合理区间，要求道德激励主体在充分尊重个体的道德自由的基础上进行道德规诫，实现道德规诫与道德自由的统一。具体来说，伦理适度要求激励的内容包含对个体道德观念的培育和对道德行为的激发，属于道德规诫的范畴，同时，伦理适度又将个体的道德自由看作道德激励所要实现的目标之一，给予个体自由进行道德选择的合理空间。

（三）伦理适度的条件

道德激励的伦理适度是实现社会道德发展和提高个体道德水平的迫切要求，但是它的实现还需要满足一定的条件，避免陷入伦理过度或者伦理不及。

首先，了解道德激励对象的道德需求。对道德问题的理解和界定是实施道德激励的前提，如果对某一问题没有清楚界定就进行盲目的道德激励，不仅不会达到期望的效果，反而对问题的解决带来新的困扰。道德的相对性是客观存在的，这就需要德育者具体问题具体分析，在道德的道德真问题的解决中充分发挥道德激励的作用。道德激励的价值取向要满足个人利益和社会利益的统一、"知善"和"行善"的统一、德育普遍性和德育特殊性的统一，以人性为价值基础，提高个体的道德水平。

其次，充分理解和把握道德激励的伦理限度。就道德激励的行为主体，即德育者来说，要充分理解和把握道德激励的伦理限度，以满足个体道德自由并使之成为道德教育的目标。道德激励是主体运用具体的方式对教育对象的道德素养的影响和引导，即用外部的力量对个体内在道德价值的作用，教育难度不言而喻，对教育者的专业要求也很严格。需要教育者首先拥有高尚的道德素质，并且具有观察、分析研究、表达、组织领导、创新、自我调控等能力素质，在道德激励的同时与对象进行精神交流，将主旋律教育与社会现状和时代发展相结合，切实提高对象的道德素质。

再次，道德激励需要激励机制的辅助和支持。这也是道德激励克服伦理过度和伦理不及的载体要求。激励机制的建立并不能一蹴而就，它需要社会组织的帮助和对道德问题的进一步研究。理想状态下，道德激励的激励机制要包括考核、评比、监督、奖惩等环节，以公正合理的道德回报和救助制度、科学有序的德性评价制度、明确的道德宣传制度为主要内容，给予德育者实施道德激励的操作依据，提高道德激励伦理适度的可能性。

最后，道德激励要立足于道德价值的长远追求。道德所要完成的任务是明确个体的人生价值的追求目标，这就要依靠世界观的建立。在进行道德激励的同时，又要注重世界观教育，帮助教育对象建立科学的关于世界的总的看法和根本观点，树立社会理想和共同理想，在面对道德问题时能够有科学的世界观为其提供引导，即使道德激励的具体行为并没有完全满足个体的真正需要，也能够坚定道德信念，继续实践道德善行。正如道德激励的物质激励可能与个体善行的利益损失不对等，精神激励可能将舆论褒奖间接的带来道德义务附加，但是科学的世界观仍然支撑着个体成为道德的人的信念，为道德激励的伦理适度提供来自客体的支持。

本文从道德激励的伦理限度的角度，探索当代社会道德教育中运用道德激励的方法所遇到的困境背后的原因，即道德激励超过了内在道德价值认同或者外在道德行为结果的合理权重，从而产生了伦理过度和伦理不及的现象。进一步论证了道德激励的伦理适度的重要性、必要性和可能性，为德育者运用道德激励方法提供一些提示和建议，致力于促进社会道德水平的提高。

基于思想政治教育的大学生生态文明素养培育路径探析*

朱嘉怡**

随着 20 世纪 60 年代以来的全球性生态危机的逐渐扩大，人类陷入了对人类与自然的关系的思考。西方的一些发达国家在经济发展中忽视了生态环境的保护，因而面临着工业文明带来的不良后果，他们开始反思自然对人类社会生存发展的作用，关注环境教育。随着改革开放进程的加快，我国经济发展迅速，但也伴随着空气污染、土地沙漠化以及水污染等环境污染现象的产生。党的十八大以来，我国高度重视生态文明建设，牢固树立社会主义生态文明观。党的十九大报告中提出了"加快生态文明体制改革，建设美丽中国"的战略目标。生态文明建设成为社会主义现代化建设的重要一环。"我们现在要构建的生态价值观，不是彻底否定人类社会改造自然的全部进程和已有的工业化文明成果，也不是要人类回到茹毛饮血的原始生活状态，而是主张改造那些不尊重自然、不遵循生态规律，破坏践踏自然的倾向与行为。"①推动生态文明建设是希望让人类能够遵循自然客观发展的规律，改善人与自然的关系，保护自然，爱护自然。

教育是社会文明发展的基础。生态文明建设离不开生态文明教育的实施。大学生作为中国社会未来的新生代力量，对社会的发展有着重要的影响。对大学生进行生态文明教育是当前生态文明建设的重要任务之一。高校的思想政治教育是对大学生进行生态文明教育的重要方式，而由于高校对生态文明

* 本文为 2018 届本科优秀毕业论文。

** 朱嘉怡，广州大学马克思主义学院思想政治教育专业 2014 级本科生，指导教师：黄禧祯。

① 王亚磊：《大学生思想政治教育中的生态价值观教育研究》，上海外国语大学硕士学位论文，2013 年。

教育的重视程度不够，生态文明教育普及率较低，导致大学生生态文明素养不足。因此，在思想政治教育中进行大学生生态文明素养培育路径的探析显得尤为重要。

一、相关概念的界定

对相关概念的界定是研究的前提和基础。以下从思想政治教育理论的视角，对生态文明、生态文明素养、生态文明教育的概念进行定义。

（一）生态文明

"生态是指生物在一定的自然环境下生存和发展的状态，也指生物的生理特征和生活习性。"① 文明是人类文化发展的结果，是由人创造和改造的物质和精神成果的总和，体现着人类不断进步的状态。在农业文明之前，自然资源是人类赖以生存的物质基础。人类通过打造工具，进行耕种，获取资源，创造了属于人类特有的农耕文明。而进入工业文明时代后，人类为了彰显自己是自然的主人，开始盲目地开采、利用自然资源，忽视了对生态环境的保护，使得生态环境遭受到了前所未有的破坏。在生态环境遭到破坏，人与自然的关系遭受到威胁时，人类开始思考如何处理好人与自然之间的关系，如何保护生态环境，生态文明由此诞生。从社会历史发展的角度来看，生态文明是继原始文明、农业文明、工业文明后的人类社会的新兴文明形态。从社会文明的内容来看，生态文明与社会主义物质文明、精神文明、政治文明形成相互影响的互动关系。物质文明、精神文明和政治文明的发展离不开生态文明的发展。

对于生态文明，王鑫指出，生态文明是指人类在认识和改造自己所处客观对象世界的过程中，遵循自然界的基本规律，努力维护和促进人与自然、人与社会、人与人之间的关系，在力图实现人类与自然和谐统一的目标下建

---

① 杨岳岚、代聪聪：《大学生思想政治教育合力机制建构的实证研究》，《现代教育科学》2014年第 2 期。

立的一系列生态机制和所取得的各方面成果的综合体现和表现。① 本文认同这一界定，生态文明不仅体现在经济生产中利用先进的科学技术，资源节约型、环境友好型的生产方式来减少环境的污染并实现可持续发展，还体现在人们的日常生活行为习惯中，主张人们消费时要绿色消费、合理消费。在生态文明的作用下，人们在遵循客观规律，建立公平、公正以适合人、社会与自然三者和谐发展的社会制度，让在工业文明发展过程中人类对生态环境的破坏得到弥补。生态文明的出现和普及能够使人类重视起人类赖以生存和发展的生态环境，养成良好的生态生活习惯，实现经济的可持续发展。

（二）生态文明素养

"素养从字面意思来理解，是指在逐渐发展中，渐变成稳定的心理生理状态的过程，并外化为日常行为习惯的修养。"② 一个人的素养不仅体现在他的知识水平，还体现在他的行为习惯上。素养的养成首先从学习知识开始，进而将内在知识转化为外在的行动。仅仅通过获得知识这一点是无法说明一个人具备了素养，还必须将知识外化成行动，真正达到知行合一。

本文对于生态文明素养的定义，简单来说就是人们在学习和实践中形成和掌握的生态知识、生态价值观、生态情感、生态伦理、生态行为等综合素养。一个具备了生态文明素养的人，应当把握人与自然、人与社会、人与人之间的关系，能够从整个生态系统的内在关系去考察整个世界，并且将习得的生态文明知识外化为自觉的生态文明行为，达到生态文明知识与生态文明行为合一的表现。

（三）生态文明教育

党的十九大提出"加快生态文明体制改革，建设美丽中国"战略目标，作为生态文明建设中最重要的一环，生态文明教育越来越受到关注和重视，其作用不可忽视。生态文明教育是教育者根据社会发展的需要，在遵循客观的社会规律的前提下，以培养有生态文明意识的人为主要目标，通过理论和实践相结合的教育方式，对人们进行生态知识、生态伦理、生态道德、生态

---

① 王鑫：《思想政治教育视域下的高校生态文明教育研究》，西北农林科技大学硕士论文，2015 年。
② 张艳纯：《高校大学生生态素养培育路径研究》，北京化工大学，2017 年。

法律等的教育，让人们重新思考人与人、人与社会、人与自然的关系，培养人们的生态意识和责任成为全面发展的人的实践行为。通过生态文明教育培养人们的生态文明意识，进而外化为生态文明行为，促进人的全面发展。生态文明教育有广义和狭义之分。广义的生态文明教育，教育对象是社会公众，是对整个社会的生态文明知识的宣传和意识的培养。狭义的生态文明教育则专指学校的生态文明教育，教育对象是学生，旨在通过生态文明教育，培养学生的生态文明素养，促进学生的全面发展。

大学生生态文明教育通过对大学生进行生态知识、生态道德、生态法律、生态伦理等的理论教育，培养大学生的生态文明意识和生态情感，使大学生养成生态责任和文明习惯，促进大学生全面发展。

高校的大学生生态文明教育包括了知、情、意、行四个方面。知，主要包括了对大学生进行生态文明基本常识、生态文明理论、生态文明法律法规等的教育，让学生了解生态环境状况和生态文明建设的重要性和紧迫性。情，包含了生态道德教育以及对大学生进行价值观的塑造与调整，使学生正确认识人与自然、人与社会以及人与人之间的关系，用科学的态度和方法正确对待自然环境。意，旨在培养学生的环境危机意识、积极进行生态环境保护的意识，以及约束自身行为的意识，引导大学生践行生态文明行为。行，则通过将内化了的生态文明知识、生态文明情感、生态文明意识外化为生态文明行为表现，促使大学生养成良好的生态文明行为习惯，在实践中认识自然、提高自身的生态文明素养。

（四）大学生生态文明素养培育的必要性

作为思想政治教育中的一部分，生态文明素养培育是不可缺少的。这既是促进我国现代化建设必然要求，也是促进思想政治教育发展的必然要求，还是促进大学生全面发展的必然要求。保护生态环境，提高环境保护意识，生态文明素养培育工作势在必行。

第一，促进我国生态文明建设的必然要求。改革开放以来，我国的工业化、城市化进程不断加快，经济持续快速增长。与此同时，有些地区片面追求经济发展速度，忽视了对生态环境的保护，盲目地开采自然资源，导致资源浪费和生态环境恶化等问题出现。为此，结合我国所处的国情状况，党的十七大明确地提出了建设生态文明的目标。强调要加快转变经济发展方式，引导消费结构升级，形成有利于节约资源和保护环境的城乡建设模式和消费模式。随后，党的十八大的报告提出将生态文明建设放在突出地位，融入经济建设、政治建设、文化建设和社会建设中，加入中国特色社会主义"五位一体"总体布局中，并且提出了"建设美丽中国"这一战略目标。党的十九大提出"加快生态文明体制改革，建设美丽中国"的战略目标，强调要牢固树立社会主义生态文明观，推动形成人与自然和谐发展现代化建设新格局。因此，对大学生进行生态文明素养的培育是适应我国国情发展的必然要求，是推动我国生态文明建设必不可少的环节。

第二，促进思想政治教育发展的必然要求。长期以来，我国高校的思想政治教育聚焦人与人、人与社会的关系，而较少涉及如何处理人与自然的关系方面的内容。一方面，在思想政治教育中加入生态文明教育的内容能够丰富思想政治教育的内涵与外延。思想政治教育并不是一成不变的，而是随着时代要求的变化而发展的。思想政治教育的内容包括了世界观教育、政治观教育、人生观教育、法制观教育、道德观教育等。生态文明教育着重对受教者情感和生态行为的培养。生态文明教育内容的加入，既有利于拓宽思想政治教育的研究范围，也有利于摆脱以往思想政治教育中单纯的理论灌输教育方式，发挥实践教育在思想政治教育中的作用。另一方面，生态文明教育内容的加入能够提高思想政治教育的时效性和实效性。生态文明建设作为当今时代的重要内容，离不开生态文明教育。在思想政治教育中加入生态文明教育的内容是思想政治教育顺应时代发展的表现。此外，融入了生态文明教育内容的思想政治教育能使大学生学习理论知识的同时增强实践操作技能，达到理论与实践相结合，培养大学生的生态意识和良好生态习惯。

第三，促进大学生全面发展的必然要求。全面发展不仅要求大学生学会处理好人与人、人与社会的关系，还要学会处理好人与自然的关系。大学生既要不断地充实自己，提高自身的科学文化知识水平，也要提高自身的思想道德素质。大学生作为引领国家未来发展的重要创新型人才，在我国生态文明建设中发挥着重要的作用。但是，当代大学生的生态文明素养仍存在较多不足之处，与时代的要求差距仍然较大。大学生普遍缺少对生态文明的理解和认知，缺乏生态理论知识的学习，对待保护生态环境的意识较为薄弱，并且存在知行不一的表现。在新的时代要求下，通过在高校开展的思想政治教育融入生态文明教育，力求让大学生习得生态文明知识，提高生态文明意识，养成良好的生态文明生活习惯,让大学生在知识层面上得到丰富,其世界观、人生观和价值观得到进一步提升,促进全面发展。

(五) 大学生生态文明素养培育的可能性

中国作为世界上发展速度较为迅速的国家之一,在改革开放后经济实力不断增强。为生态文明素养培育提供了厚实的物质基础和技术支持。

1. 我国推动生态文明建设的决心

党的十九大报告指出,要"加快生态文明体制改革,建设美丽中国"的要求。人与自然是生命共同体,要尊重自然,顺应自然,保护自然,加强生态文明建设,倡导绿色低碳的生活方式,牢固树立社会主义生态文明观,实现经济可持续发展,还必须树立和践行"绿水青山就是金山银山"的理念,形成绿色发展方式和生活方式。① 无论是对于生态文明建设的理论思考还是如何推进生态文明建设的实践举措,党的十九大报告体现了党和政府建设生态文明的决心,为生态文明素养的培育提供了重要的理论和行动保证。

2. 科学技术水平的提高

科学技术的发展为生态文明素养的培育提供技术支持。科学技术是环境保护和治理的重要手段,也是传播生态文明知识、意识、法律等的重要手段。科技的发展使得人类对自然界的认识提升到一个崭新的高度。借助互联网平台和科学技术手段,生态文明教育资源能够不受时间和地点的限制,实现平台共享,这有助于传播生态文明意识,促进学校和师生的生态文明观念的更新。同时,科学技术的发展,丰富了信息交流的平台,促进人们的思维方式与生态文明观的转变,从而使人们更加容易、更加积极地接受生态文明教育。

科学技术和生态文明是相辅相成、相互作用的。科学技术的发展有助于生态文明意识的传播和生态环境的改善。同时,生态文明意识也会促使人类在发明创造新的科学技术时考虑到环境保护的内容,发挥科学技术对人类的有效价值。总之,生态文明素养的培育离不开科学技术的发展。

3. 经济实力的增强

经济实力的增强为生态文明素养的培育提供物质基础。据统计,2017 年

---

① 李铁铮:《十九打报告竖起生态文明建设里程碑》,2017 年 10 月 25 日,见 http://www. China. cn/opinion/theory/2017-10/25/content_ 41788087. htm。

中国实现 6.9% 的经济增长，同比 2016 年增加了 0.2 个百分点，国内生产总值达 82.7 万亿元。[①] 社会经济的发展决定教育的规模、质量以及发展速度。经济的发展为教育提供人力、物力和财力等教育发展的必要基础条件，影响着教育事业的发展。教育的目的是培养符合社会发展要求的人才，推动生产力的发展。生产力的发展水平影响着教育的发展规模。在以往，由于生产力水平落后、低下，对劳动者的素质要求不高。而当机器大工业的出现时，过往的劳动力已经不适应新的生产力的发展。先进的生产力使劳动者自觉地接受新的知识和技能培养，促进了教育事业的发展。社会经济的发展还影响了教育课程和教育内容的设置。自然科学和生产力的发展，使得在以往以人文学科为主的人才培养课程中增加了许多技术专业类课程。经济实力的不断增强，为生态文明素养的培育提供了重要的物质基础。

二、大学生生态文明素养教育的存在问题及成因

近年来，我国不断推进和深化生态文明建设，高校逐渐重视生态文明教育，开设了生态文明教育的相关课程。但是，我国大学生生态文明素养教育仍存在着一些问题。

（一）大学生态文明素养教育的现状

为了了解大学生态文明素养教育的现状，本文以高校大学生为主要对象，以调查大学生态文明素养教育为主要目的，设置了相关的调查问卷。本次调查问卷以在线发放的形式，对广州大学、华南农业大学、华南理工大学、吉林大学珠海学院、齐齐哈尔大学、广州民航职业技术学院、北京师范大学珠海学院、中山大学新华学院、信阳师范学院等 35 所高校进行了调查。发放问卷 104 份，有效问卷为 100 份，回收率为 96.1%。本次问卷从生态文明知识、生态文明意识、生态文明行为和高校开展生态文明教育情况四个方面进行了调查。调查概况见表 1。

---

① 蔡菲菲：《法国驻华记者积极评价中国经济社会发展成就》，2018 年 3 月 9 日，http://www.gov.cn/xinwen/2018-03/09/content.5272721.htm。

一是生态文明知识方面。从表格中的1，2，3，4，5，6题可看到选择"十分了解"的分别为5%，7%，20%，30%，21%，24%；选择"大概了解"的比例分别是82%，32%，78%，63%，79%，69%；而选择"不知道"的比例分别为13%，61%，2%，7%，0%，7%。由此可以看出，大学生对生态文明的概念和生态文明知识存在一定的认知，但还没到完全掌握的程度。

二是生态文明意识方面。可以看出，大学生群体中虽然还有部分人认为个人的生态行为对整个社会的影响不大或者是没有考虑过该问题，但对个人的生态行为以及整体社会的关系有一定的了解。其中，认为个人的生态行为对整个社会的影响"非常大"的比例占到36%，而"比较大"的比例占到了61%。而对于当前的生态环境，大学生认为"比较担忧"的比例占69%，"非常担忧"的比例占28%，看得出大学生关心生态环境的发展。

三是生态文明行为方面。大部分人都能够做到垃圾装袋回收，不随地扔垃圾，看到别人没有关水龙头也能及时帮忙关紧，并且经常参加植树、街道清洁等生态文明实践活动。但仍有一部分人无动于衷，没有主动地践行生态文明行为。

四是高校开展生态文明教育情况方面。目前高校对于生态文明教育课程开展情况一般，较少涉及生态文明教育的内容。部分高校能够做到开展生态文明实践活动，但普及率仍较低。大学生对于高校开展生态文明教育课程表示"非常感兴趣"和"可以考虑"的分别占22%和74%，可以看出大学生能够接受生态文明教育。

通过上述的调查可以得知，我国各个高校生态文明活动正在相继开展，大学生的生态文明素养也得到了一定程度的提升，并且在日常生活中践行生态文明行为的自觉性也明显提高。

表1　调查问卷概况

生态文明知识			
	十分了解	大概了解	不知道
1. 你知道什么是生态文明吗？	5%	82%	13%
2. 你知道党的十九大关于生态文明的内容吗？	7%	32%	61%
3. 你知道"可持续发展"的含义吗？	20%	78%	2%

续表

生态文明知识			
	十分了解	大概了解	不知道
4. 你知道垃圾分类各种标志分别代表回收什么样的垃圾吗？	30%	63%	7%
5. 你了解"温室效应"的相关知识吗？	21%	79%	0%
6. 你知道造成雾霾天气的成因吗？	24%	69%	7%
生态文明意识			
7. 你认为个人的生态行为对整个社会的影响大吗？	影响非常大	比较大	不重要，从未考虑过这个问题
	36%	61%	3%
8. 你是如何看待当前生态环境的现状的？	非常担忧	较为担忧	没什么可担忧的，与我无关
	28%	69%	3%
生态文明行为			
9. 看到别人乱扔垃圾你的反应是？	行为上制止	内心上反对	习以为常，无关心
	12%	84%	4%
10. 对于在高速路上吃过的食物外包装，你会？	利用垃圾袋装好，离开高速公路后扔到垃圾桶		找不到垃圾桶，随地乱扔
	98%		2%
11. 看到别人刚用完水龙头没有关紧，你会？	对对方进行提醒	自己去关上	不是我的事
	11%	89%	0%
12. 你会进行垃圾分类吗？	经常	偶尔	没有过
	23%	68%	9%
13. 你会经常参与植树、街道清洁等生态社会实践活动吗？	经常	偶尔	没有过
	6%	56%	38%
高校生态文明教育开展情况			
14. 请问您所在的大学或者专业有开展关于生态文明素养的相关课程吗？	没有		有
	79%		21%

续表

高校生态文明教育开展情况				
	十分了解	大概了解	不知道	
15. 你所在的学校是否在思想政治教育课程中开展生态文明教育	比较重视，有很多相关课程	较少涉及	只重视思想政治理论课程教学，没有涉及生态文明教育	
	13%	64%	23%	
16. 你对在大学开展生态文明素养教育的看法是	非常感兴趣	可以考虑	不感兴趣	
	22%	74%	4%	
17. 你的学校是否组织过以下有关生态文明宣传的活动?	组织同学进行植树、环保活动等	组织同学参加生态文明知识相关讲座	组织同学观看有关生态文明的影片	参观生态教育实践基地	从未有过上述活动
	21%	20%	11%	9%	39%

（二）大学生生态文明素养教育的存在问题

近年来，随着生态文明建设的推进，我国的生态文明教育也取得了一定的成效，但也存在着一定的问题。通过调查问卷以及查阅相关的调查研究结果，我们大概能够了解到当前我国大学生生态文明教育存在的一些问题。

1. 大学生生态文明教育的内容不完善

大学生生态文明素养教育的教学内容不完善，没有形成系统的教学，甚至缺失。由于我国生态文明教育起步晚，发展较慢，理论尚不成熟，实践经验缺少，高校难以开展系统的生态文明教育工作。并且，大部分高校没有配置专门的教师队伍进行生态文明教育。在本次调查问卷中学生对问题"你所在的学校是否在思想政治教育课程中开展生态文明教育"回答"较少涉及"和"只重视思想政治理论课程教学，没有涉及生态文明教育"的比例分别高达 64% 和 23%。另外，在"请问您所在的大学或者专业有开展关于生态文明素养的相关课程吗?"的回答中"没有"的比例也高达 79%。不管是思想政治教育课程还是专业教学课程中涉及生态文明教育的内容都较少。可以看出，学校对生态文明教育的重视程度不够，开展力度不足，生态文明教育还没达到广泛普及的程度。

2. 大学生的生态意识与生态行为不一致

大学生存在知行不一的表现。生态文明行为是一个人的生态文明意识的外化表现。当代大学生掌握了一定程度的生态文明知识，并且能够主动地接受生态文明教育，也意识到保护生态环境的重要性，但是却较少将在课堂或者通过其他渠道习得的生态文明知识运用到实际生活当中。并且，大学生容易受到同辈群体的影响，在看到其他同学也没有践行生态文明行为时，自我的环境保护意识也逐渐消失，缺乏社会责任感的行为仍处处可见。由于缺乏对大学生生态意识的正确引导，大学生在价值判断时出现了偏差。在保护环境的行为与自身利益产生冲突时，大部分学生选择维护自身利益，放弃保护环境，导致大学生做出不文明行为如随地扔垃圾、养成不良的消费习惯、破坏植物等。可以看出，大学生群体尽管在生态文明意识方面有了一定程度的提高，但由于生态文明教育的开展力度不足，在大学生从"知"到"行"的转化过程中缺少了教育者对其正确的价值引导，导致其生态文明责任意识较弱，做出不当的生态文明行为。大学生知行不一的行为表现既不利于生态文明教育的实施，也不利于其自身的全面发展。

3. 大学生生态文明实践教育欠缺

高校的大学生生态文明教育教育渠道单一，缺乏实践性教育。当问及"你的学校是否组织过以下有关生态文明宣传的活动"时，回答"组织同学进行植树、环保活动等""组织同学参加生态文明知识相关讲座""组织同学观看有关生态文明的影片""参观生态教育实践基地"的比例分别为21%、20%、11%、9%。活动普遍采用植树、知识讲座、观看影片等常见方式进行，且较多停留在形式层面，很少进行深化教育。而回答从未有过上述活动的比例高达39%。在被问及"你一般通过什么途径来了解生态文明素养知识"时，回答"通过报纸、网络、杂志等途径了解"的比例为87%，"你比较倾向于哪种生态文明教育方式"中回答"社会实践活动"的比例为57%。在新媒体发展的今天，高校的教育方式没有跟上时代发展的脚步，只注重理论教育的教育方式与学生普遍通过新媒体学习的习惯不相符，学校开展社会实践活动的次数也不多，导致生态文明教育普及率较低。

（三）大学生生态文明素养教育存在问题的成因

解决大学生生态文明素养教育存在的问题，需要对其进行原因分析。以下从教育主体、教育客体以及教育方式三个方面来分析大学生生态文明素养教育问题存在的原因。

1. 学校对生态文明教育的重视程度不够

由于我国生态文明教育起步较晚，相关的教学经验不足，学校领导和相关的教育、管理、宣传部门没有对生态文明教育进行系统的部署，高校对生态文明教育的重视程度较低。首先，高校在宣传教育工作方面不够积极，没能通过宣传这一手段向教师群体和学生进行生态文明知识的传播。教师和学生都缺乏对生态文明知识的了解。其次，相关部门在课程的设置以及教学资源的配置方面存在不足，不少高校没有培养专门的教师队伍进行生态文明教育，对大学生的生态文明教育相关课程较少甚至缺失。大部分高校仅在与生物、生态、环境等相关的专业中开展生态文明教育，很少将生态文明教育的内容渗透到其他学科，导致部分教师和学生产生生态文明"与我无关"的错误观念，学习生态文明知识的积极性不足。最后，大多数高校没有相应的奖励制度来鼓励教师进行生态文明知识学习以及生态文明的科研创新工作，导致教师对于加强生态文明知识学习的积极性低下，对学生进行生态文明教育的热情不高。

2. 大学生的生态文明意识淡薄

"价值观是人们在认识世界和改造世界的过程中作出的一种价值选择，反映了人们的认知和需求状况，有什么样的价值观，人们就会依据该价值观采取相应的为人处事的方法，并最终引起相应的行为和结果。"[①] 一些大学生只是掌握了少部分的生态文明知识，还没有形成完整的生态文明观，导致他们在践行生态文明行为时与他们所形成的价值观不统一。受到传统教育观念的影响，少数高校一味注重对学生进行专业的知识传授，忽略了对学生价值观的培养。且学生多年来受到应试教育的影响，看重分数对学业的作用，忽视了对自身道德价值观的提升。尽管部分学生能够经常参加生态文明活动如在植树节做植树志愿者、在雷锋日进行街道清洁等志愿性活动，但其出发点是为了能够在学期考核时能够获得加分，有利于评选为优秀学生。实际上，出于内心对生态环境的爱护而自觉形成日常生态文明行为的学生较少。大学生深知造成环境污染的原因和破坏环境的后果，但在实际行动时，受到周围环境和同辈群体潜移默化的影响，碍于面子做出一些错误的行为，导致大学生

---

① 张华丽：《思想政治教育视域中大学生生态文明教育研究》，山西财经大学硕士毕业论文，2017年。

知行不一现象的出现。另外，少数大学生受到知识经济的影响，注重对自身技能的学习和提高，没有主动地进行自我生态文明知识的学习，轻视了生态文明的作用。

3. 生态文明教育教学的介体单一

"在思想政治教育范畴中，将思想政治教育的工作形式与手段中能够承载起教育内容或信息的某些形式成为思想政治教育介体，也就是开展思想政治教育的活动方式。"[①] 大多数的高校在进行生态文明教育时主要通过课堂教育以及开展生态文明知识讲座等理论知识教育方式，仅做到了对生态文明知识的宣传，且宣传力度低。而实践性的生态文明教育渠道如垃圾清理活动、植树活动虽然也存在，但由于时效短，开展次数少，且受到形式主义的影响，对学生的教育作用不明显。高校没有将生态文明素养教育渗透到学生在宿舍、食堂等日常学习和生活场所中，缺少了在日常行为习惯上对学生的培养。单一的生态文明教育方式使生态知识变得枯燥乏味，难以激发学生对生态文明知识学习的热情。严重地，甚至使得学生产生厌烦、抗拒学习的心理。

三、加强大学生生态文明素养培育的有效路径

针对以上大学生生态文明教育存在问题及成因，结合思想政治教育和生态文明教育的目标和要求，大学思想政治教育中加强生态文明素养培育可遵循以下的路径。

（一）理论教育：善于利用丰富的思想政治理论课教育资源

目前我国高校思想政治教育中涉及生态文明教育的内容尚少。因此，丰富思想政治教育中关于生态文明教育的理论教育是高校开展生态文明教育的第一步。为了更好地进行生态文明教育，需要在思想政治教育的课程内容中添加关于生态文明教育的部分，还需要对思想政治教育的主体——教师进行专门的培训，提高教师队伍的生态文明素养。此外，还需要进行学科改革创新，将生态文明教育融入学科教学之中。

---

① 辛鹏睿：《大学生生态文明教育问题及对策研究》，长春师范大学硕士毕业论文，2017 年。

1. 在思想政治教育课堂中开展生态文明教育

思想政治理论课程作为高校思想政治教育的主要方式，是思想政治教育中不可忽视的一部分。我国高校的思想政治教育理论课程主要包括五门：《思想道德修养与法律基础课》《马克思主义基本原理》《毛泽东思想和中国特色社会主义理论体系》《形势与政策》《中国近代史纲要》。在思想政治教育课堂中加入生态文明教育内容有助于开展生态文明教育。

在《思想道德修养与法律基础课》中，一方面要增加大学生的生态道德教育内容。道德对一个人的意识和行为具有约束作用。一个人有良好的道德品质能够使他善待自然，善待他人，还会自觉地维护人与自然的和谐关系。另一方面，加强对大学生生态法律意识的培养。法律是对生态环境的一种保障。大学生知法、懂法、守法，养成遵守法律的良好习惯，履行自身对生态环境保护的责任和义务，才能更好地学习生态文明，推动生态文明建设的发展。因此，在法律基础课上可以适当添加生态法律法规知识的讲解，让大学生做守护生态环境的模范。

在《马克思主义基本原理》课程中，教师可以讲解马克思主义生态思想的形成和发展，引导学生正确地认识人与自然的关系。在讲到政治经济学的内容时，可以对资本主义工业文明所带来的生态环境问题进行剖析，让学生感受到工业文明发展的同时对生态环境造成的破坏，唤起学生对环境保护的意识。

在《毛泽东思想和中国特色社会主义理论体系》中可重点讲解第八章第五节建设生态文明的内容，从科学发展观的内容到"五位一体"总布局，让学生了解生态文明建设与经济、政治、文化和社会建设之间的关系，坚持走中国特色社会主义道路。

在《形势与政策》课中结合当前的生态环境情况以及我国生态文明建设的形势，可根据当前生态文明的最新资讯如党的十九大建设生态文明的内容进行教学，使大学生能够意识到生态问题的严重性，生态文明建设的重要性，以及当前形势下生态文明素养培育的急迫性。

在《中国近代史纲要》课中可以着重考虑历史学科的特点，加入生态文明形成和发展的过程的内容，讲解国内外学者的生态观点以及生态环境的变化情况；还可以讲解我国近年来生态文明建设取得的成就，并且就生态文明建设中所遇到的问题进行讨论，学生之间互相分享如何更好地吸取教训，对未来生态文明建设提出自己的一些建议等。

2. 培养生态文明教育专业教师队伍

"教育者在教育过程中扮演着组织者、传授者、促进者和引导者的角色。"① 高校生态文明教育的主体是教师，教师队伍的专业程度和质量影响着生态文明教育的实施，其一言一行对大学生的影响重大。提高教师的生态文明素养，可以从两个方面进行。

一方面，加强对生态文明专业教师队伍的培育。高校应组织专门的生态文明教师队伍进行生态文明教育。通过定期开展学术交流、组织教师参加学术论坛、参与生态文明理论研究的方式，让教师通过学习与交流不断提升自身的生态文明素养水平。另外，不仅是教师，高校的行政管理人员也是教育主体之一，对大学生的行为养成也具有较大的引导作用，因此行政管理人员也应该参与到生态文明的学习和教育。提高高校行政管理人员的生态文明素养，可以在"教师年终考核""教师思想道德培训"等环节中加上生态文明素养评价方面的内容，使行政管理人员在一言一行上约束自身，发挥榜样作用。

另一方面，完善教师激励制度，鼓励教师开展并参与生态文明的科研创新研究。对在生态文明相关研究中取得成绩的教师给予一定的奖励以激发教师开展学术研究的热情。还可以通过评选"优秀生态文明教育模范"等荣誉称号，塑造优秀教师的良好形象，形成带动示范作用。

3. 将生态文明教育理论融入专业理论与实际教学中

大学生态文明仅靠思想政治教育理论课来传授生态文明知识是不够的。社会各个要素的发展是相互联系的，生态环境的发展也受到多方面的影响。解决生态环境危机问题涉及各个领域的相互协调。高校开设的各个学科在不同程度上与生态文明的发展有着多样的联系。因此，各学科开展教学时不应局限于本学科的知识，应该与其他学科之间相互交流。在进行学科教学时，可以通过专业知识与生态文明教育内容相结合的方式，挖掘学科专业教育中生态文明教育的内容，进行学科改革创新。例如在建筑学科中可以加入"生态建筑设计课程"，学生通过学习设计节能环保、融入生态环境的建筑，在丰富建筑设计样式的同时，了解建筑同样是生态环境的一部分，力求做到建筑

---

① 陈万柏、张耀灿：《思想政治教育学原理》，高等教育出版社 2001 年版。

与生态环境和谐共处。再如外语专业的教学可通过利用外语教学内容与生态文明内容相结合的方式进行，从而既有利于向国外友人介绍我国的生态文明建设，又有利于让学生学习到生态文明的专业术语，学习国外一些先进的生态文明建设经验，促进两国之间的交流。又如，艺术学科的教育可以通过让学生将大自然的美用艺术的形式表现出来，使学生感受到保护自然的美的重要性等。在各个学科中渗透生态文明教育，不仅能够扩大本学科的研究和教学范围，促进学生的全面发展，还能使不同学科开展新的研究增进学科教学的科学性，发挥不同学科知识、技术对生态文明建设的推动作用。

（二）环境教育：发挥思想政治教育中环境教育的作用

人的思想品德的形成和发展以及思想政治教育活动都要受到环境的制约。一个良好的环境对人具有感染、促进和约束作用。学校应该创造良好的思想政治教育环境，发挥其对人的思想品德和开展思想政治教育的积极作用。

1. 加强校园生态环境建设

学校环境包括教学活动、课外活动，包括教风、学风、校风，包括人际关系、校园文化等。这些环境因素会给学生以无形的影响，能够陶冶学生的情操，塑造学生的人格。学校环境对学生具有渗透性影响。因此，开展生态文明教育要从加强校园生态环境建设开始。例如，设置一些优美、有警示作用的名人名言、雕塑；改造校园的建筑物；优化校园绿化景观；合理地布置校园生态环境，增加绿植的覆盖率，营造清新雅致的校园生态自然氛围。另外，还可以通过节能灯，节水装置以及垃圾分类回收等硬件设施的安装，让学生从日常生活中参与到环境保护中去。在精神建设方面，高校可通过设置生态文明教育评价体系，对教师的生态文明教育开展情况以及学生接受生态文明教育的成果分别进行评价，既让教师能够反思自身的教学方法是否恰当有效，也能让学生巩固所学知识，不断进行自我教育和给教师反馈，改善生态文明教育，推动生态文明教育更加科学合理地发展。

2. 丰富校园生态文明文化活动

一所学校是否优秀不仅通过它所获得的荣誉和所取得科研成果、教学成果的多少来判定，还需要看它的校园文化。校园活动是校园文化的一种表现形式。生态文明教育可以通过举办校园文化活动，让大学生学习生态文明知识，养成生态文明行为习惯。

一方面，充分利用学校社团开展校园文化活动。学校社团是学生自发组成的团体，社内成员具有共同的目标和兴趣爱好，具有较强的凝聚力与辐射力。高校可以利用社团这一特点，以学校社团为载体，宣传生态文明知识、进行生态文明教育实践活动。在特定的日子如 3 月 12 日的植树节、4 月 22 日的世界地球日、5 月 31 日的世界无烟日等环境主题日，举行符合主题的社团活动，营造校园生态文明氛围。

另一方面，在校内可以举办一些与生态文明相关的比赛，如生态文明知识竞赛、绿色宿舍评比、最美校园摄影比赛、生态文明征文比赛以及环境保护演讲比赛等。这些比赛既有利于提高学生参与校园活动的积极性，增强对校园文化的认同感和归属感，又能够引起学生对生态环境的关注，通过参与活动进而宣传生态文明知识，培养学生爱护校园、保护生态环境的意识。

（三）实践教育：开展丰富的生态文明教育实践活动

实践教育是最为生动有趣的教育方式。开展丰富多彩的生态文明教育实践活动能够提高增强大学生参与实践活动的能力，提高对生态文明的认识。

1. 创建生态文明教育实践基地

创建生态文明教育实践基地有利于开展生态文明教育实践活动。大学生虽然掌握了一定程度的生态文明知识，但缺少实现理论与实践的结合的机会，践行生态文明行为。创建生态文明教育实践基地能够为大学生进行生态文明实践提供载体，从实际出发，更好地理解生态文明。生态教育文明实践基地包括森林公园、动物园、博物馆、科技展示馆、生态农场、企业等。高校可通过组织大学生参观教育实践基地，让大学生进行实际操作，以生动、现实的教学方式让学生从实践中学习理论课堂里学习不到的知识。另外，通过生态文明教育实践基地的创建，可以建立起政府、高校与企业之间相互联系、相互帮助的互动关系。政府为高校的科研提供经费，让高校不断进行技术创新；高校为企业提供技术与人才，为企业的发展带来更多的利润，推动经济的发展；而企业也能将科研成果落实生产后的效果反馈给高校科研团队进行及时的调整。

2. 开展生态文明教育实践活动

在问卷调查中，当被问及"你比较倾向于哪种生态文明教育方式"时，选择"社会实践活动"的比例高达 57%。可以看出学生更倾向于通过社会实践活动来接受生态文明教育。在设计生态文明教育实践活动时可以贴近学生的生活，在学生的生活环境中进行生态文明教育。例如在校园、宿舍、食堂中设置垃圾分类回收垃圾桶，让学生进行垃圾分类回收；每到植树节、雷锋日等可以组织学生进行植树、街道清洁等社会服务志愿活动，提高学生的社会参与度；评选最美宿舍，倡导学生自觉保持宿舍干净卫生的生活环境。

另外，还可以鼓励学生参与生态文明的理论和科学研究。学校可以组织学生利用假期开展生态环境的调查、宣传活动，定期组织一些有关生态科技创新大赛，使大学生了解生态环境问题，研究相应的解决对策，提高学生的创新能力等。在此过程中，教师应该发挥引导者、组织者的作用，在学生参与生态文明的研究时应当给予引导和帮助。

（四）养成教育：在大学生的日常生活中开展生态文明教育

养成教育就是培养学生良好行为习惯的教育，其目的在于促使学生形成完善的人格。日常生活与社会生活是紧密联系的，将生态文明教育渗透到大学生的日常生活中，培养大学生良好的日常生活习惯，对其在社会生活的社会行为有着潜移默化的影响。因此，我们要在日常生活中开展生态文明教育，引导大学生进行自我生态文明教育，形成良好的生活习惯。

1. 引导大学生进行生态文明的自我教育

大学生既是教育的客体也是具有自我教育能力的教育主体。在网络技术发达的时代，大学生具有较强的信息接收能力和学习能力。相比被动的理论灌输教育，自我主动的学习是适合大学生的、更为高效的学习方式。但部分大学生由于意志不坚定，在自我学习和自我教育的过程中总会受到其他不良信息的干扰，难以形成正确的生态文明观。因此，在推行生态文明教育的过程中，高校教师应发挥自身作为引导者的作用，引导学生发挥其主观能动性，正确地理解人与自然的关系，认识生态文明、学习生态文明知识、养成良好的生态文明行为。同时，还需要引导他们在面对不同的生态文明行为现象时作出正确的价值观判断，进行自我反思和学习。

2. 帮助大学生在日常生活中养成良好的生态文明习惯

习惯的养成需要从日常生活中的一点一滴做起。在大学生的日常生活中，宿舍和食堂，既是学生在学校的主要活动场所之一，也是行为养成和践行的重要场所之一，兼具学习和生活两种性质。在日常生活中开展生态文明教育，有利于大学生形成良好的生态文明素养，促使生态文明理念渗透到每一个细小的生活习惯。

在日常生活中开展生态文明教育应该与宿舍生活文化与食堂用餐文化相结合。一方面，在宿舍鼓励学生积极参与节约用水用电，废物有效利用，垃圾分类等，每个月宿舍之间互相评分，最后选出最美宿舍作为模范宿舍，供其他宿舍学习。宿舍成员之间互相监督、互相鼓励，并且宿舍管理委员会也应发挥其管理、督促、引导的作用，定期向各宿舍宣传节约用水用电、维护宿舍清洁环境的重要性，帮助大学生学习生态文明知识，养成良好的生活习惯。另一方面，在食堂的墙壁、柱子、餐桌以及餐具上张贴"文明餐桌，你我共进"等宣传标语以及海报；开展光盘行动，评选"大学生光盘行动大使"；播放农民辛勤耕种、动植物生长的过程视频，宣传粮食的重要性以及浪费可耻、节约光荣，帮助大学生形成节约粮食、保护资源的良好习惯。

结合党的十九大报告中"加快生态文明体制改革，建设美丽中国"的战略目标以及国情，本文从大学生生态文明教育的必要性和可能性出发，通过调查问卷了解到当前生态文明教育的现状和存在的一些问题。最后，从理论教育、环境教育、实践教育和养成教育四个方面提出了强化大学生生态文明教育的对策。大学生需要通过理论学习、实践创新、落实行动才能更好地推动我国的生态文明建设，才能更快地实现中国梦、建设美丽中国。

广府童谣的德育价值探究*

蔡紫钧**

广府童谣较为普遍地流传于广府家庭、广府幼儿园和中小学,为从小在广府地区成长的人耳熟能详,其作为思想政治教育的教育资源,对广府地区儿童具有一定的德育价值。因此,本文目的在于研究广府童谣的德育内容资源及利用其开展德育渗透的过程,并进一步发掘其在中小学德育层面的价值。

一、研究现状

广府童谣,也称粤语童谣或广东儿歌,是指在广府地区流行的民间口头文学艺术,它"以粤语为载体,口耳相传,最初以说词为主,也有连说带唱,还有一唱到底,其传唱主体是妇女和儿童"[1]。19世纪末,大部分广府童谣是无旋律的念谣,直到20世纪80年代,香港作曲家韦然将大批粤语童谣整理改编,配上朗朗上口的旋律,并录制成音频,使这些作品在广府地区得以广泛传播[2]。近年,随着人们对传统文化的重视程度提高,广州、佛山、肇庆等地开始发展广府新童谣[3]。

在内容资源方面,广府童谣歌词直白,具有浓郁的地方音乐特色,它记

---

* 本文为2020届本科优秀毕业论文。

** 蔡紫钧,广州大学马克思主义学院思想政治教育专业2016级本科毕业生,指导教师:刘莉。

① 沈湄:《广府童谣的小学低年级音乐教育价值初探》,《北方音乐》2008年第23期。

② 张蔚:《乡土童谣文化的课堂传承——以广府粤语音谣儿歌的课堂传承为例》,《音教畅想》2019年第10期。

③ 何敏怡:《粤语新童谣艺术特色研究——以广东佛山新童谣创作为例》,《佛山科学技术学院学报(社会科学版)》2018年第3期。

录了广府人家在亚热带沿海地区，在乡间河涌、田野内屋的生活，反映了广府地区的生活模式、思维方式和历史文化①②。目前，仍然被传唱的广府童谣约 300 首，学者将其中 64 首整理为经典的广府童谣③。部分广府童谣可以伴随游戏进行传唱，因为其歌词中包含游戏规则，或其旋律节奏便于游戏开展④。

在德育价值方面，广府童谣把粤语俗语、俚语运用到童谣创作中，结合广府地区民间传统音乐，注重押韵和节奏感，描绘广府生活趣味，走进儿童生活，这有助于儿童在从游戏中锻炼节奏感、应变能力和灵活性，并培养儿童对广府音乐和文化的喜爱之情⑤。广府童谣的精神内涵在于"幽默风趣的乐天精神特质、务实创新的商品价值意识和独立自强的女性群体觉悟"⑥，这表达了人们对美好生活的向往和奋发向上的生活态度⑦。

总体而言，学界对"广府童谣"的关注度从 2011 年起呈缓慢增长趋势，研究角度集中在音乐教育和文学方面，每年新增 1~2 篇文献，相关文献总量约 30 篇，相关问题受到较少关注。

在国外，童谣主要指为儿童而创的诗歌或歌曲，13 世纪法国已经出现童谣哼唱，当今仍然流行传唱的童谣，可以追溯到 17 世纪。最早被记录下来的外国童谣系列是"噜啦歌"（Lullabies），指帮助儿童入睡的以"噜啦"歌词为主的一系列催眠曲⑧。

在内容资源方面，国外童谣歌词内容主要源于传统谚语、传统谜语、历史事件、远古习俗等⑨。同时，有些童谣带有隐含背景、意思或目的，如早期的英语童谣体现"低萨克逊"（Low-Saxon）文化，有些童谣则包含暴力、犯

---

① 曾应枫：《广府文化记忆中的民间吟唱：论粤语童谣的传承与发展》，《探求》2018 年第 5 期。
② 金振丽：《议广府童谣的艺术教育价值》，《艺术评鉴》2019 年第 23 期。
③ 陈子典：《珠三角童谣》，广东人民出版社 2018 年版。
④ 金振丽：《议广府童谣的艺术教育价值》，《艺术评鉴》2019 年。
⑤ 彭咏梅：《广府童谣传统儿童游戏词语探析——以佛山童谣为例》，《语文建设》2012 年。
⑥ 傅春鸣：《广州传统童谣的审美阐释》，华南理工大学硕士毕业论文，2011 年。
⑦ 傅春鸣：《广州传统童谣的审美阐释》，华南理工大学硕士毕业论文，2011 年。
⑧ H. Carpenter, M. Prichard, *The Oxford Companion to Children's Literature*, London: Oxford University Press, 1984.
⑨ H. Carpenter, M. Prichard, *The Oxford Companion to Children's Literature*, London: Oxford University Press, 1984.

罪、种族歧视等因素①。

在德育价值方面，儿童在欣赏童谣时会产生愉快的心理体验，并通过完整唱出短小的童谣，加强了自我成就感和信心，这种成就感又会由于父母的鼓励而产生正强化；同时，由于童谣伴有旋律的情绪起伏，这能够潜移默化地培养儿童的幽默感和共情力，这一系列的品质会持续影响儿童成长。此外，代代流传的经典童谣也有利于儿童在文化多元的国度里初识各种文化价值观②。实验发现，加纳童谣促进加纳儿童形成关于道德、社会、文化、审美的价值观，儿童的语言表达和兴趣意向也在很大程度源于这些价值观③。

总体而言，国外学界对"童谣"的研究已有久远历史，近年依然不断涌现新研究，相关问题较受关注。

国内学界对广府童谣的相关研究不多，主要存在以下不足。第一，广府童谣研究的样本取样地主要集中在广州，而较少涉及除广州外的其他广府地区，这可能导致研究对象的覆盖范围不够全面。第二，对广府童谣内容资源的分析仅利用个案的枚举，可能导致代表性不强，同时忽视点面结合，对其德育内容资源缺乏深入挖掘。第三，研究主要从音乐学、美学、文学的角度出发，较少将广府童谣作为思想政治教育工作的教育资源去研究，因此相关研究在德育方面仍有欠缺。国外对广府童谣的相关研究较少，学界只对童谣的历史发展、内容资源和德育价值有一定研究。

因此，本文拟对现有研究作出以下工作：第一，进一步厘清研究对象的覆盖范围；第二，运用计算机大数据，对相关研究样本进行数据分析，以求深入挖掘广府童谣的德育内容资源；第三，运用思想政治教育工作学的相关理论，将广府童谣作为教育资源，研究其德育过程，以发掘广府童谣在中小学教育实践层面的德育价值。

---

① J. Curran, J. Petley, I. Gaber, *Culture Wars: The Media and The British Left*, Edinburgh: Edinburgh University Press, 2005.

② S. Kenney, "Nursery Rhymes: Foundation for Learning", *Sage Journals*, Vol. 19, No. 1, 2005, pp. 28-31.

③ A. Abarry, "The Role of Play Songs in the Moral, Social, and Emotional Development of African Children", *Research in African Literatures*, Vol. 20, No. 2, 1989, pp. 202-216.

二、广府童谣蕴含的德育内容

（一）广府童谣的含义、类型及其词语分析

对于广府童谣的内涵，本文沿用现有研究，即"在广府地区流行的，以粤语为载体的民间口头文学艺术；其形式以说为主，也有连说带唱，还有一唱到底，其传唱主体是妇女和儿童"。对于广府童谣的外延，需要明确的是，其内容不仅包括广州地区流传的童谣，也包括其他广府地区，即广东、广西、香港、澳门等以粤语为母语的省市或地区流传的童谣①；同时，广府童谣不仅包括代代相传、历史悠久的粤语童谣，也包括当代创作的新粤语童谣。

对于广府童谣的类型，本文参考关于童谣的现有研究，并以德育为方向，将其分为"正向育人"和"负向育人"两类。正向育人的广府童谣传播正能量，如《月光光》，其表达人们对未来生活的向往和吃苦耐劳的精神，强化人们的积极情感；负向育人的广府童谣传播负能量，如《鸡公仔——做人新抱甚艰难》，其描述旧社会中恶劣的婆媳关系和儿媳的悲惨境地，强化人们的消极情感。

基于广府童谣的含义和类型，确定本文的研究对象是：当代普遍传唱的、具有正向育人价值的广府童谣。选取"当代普遍传唱"的广府童谣，原因在于：第一，普遍传唱的作品，其受众人数多，群众基础广，开展相关研究的实用性和价值更高；第二，普遍传唱的作品，流通程度高，样本收集工作易于开展。选取"具有正向育人价值"的广府童谣，原因在于：本文以发掘广府童谣的德育价值为目的，主要研究广府童谣中的积极成分对儿童道德教育的价值。

为求收集的样本更具代表性，笔者从购物网站、广东省佛山市禅城区的部分实体书店、图书馆，取样了出版书籍《岭南传统童谣：广府童谣》② 和《老广新游之广府童谣》③，以及《粤港澳非物质文化遗产歌谣》《广东话儿歌全录》等 10 张目前热销的出版光盘，对其中的广府童谣作品取样并进行词频

---

① 杜尘：《广府文化：在岭南文化中个性最鲜明、影响最大》，2013 年 8 月 13 日，见 http：//www. gd. chinanews. com/2013/2013-08-13/2/268831. shtml.

② 陈子典编：《岭南传统童谣：广府童谣、客家童谣、潮汕童谣》，暨南大学出版社 2012 年版。

③ 广州市越秀区文联、大话国编：《老广新游之广府童谣》，广州出版社 2014 年版。

分析，以对广府童谣的内容形成总体认知，阐明其德育价值。

　　由于各个出版物的内容有所重复，经过整理，共得 276 首广府童谣，其中 125 首在取样出版物中只出现过一次，其代表性不强，故将其去除；最终选取出现两次及以上的 149 首广府童谣[①]，作为本次词频分析的样本。同时，由于有的歌词在副歌部分多次重复，会对词频统计的结果造成影响，因此，本次词频分析只对每首童谣中第一次出现的歌词进行统计，且每词语在每首童谣中只统计一次。笔者运用 Python 程序统计得出，在选取的 149 首广府童谣中，出现过三次及以上的词语如图 28 所示。[②]

人物形容	(次)	人物名词	(次)	自然物体	(次)	动物	(次)	动词	(次)	抽象	(次)
开心	18	妈	15	花	14	鱼	10	笑	31	世界	7
快乐	13	爸	13	风	10	鸡	8	唱歌	6	意志	6
懒	6	哥	10	草	9	鸟	7	上学	5	宇宙	4
可爱	5	友	8	山	9	猪	7	发奋	4	自由	4
善	5	祖母	8	太阳	9	牛	6	读书	3	理想	3
温暖	4	家	6	星	6	狗	5	奉献	3	美梦	3
欢喜	3	姐	4	月	6	猫	5	踢波	3	人间	3
活泼	3	妹	4	河	5	蚊	5	听教	3	天空	3
美丽	3	叔	4	树	5	马	4				
努力	3	祖父	4	雨	4	青蛙	4	时间	(次)	人体	(次)
勇敢	3	大家	3	蕉	3	狮	4	春	6	手	8
愉快	3	弟	3	林	3	羊	4	天光	4	眼	5
百厌	3			米	3	豺狼	3	晚	3	脚	4
努力	3	人为物体	(次)	苗	3	鼠	3	冬	3	口	4
		功课	4	云	3			听朝	3	眉	4
		龙船	3			事物形容	(次)			牙	3
		鞋	3			遥远	3				
						福	3				

图 28　广府童谣词频统计的结果（节选）

　　由图 28 可知，广府童谣的歌词内容主要集中在人物称呼、人物形容词、人物动词、自然物体、动物等方面，其帮助儿童认识自己和身边人物事物、初识世界万物、寄托美好期望。其中，"笑""开心""快乐"等高频词语，表达了正向情绪，充分体现了广府童谣作词人在创作广府童谣时积极传递正能量的意向，也体现了广府人积极向上的乐天精神。除此之外，在儿童认识自己方面，"手""眼""脚""口"等词语频率较高，这有利于儿童在自我意识的发展阶段，更好地认识自我。在儿童认识身边人物方面，"妈""爸"等词语频率较高，儿童能够从一首首广府童谣中，进一步深化对日常接触人物

----

① "广府童谣样本名称"请见附录 1。
② "广府童谣词频统计详细数据"请见附录 2。

的认知，这也为儿童进一步认识更为复杂的社会关系奠定基础。在儿童认识身边事物方面，"花""春""凤""鱼"等词语频率较高，这从儿童生活中直接所见所感出发，有助于丰富儿童对身边动植物的认知，也为儿童进一步认识更为多样的世界万物奠定基础。在儿童认识其他事物方面，一些儿童可能尚未亲眼见过的动植物（如"狮""狼"等）、尚未真切感受过的抽象物（如"世界""宇宙""意志"等）逐渐出现在歌谣中，这为儿童敞开了认识世界万物的大门，激发儿童关于世界万物的好奇和想象。在儿童对美好生活的期望方面，出现"理想""美梦""太阳""天光①""听朝②"等正向意象词，这体现了儿童对未来生活的向往和积极阳光的态度。在家长对儿童的期望方面，出现"上学""读书""听教③"等与学习相关的词语，加上"可爱""善良""努力""发奋"等与美好品质相关的词语，体现了家长对子女成才成德的寄望。同时，在此方面，高频率的词语中也不乏一些负面词语，如"懒""百厌④"等，这从另一方面表达家长对儿童不良品质的批评，从而对儿童形成综合的正向引导。

（二）广府歌谣的德育价值

我国对小学生道德品质的要求主要记载于《小学生守则》《小学生日常行为规范》《义务教育品德与生活课程标准》和《公民道德建设实施纲要》中。其中，《小学生守则》和《小学生日常行为规范》作为对小学日常行为的规范要求，是基础性的；《义务教育品德与生活课程标准》作为小学思想品德课的标准，其目标是发展性的；《公民道德建设实施纲要》作为对全社会公民进行道德建设的纲要，虽不具有儿童针对性，但其体现社会道德发展的总体目标和方向，也是对社会主义核心价值观在个人层面的详细论述。

对照我国对小学生道德品质的要求，并基于广府童谣的词频分析，可发现广府童谣对儿童发展具有启智、明理、赋责、导思、劝行等德育价值，是对儿童进行隐性道德教育的良好载体。以下将从三个维度，深入剖析广府童谣的德育内容资源。

---

① 天光：粤语方言，意为"天亮"。
② 听朝：粤语方言，意为"明天早晨"。
③ 听教：粤语方言，意为"听从教诲"。
④ 百厌：粤语方言，意为"淘气"。

1. 广府童谣表达对乡土人事的热爱

小学生应当热爱家乡，了解家乡的发展变化，并珍视祖国的历史与文化，具有中华民族的归属感和自豪感①。乡土人事体现了地方性的文化是国家文化和中华民族文化在特定地域上的具体表现。通过广府童谣培养儿童对乡土人事的热爱之情，符合我国对儿童道德品质要求。这有利于儿童对家乡文化形成认同感和归属感，并进一步发展成为对社会、对国家、对中华民族的热爱，为儿童形成家国情怀奠定基础。

在广府童谣中，人们对乡土人事的热爱具体表现为对乡土食物、乡土人物和乡土事物的热爱。

第一，对乡土食物的热爱。广府人对乡土食物的热爱，集中表达在《大西瓜》《排排坐》《点虫虫》《香蕉船》等广府童谣作品中。这些作品里，出现了"西瓜、荔枝、龙眼、香蕉、菠萝"等关于水果的词语。例如：

<table>
<tr><td>《排排坐》节选</td><td>《大西瓜》节选</td></tr>
<tr><td>李子鲜甜 苹果又大个</td><td>大西瓜 多好哇</td></tr>
<tr><td>橙子金黄 最好吃是菠萝</td><td>个个都想食</td></tr>
<tr><td>香蕉提子 荔枝龙眼靓</td><td>大家分 切开它</td></tr>
<tr><td>蜜瓜清润 我请你共尝</td><td>味道顶呱呱</td></tr>
</table>

广府地区处于热带和亚热带，其充足的阳光和雨水，使得各类水果普遍地走进广府家庭的生活中，让广府人能够在炎热的天气里，体验到由各种清甜多汁的水果带来的清凉满足感。正如苏东坡笔下的"一啖荔枝妃子笑"，广府人对乡土食物的喜爱之情已自然地流露在广府艺术作品当中。

通过获得直接的口腔刺激，儿童自口唇期（0~1岁）始，便与乡土食物产生初步接触。随着进食次数增多，儿童因乡土食物而产生的满足感被不断强化，便能够逐渐认同乡土饮食文化；同时，种类多样且数量充足的乡土美食能够提高儿童的生活质量，进而潜移默化地提高儿童对所处社会的认同感。

第二，对乡土人物的热爱。广府人对乡土人物的热爱，集中表达在《月光光》《摇到外婆桥》《麻鹰捉鸡仔》等广府童谣作品中。这些作品里，出现了"阿妈、阿爸、阿爷、阿嫲"等关于家乡亲人称呼的词语。例如：

① 教育部：《义务教育品德与生活课程标准》，北京师范大学出版社2011年版。

《月光光》节选

听朝阿妈 要赶插秧咯

阿爷睇牛 去上山冈哦

虾仔 你快长大咯

帮手阿爷 去睇牛羊

听朝阿爸 要捕鱼虾咯

阿嫲织网 要织到天光哦

《摇到外婆桥》节选

摇摇摇 摇到外婆桥

桥边有间屋仔细

阿婆就住响外婆桥

外婆呀你好不好

外婆话我是个好宝宝

催眠曲中记录着儿童生活中那一个个熟悉的身影，儿童能够从日复一日的歌声中，回忆起在白天与家人嬉戏的愉快场景，也能够逐渐了解家人为经营家庭所付出的辛勤汗水，由此加深了对亲人的熟悉度和亲切感。

通过接受感情熏陶，儿童对乡土人物形成了热爱。基于长期的语言交流活动，儿童能够对乡土人物的话语形成亲切感，逐渐认同方言俚语；基于长期的观察活动，儿童能够对乡土人物的劳动工作形成由浅入深的认知，逐渐认同乡土职业，也潜移默化地培养着艰苦奋斗、勤劳朴素的品质。

第三，对乡土事物的热爱。广府人对乡土事物的热爱，集中表达在《氹氹转》《落雨大》《月是故乡明》《齐齐贺下你》等广府童谣作品中。这些作品里，出现了"端午、落雨、中秋、过年、骑楼"等关于广府节日和现象的词语。例如：

《氹氹转》节选

氹氹转 菊花园

炒米饼 糯米糯米团

五月初五 系龙舟节啊

阿妈叫我 去睇龙船

我唔去睇 我要看鸡仔

鸡仔大 我拎去卖

《落雨大》节选

落雨大 水浸街

阿哥担柴 上街卖

阿嫂出街 着花鞋

花鞋花袜 花腰带

珍珠蝴蝶 两边排

广府地区雨水充足，河网密布，与水相关的节日或活动便常常出现在广府人的生活中。其中让儿童兴奋不已的节日当属端午节——各个村落的龙船队相聚在河涌进行划龙船比赛，河涌两旁挤满观战的村民，加上船上的呐喊声、锣鼓声和鞭炮声，整体气氛非常热闹。儿童可以和年长村民们一起看龙船比赛，也可以和同龄朋友一起做游戏，吃米饼和糯米团，共同享受热闹和喜庆。除了对端午节的热爱，广府人对花也情有独钟，广府的核心地区广州也有"花城"之称。即使是下雨，"阿嫂"也要穿着花鞋上街，更不用说新年期间人山人海的广府花街了。广府人对花之美、河涌之热闹的喜爱，浮现于歌词之上，也印入儿童的脑海当中。

通过参与社会实践，儿童在行动上强化着对乡土事物的热爱。儿童对乡土传统节日的热爱，有利于儿童珍视家乡的历史与文化，对中华民族文化形成认同感；从爱护家乡的一草一木，到参与家乡各种事务，有利于逐渐提高儿童的社会公德感和初步形成社会参与意识。

由此可见，广府的食物、人物和事物有其独特的魅力，在清润爽甜的美食中、在织网捕鱼的亲人身影中、在热闹非凡的龙舟锣鼓声中，甚至在大雨滂沱的骑楼街上，广府人对乡土人事的深厚热爱，已然珍藏在一首首广府童谣当中。而根据奥苏泊尔有意义接受理论和罗杰斯建构主义学习理论，即"有意义学习是在符号所代表的新知识和学生认知结构中已有观念之间，建立非人为和实质性的联系"和"学生不是空着脑袋走进教室的，他们在日常生活和学习中已经形成了丰富经验"①，广府童谣所表达对乡土人事的热爱，能够为儿童日后接受关于爱民族、爱国家、爱社会主义等方面的思想政治教育提供社会性经验，奠定同化学习的基础，把抽象的家国情怀赋予了具体生动的实际意涵，促使理论化的思想政治教育更为真实可感。

2. 广府童谣劝导着儿童的交往活动

小学生应当学会处理自我、亲子、同辈、师长等社会关系，做到遵守规则、爱护公物并防范不良因素侵袭②。儿童交往活动是儿童社会性发展的表现，即儿童在与社会各要素互相作用的过程中，习得社会规范，形成社会角色，逐渐适应社会生存，从自然人成长为社会人，即逐步实现社会化的过程。处理好儿童的交往活动，是儿童发展的必经之路，也是儿童发展为良好社会人的关键之路。

广府童谣从儿童与自我、儿童与他人、儿童与社会的关系方面，通过陈述道理或叙述故事的方式，向儿童强化了行为要求，劝导着儿童的交往活动。

第一，儿童与自我的关系。广府童谣对儿童与自我关系的行为要求，集中表现在《洗白白》《问题天天都多》《波比换牙》等作品中。这些作品里，出现了"听话、干净、改过"等与自我行为习惯相关的词语。例如：

① 陈琦、刘儒德：《当代教育心理学》，北京师范大学出版社 2007 年版。
② 教育部：《义务教育品德与社会课程标准》，北京师范大学出版社 2011 年版。

《洗白白》节选

乖猪咪乱郁咋 听话唔好曳啰

干净嘅细蚊仔 人人都中意

倒开盆水啰

快洗白白

《问题天天都多》节选

无记性无耳性 口多多

何时才能期望 ——改过

有了过错 我再试过 可不可

爸爸妈妈 从前亦也犯错多

《洗白白》倡导儿童养成爱干净的卫生习惯，并要求儿童在家长协助其洗澡的时候，要听话合作不乱动。《问题天天都多》以讲道理的方式，告诉儿童"谁人都曾犯错"的道理，虽然儿童目前可能不听话，但只要认识到过错，家长会给予改正过错的机会。

皮亚杰认知发展阶段论指出，儿童在大约 2~7 岁时处于前运算阶段，具体特征表现为自我中心主义和集体的独白，即此时儿童的思想和行为都以自我为中心，并以为其他所有人跟自己都有相同的感受。社会性发展理论也指出，学前儿童和小学低年级学生处于亲社会行为的享乐主义阶段，他们的行为以自我关注为取向[①]。蒙台梭利认为，3~6 岁是儿童个性形成的关键期，此时儿童对环境极其敏感，极易受周围环境影响[②]。

因此，广府童谣能够抓住儿童自我认识的关键期，对儿童提出具体的、细微的要求，进行自我关系的教育，这有助于儿童逐渐懂得如何开展自己的行为，并为自律精神打下良好基础，有利于最大效率地促进儿童形成良好的自我认知，培养儿童健康的生活和行为习惯，引导儿童珍爱生命、热爱生活。

第二，儿童与亲人的关系。广府童谣对儿童与亲人关系的行为要求，集中表现在《爸爸妈妈你去边》《鸡公仔》《月光光》等作品中。这些作品里，出现了"工作、听教、帮手"等与亲子关系相关的词语。例如：

《爸爸妈妈你去边》节选

哦爸爸妈妈 要做工要工作赚钱

留在家 过这天

爸妈都不见 磨炼得意志坚

我不会 将爸爸妈妈怨

《鸡公仔》节选

阿仔佢听教

阿妈就开心晒咯

阿仔佢唔听话

阿妈就唔安乐

在儿童放寒暑假时，家长由于需要上班而未能时时陪在儿女身边，《爸爸妈妈你去边》就以亲子对话的方式，让儿童明白父母为什么会"消失"了而

---

① 陈琦、刘儒德：《当代教育心理学》，北京师范大学出版社 2007 年版。
② 蒙台梭利：《童年的秘密》，中国长安出版社 2010 年版。

去上班，开始理解和感恩父母养家糊口的辛劳，并逐渐学会勇敢面对独处。《鸡公仔》促使儿童认识到，自己的行为表现会影响到父母的情绪，只有听从教诲，才能让父母舒心快乐。

儿童在社会性发展过程中，会经历自我关注取向、他人需求取向、人际关系取向、移情取向等阶段①。而家庭是儿童的第一所学校，父母是儿童的第一任教师，家庭环境对儿童思想品德形成和发展具有重要作用和深刻影响，也对学校思想政治教育有重要的制约作用，其具有基础性、普遍性、长久性和渗透性特点，即家庭成员之间的关系、家庭的氛围、家庭的生活习惯等因素，都会耳濡目染地渗透到儿童的思想意识中②。

因此，利用好广府童谣，引导儿童学会处理好亲子关系，有利于儿童从自我关注取向朝着更高阶段发展，逐步尝试体味他人的情绪变化，也有利于儿童爱亲敬长，并在长期的亲子交流中，逐渐学会表达自己的感受和见解，倾听他人的意见，体会他人的心情和需要，这对儿童日后处理好社会关系和形成良好社会发展具有深远意义。

第三，儿童与朋友的关系。广府童谣对儿童与朋友关系的行为要求，集中表现在《点虫虫》《大西瓜》《珍重再见》《友谊心中记》等作品中。这些作品里，出现了"老友、分享、再见"等与朋友交往相关的词语。例如：

《点虫虫》节选	**《珍重再见》节选**
载满荔枝来探你	朋友再见挥手到远方去 留下笑声
大家都系老友记	心里始终记得
齐齐坐下吃佳果	我舍不得你 勿念名姓
嘻嘻哈哈笑开眉	珍惜千般友好 人离开了常在我心

《点虫虫》倡导儿童应该向朋友分享自己喜欢的东西：当荔枝成熟时，便装满一篮去探望老友，开心地共尝佳果。《珍重再见》告诉儿童，当朋友将要告别，我们虽万般不舍，但也可以将曾经的笑声和美好的瞬间留在心里，只挥手送别，这有助于儿童在尚未亲历别离之时，体验别离的情感，并了解面对别离的态度和方式。

皮亚杰认知发展阶段论指出，儿童在大约 7~11 岁进入具体运算阶段，具

---

① 陈琦、刘儒德：《当代教育心理学》，北京师范大学出版社 2007 年版。
② 陈万柏、张耀灿：《思想政治教育学原理》，高等教育出版社 2015 年版。

体特征表现为去集中化，即逐渐去除自我中心，也能够学会处理部分与整体的关系。同时，社会性发展中的友谊发展阶段理论指出，儿童大约在 4~9 岁处于友谊的单向帮助阶段，此阶段儿童要求朋友能够服从自己的愿望；儿童大约在 6~12 岁处于友谊的双向帮助阶段，此阶段儿童能够互相帮助，但还不能共患难；儿童大约在 9~15 岁处于友谊的亲密共享阶段，此阶段儿童能够互相信任和忠诚，并能同甘共苦①。以上年龄阶段出现重叠，说明儿童在友谊认知发展方面具有差异性，不同儿童或同一儿童对不同的具体友谊情况可能存在认知差异。

因此，当儿童进入小学，逐渐表现出去集中化，广府童谣能够引导儿童的友谊认知向更高阶段发展，有利于儿童形成友爱宽容、热爱集体、团结合作、有责任心的品质，学会倾听他人的意见，体会他人的心情和需要，与他人平等地交流与合作，积极参与集体生活。

第四，儿童与社会的关系。广府童谣对儿童与社会关系的行为要求，集中表现在《我系小忌廉》《学生哥》《一枝竹仔》《狐狸先生几点钟》《小红帽》等作品中。这些作品里，出现了"读书、团结、合作"等与社会生活相关的词语。例如：

《学生哥》节选	《一枝竹仔》节选	《狐狸先生几点钟》节选
学生哥 好温功课	一枝竹仔 会易折弯	狐狸偷偷地笑
咪净系挂住踢波	几枝竹一扎 断节难	狐狸奸险地笑
最弊肥老左 无阴功啰	心 坚毅勇敢	何必担心没晚餐呢
同学亦爱莫能助	团结 方可有力量	小猴子真好吃

儿童步入学校，成为学生，便需要了解社会对"学生"角色的要求，《学生哥》告诉儿童，学生需要好好读书，不能只顾着玩耍踢球。在校园内外，儿童的交际和实践范围变广，逐渐遇到需要与他人合作才能完成的事情，《一枝竹仔》便告诉儿童"一枝竹仔易折弯"的道理，要求儿童重视与他人团结，通过合作增强力量。同时，当儿童初识社会，《狐狸先生几点钟》也告诫儿童，社会上存在着坏人，他们会伤害自己，所以一定要保持警惕之心，出门在外要听从家人的叮嘱教诲。

埃里克森的心理社会发展理论指出，儿童在大约 6~12 岁时，处于勤奋感

---

① 陈琦、刘儒德：《当代教育心理学》，北京师范大学出版社 2007 年版。

与自卑感的矛盾阶段，此时儿童开始进入学校，对学业产生勤奋感，并对集体生活感到愉快；而若出现学校里的学业或人际困难，有可能会导致儿童形成自卑感。若此矛盾处理得当，儿童能够因完成工作而自豪，获得处理知识和关于为人处世的能力；若此矛盾处理不当，儿童会产生不适感和自卑感，不能完成工作，导致基本能力的缺乏。同时，皮亚杰的认知发展阶段论也指出，儿童在大约 7~11 岁时处于具体运算阶段，表现为刻板地遵守规则，即儿童已能够理解原则和规则，但在实际生活中只能刻板地遵循规则，崇尚权威，不敢改变①。

因此，当儿童开始寻求勤奋感并刻板地遵守规则，广府童谣一方面能够鼓励和引导学生形成端正的学习态度和人际交往态度，以缓和此阶段矛盾，促使学生形成积极的自我概念；另一方面能协助学生学习社会规则，有利于增强学生的规则意识和法律意识，引导学生崇尚公平与公正，并远离不良因素，勇于反抗不良势力。

3. 广府童谣引导着儿童的人生志向

志向，就是"关于将来要做什么事，要做什么样的人的意愿和决心"②，因此，人生志向就是从人的整个生命历程出发，关于人一生要做什么事，要做什么样的人的意愿和决心。教育要以集体主义为原则，以爱祖国、爱人民、爱劳动、爱科学、爱社会主义为基本要求，以社会公德、职业道德、家庭美德为着力点③。具体到小学教育，小学生应形成优良品质和追求积极志趣，爱祖国和爱少先队，并初步形成开放的国际视野④。

人生志向是个人价值观的体现。价值观是人对事物价值的总的看法和根本观点，它直接影响一个人的价值判断和价值选择，是人生的重要向导⑤。引导儿童树立正确人生志向，形成正确价值观，对儿童的人生发展具有深远影响。同时，根据马斯洛需要层次理论，自我实现需要是人最高层次的需要，且具有永不满足的特点。人生志向作为自我实现层次的需要，是个体不竭努力的动机，它对个体活动具有激发、指向、调节和维持功能，能够使个体行

① 陈琦、刘儒德：《当代教育心理学》，北京师范大学出版社 2007 年版。
② 中国社会科学院：《现代汉语词典》，商务印书馆 2016 年版。
③ 中共中央、国务院：《公民道德建设实施纲要》2019 年 10 月 24 日，见 http://www.gov.cn/zhengce/2019-10/27/content_5445556.htm。
④ 教育部：《义务教育品德与生活课程标准》，北京师范大学出版社 2011 年版。
⑤ 教育部：《普通高中教科书思想政治》，人民教育出版社 2018 年版。

为指向一定的目标和对象，而放弃其他的方向，也能够影响个体活动持续的时间。它源于个体的应然状态和实然状态之间的不平衡状态，并成为个人活动的积极性的源泉①。从广府童谣应然状态和自我实然状态的不平衡中树立人生志向，有利于激发和维持儿童的努力活动。

广府童谣从个人层面和社会层面，引导着儿童的人生志向。

个人层面的人生志向。在个人层面，广府童谣对儿童人生志向的引导，集中表现在《卖懒》《每个少年》《洗白白》《醒目》《鸡公仔》等作品。这些作品里，出现了"唔懒②、理想征途、建筑师"等与个人志向相关的词语。例如：

《卖懒》节选	《醒目仔》节选	《洗白白》节选
卖到年三十晚	我要做个好小孩	洗下个头
人懒我唔懒	日日都精乖	听日做个建筑师
过左年就大个仔	学功课歌唱与弹琴	立即起高楼
唔要再学懒罗	样样搞掂晒	

每年除夕夜，广府儿童在吃完团年饭之后，便会和朋友到街上卖懒。《卖懒》引导儿童从新年开始到一年结束之时，要把懒惰卖到外面，勤奋做人。《醒目仔》引导儿童不仅需要学习课堂知识，还要培养唱歌、弹琴等业余爱好，争做一个全面发展的人。《洗白白》更从儿童每天所见的高楼出发，引出了"建筑师"职业，在儿童心中埋下关于职业的种子。

个人志向包括个人品质志向和个人职业志向等内容，体现了个体的价值追求。广府童谣对儿童进行个人志向的引导，既有利于儿童形成自信自律、勇敢乐观、热爱劳动、勤劳朴素的个人品质，也有利于儿童初步了解生产活动，形成崇尚科学技术的精神，为职业认知和职业道德发展奠定基础。

社会层面的人生志向。在社会层面，广府童谣对儿童人生志向的引导，集中表现在《世界真细小》《圣诞快乐》《机灵一休》等作品中。这些作品里，出现了"宇宙、世界、和平、锄强扶弱"等与社会发展相关的词语。例如：

---

① 冯忠良：《教育心理学》，人民教育出版社 2015 年版。
② 粤语方言，意为"不懒惰"。

《机灵一休》节选
锄强扶弱 惩治罪恶
口讲 不动手
天生机巧 成奇谋
讲得出色 心服透

《世界真细小》节选
地球如此细 纷争不应当
人类如兄弟 不应分你我
人情同四海 千里亦一家
应该无须分彼我

《机灵一休》引导儿童向一休和尚学习，勇于惩治罪恶、锄强扶弱，但同时要运用机巧奇谋，动口不动手，通过讲道理的方式让他人信服。除了在狭义社会中立志，也要在广义社会中立志。《世界真细小》引出了"地球"的名字，引导儿童向往和平，视地球上的人类都为兄弟，四海皆一家，培养儿童对世界人类的博爱之心。

个体的社会志向包括公民品质志向和社会事业志向等内容，体现了个体的社会价值追求。人生志向也应当服从于社会志向。广府童谣对儿童进行社会志向的引导，既有利于儿童形成热心公益、保护环境等社会公德，也有利于儿童树立为社会服务的志向，热爱祖国，并尊重不同地区、民族和国家，初步形成开放的国际视野。

三、广府童谣德育价值发挥的过程

广府童谣承载着丰富的德育内容资源，但其作为外在的教育内容，仍需要经过一系列的教育过程，才能够使儿童对其内化，并进一步外显为良好的道德行为，最终实现以广府童谣为载体的道德教育。因此，教育者有必要探明广府童谣开展德育的过程机制。

学界一般认为，品德心理结构由"知、情、意、行"四要素构成，即道德认知、道德情感、道德意志、道德行为[1]。广府童谣能够从旋律、游戏、褒贬、榜样等角度，与德育过程的各个阶段有机结合，从而在整体上促进儿童的道德发展。

---

① 王道俊、郭文安主编：《教育学》，人民教育出版社 2016 年版。

（一）以旋律调动道德认知

道德认知，是"个体对行动准则的善恶及其意义的认识"①，既包含关于"我能做什么"的认知，也包含"我应该做什么"的认知②。它贯穿道德人格形成的始终，促使个体在获得初步的道德概念认知后，进一步作出道德判断和选择，进而促发道德行为，它是社会道德要求转化为内在道德品质的首要环节，是道德品质形成的基础和前提③。而道德认知的形成和发展，主要依赖于道德概念的掌握、道德信念的确立、道德评价能力的发展。其中，道德概念的掌握有赖于形象的实践和感性的经验④。

根据皮亚杰的道德认知发展论，儿童在5岁前处于无律期，他们的认知以自我中心；在5~8岁处于他律期，服从权威和外部规则；9岁之后不再无条件服从权威，而开始发展道德判断⑤。因此，从无律期到他律期，小学低年级儿童需要通过了解权威和外部规则，提高道德认知，以完成阶段过渡。

广府童谣作为一种音乐的具体表现形式，其旋律能够使儿童形成感性的经验，作为感性客体调动儿童的道德认知。儿童在接触广府童谣的瞬间，就因得到听觉刺激而对广府童谣产生了初步的认知，这也正是广府童谣德育价值发挥的起点。

广府童谣的旋律来源主要是睡前口头哼唱曲、日常游戏曲、卡通片主题曲、国外著名乐曲等，这些曲调通过各种活动渗透到儿童生活的方方面面，并因其游戏实用性、旋律动听性等，被儿童反复传唱。随着儿童读书识字，他们逐渐了解口中常常哼唱的歌曲中歌词的字面意思，既有的浅层认知进一步深化为对广府童谣中包含的道德概念的认识，从而调动起道德认知。

（二）以游戏激发道德情感

道德情感是"人们根据社会的道德准则，处理相互关系，评价自己或他

① 陈琦、刘儒德：《当代教育心理学》，北京师范大学出版社2007年版。
② 陈琦、刘儒德：《当代教育心理学》，北京师范大学出版社2007年版。
③ 朱平平：《论知、情、意、行在品德形成过程中的重要意义》，《首都师范大学学报（社会科学版）》1997年第3期。
④ 陈琦、刘儒德：《当代教育心理学》，北京师范大学出版社2007年版。
⑤ 陈琦、刘儒德：《当代教育心理学》，北京师范大学出版社2007年版。

人言行举止时体会到的心理情感，是人的道德需要能否得以实现所引起的内心体验，表现为一种爱憎好恶的态度"①。它能激发、引导人的道德认识，使人乐于接受某种道德概念，而拒绝另一种道德概念，促进个体对道德行为的判断和选择，并调节和控制人的道德行为；它又是道德意志的催化剂，强烈的情感有利于个体形成坚强的意志②。它往往与道德认知结合在一起，构成人的道德动机。激发道德情感的因素，有个体的一般情感、交往合作和社会文化等，即人与人之间的基本情感的满足，促使道德情感进一步实现和升华；通过社会的交往与合作，人们在各种关系中能够体验和实践着尊重、关怀等道德情感；中华优秀传统文化，也直接影响着人们的道德情感。

广府童谣作为社会文化，能够在儿童游戏过程中，以游戏曲的形式激发儿童的基本情感。《氹氹转》是广府地区经典童谣的同时，也是一个经典的游戏：儿童手拉手围成圆圈，圆中站一名蒙眼儿童，随着《氹氹转》唱起，儿童开始围绕蒙眼儿童转圈，而当歌曲结束，蒙眼者便伸手抓住圆圈中的一名成员，并根据触摸被捉者的头发、脸部起伏等特征，说出他的名字；若猜对，被捉者就与蒙眼者角色互换，游戏又重新开始，欢笑声在一次又一次的转圈游戏中伴随着歌声而起伏。

儿童在游戏中产生的愉快感，能够泛化到儿童对广府童谣的情感上，并进一步催生道德情感。巴甫洛夫基于狗分泌唾液实验，提出了"经典性条件作用"理论，其中有"习得、强化、泛化"等概念，习得是指个体在条件刺激和无条件刺激之间建立了联系，形成条件反射；强化是指条件刺激与无条件刺激在时间上结合的次数增多，条件反射得到巩固；泛化是指在条件反射建立之后，那些与原条件刺激相似的新刺激也可能唤起个体的反应。③例如，在《氹氹转》游戏当中，条件刺激是游戏的开展，条件反射是儿童对游戏产生的愉快感，无条件刺激是《氹氹转》游戏歌曲的响起，泛化是指儿童对其他与《氹氹转》相似的童谣也可能产生愉快感。每当游戏开展，儿童心中就会形成与同伴玩耍的愉快感，条件反射形成；当游戏歌曲与游戏同时发生，即两者产生了结合，游戏歌曲就与儿童的愉快感也逐渐形成了条件反射，并

---

① 陈琦、刘儒德：《当代教育心理学》，北京师范大学出版社 2007 年版。
② 王道俊、郭文安：《教育学》人民教育出版社 2016 年版。
③ 陈琦、刘儒德：《当代教育心理学》北京师范大学出版社 2007 年版。

随着游戏歌曲和游戏的结合次数增多，游戏歌曲与儿童愉快感的条件反射就不断被强化；随着泛化，儿童在听见相似游戏歌曲时，也可能产生愉快感。因此，在儿童对广府童谣所传达的道德概念有了初步认知之后，伴随广府童谣而开展的游戏又满足了儿童的基本情感，从而促进着道德情感的实现。

儿童能在游戏中锻炼移情能力，从而发展道德情感。精神分析论表明，儿童的道德情感在出生时处于本我状态，随着经验的教训发展出自我状态，而后又对父母和社会的标准进行内化，发展出超我状态。超我状态代表道德，它在儿童 3~6 岁开始得到发展，此阶段儿童将父母的道德标准作为自己的标准，若能作出父母奖赏的行为，儿童就会感到自豪；若违反道德，儿童就会感到羞耻和自责；移情训练是发展道德情感的重要手段①。儿童在游戏过程中，为求游戏顺利进行即达成良好的社会交往，会克制本我，并通过移情等方式，表现出自我甚至是超我状态。例如，儿童会在游戏正常运行的过程中，遵守游戏规则，并观察伙伴的情绪变化，以调整自己的行为；而当游戏中发生冲突，儿童会尝试根据伙伴的情绪和行为表现，进行协商和调节，以求游戏继续开展。超我状态的移情实践能促进游戏的开展，良好开展的游戏又反过来促进儿童的一般情感，在此反复以往中，儿童的道德情感得到锻炼和提升。

（三）以褒贬强化道德意志

道德意志是"个体在进行道德活动中，通过理智的权衡，支撑其自觉克服一切困难和障碍，以达成道德活动的力量和精神"②。它能够使个体基于一定的道德认知和道德情感，坚定地确定行为的方向和方式，并抑制个体的非理性行为，排除内部干扰，以长期坚持某一道德行为③。布莱西认为，道德责任是将道德整合进自我感或认同感的结果，即基于个体初步构建自我的道德认知结构，社会的理想要求以某种形式融入到个体认知结构当中，就能够促进个体形成道德责任感，形成追求美德的驱动力，进而构成道德意志④。

① 刘慧、李敏：《小学生品德发展与道德教育》，2019 年 10 月 25 日，见 https：//www.icourse163.org/ course/CNU-1206681837。

② 朱平平：《试论知、情、意、行在品德形成过程中的重要意义》，《首都师范大学学报（社会科学版）》1997 年第 3 期。

③ 王道俊、郭文安主编：《教育学》，人民教育出版社 2016 年版。

④ 宋义强：《道德人格生成论》，西南大学硕士毕业论文，2008 年。

儿童的道德意志发展具有阶段性特征：幼儿园中班的儿童表现为言行脱节，即口头表达与实际行为不一致，原因是该阶段儿童的道德意志相对缺乏，导致道德认知和道德行为不一致；幼儿园大班后的儿童表现为言行一致，原因是该阶段儿童道德意志逐步发展，开始以道德认知去调控道德行为；小学三年级后的儿童表现为言行分化，即儿童不再刻板遵守社会规则，而会结合经验进行判断和选择，原因是此阶段儿童道德认知进一步发展，除了认可客观权威，儿童也会以个人社会经验作为道德判断的标准①。因此，从言行脱节向言行一致阶段过渡，小学低年级学生需要通过加深道德认知，赋予道德责任，以强化道德意志，促成言行一致状态的达成。

广府童谣通过对儿童生活实践进行褒贬评价，对儿童的既有道德认知形成正强化，使儿童逐渐形成道德责任感。斯金纳基于白鼠操作性条件作用实验，提出了"操作性条件反射"理论，其中有"正强化"等概念，指通过施加某种刺激，促使个体作出反应的概率增加②。例如，广府童谣中对生活实践进行褒奖或批评的行为，就是对儿童道德认知活动的正强化。当儿童从学校或社会中了解到"奉献"道德概念，知道了人应该奉献社会后，广府童谣《我系小忌廉》中唱诵的"人人爱奉献"便对奉献行为进行了褒奖，进一步赋予人们奉献社会的道德责任，使得儿童对于"奉献"概念的认知活动走进了广府童谣当中，并在不经意中得到了正强化，以此增强儿童做出奉献行为的道德意志。《世界真细小》中的"地球如此小，纷争不应当"也对纷争行为进行了批评，正强化了儿童对纷争行为的厌恶，赋予人们爱好并维护和平的道德责任。

同时，科尔伯格的"三水平六阶段"道德理论，也进一步论证了褒贬因素对儿童道德发展的重要性。广府童谣的受众群体大致是学龄前儿童和小学低年级儿童，他们的道德层次处于"前习俗水平"阶段（0~9岁），其具体特征是儿童服从权威，以获得奖赏或避免惩罚，满足个人需要③。广府童谣对道德行为加以褒贬，儿童就能够进一步知晓外在权威的态度立场，明白什么行为会获得奖赏、什么行为会得到惩罚，并据此作出相应的行为，以满足个

---

① 刘慧. 小学生品德发展与道德教育 ［EB/OL］. （2020-02-24） ［2020-04-27］. https：//www.icourse163.org/ course/CNU-1206681837.

② 陈琦、刘儒德：《当代教育心理学》，北京师范大学出版社 2007 年版。

③ 陈琦、刘儒德：《当代教育心理学》，北京师范大学出版社 2007 年版。

人需要。因此，广府童谣利用褒贬阐明了权威立场，对儿童赋予了道德责任，坚定道德意志并逐渐规范儿童的行为取向。

（四）以榜样引导道德行为

道德行为是"按一定道德准则采取的行为方式，它是衡量道德品质的客观标志，也是道德动机的具体表现和实现手段，本质上是一种意志行为"[1]。增强道德意志、给予适当强化、提供榜样选择和养成良好习惯有利于道德行为的养成。

广府童谣歌词中创设的人物角色，能够为儿童形成榜样，实现替代强化，引导儿童形成行为模仿。班杜拉基于赏罚控制实验，提出了"观察学习"理论，观察学习是一种间接学习的形式，个体通过观察他人的行为及其后果，可获得榜样行为的经验教训，并据此引导自己今后的行为[2]。儿童通过观察广府童谣歌词中的人物行为及其后果，就可以获得关于此行为的认知，并进一步引导儿童今后的行为。例如，《鸡公仔》中的"阿仔佢听教，阿妈就开心晒"，体现了孩子听从教诲的行为，可以得到家长开心的结果，这为儿童树立了正面榜样，引导儿童听从家长教诲的行为；同时，《学生哥》中的"最弊肥佬左，无阴功咯，同学亦爱莫能助"，体现了学生只顾玩耍而不学习的行为，就会导致考试失败的结果，这成为了负面榜样，引导儿童认真学习的行为。因此，广府童谣通过歌词中的人物角色，为儿童树立正面或负面的榜样，促使儿童基于道德认知和情感，观察榜样的行为和结果，从而引导道德行为模仿。

此外，"观察学习"中的"自我效能感"理论，阐明了人的自我效能感机制，即人们对自己能否成功地进行某一成就行为的判断，受替代性经验和榜样性质等因素影响[3]。广府童谣中的人物角色往往以同龄人的身份出现，相比于教科书中形象高大模范，此类榜样的性质与儿童身份性质更加相近，更加贴近儿童的真实生活认知，有助于儿童形成更高的自我效能感。广府童谣中的人物行为，成为了儿童心目中可靠的替代性经验，儿童以歌词人物作为

---

① 陈琦、刘儒德：《当代教育心理学》，北京师范大学出版社 2007 年版。
② 陈琦、刘儒德：《当代教育心理学》，北京师范大学出版社 2007 年版。
③ 陈琦、刘儒德：《当代教育心理学》，北京师范大学出版社 2007 年版。

榜样，能够更好地判断自己能否成功地进行某一成就行为，而此自我判断就直接影响了儿童道德行为模仿的倾向。

四、在中小学德育中发挥广府童谣的德育价值

广府童谣作为一种社会环境因素，渗入儿童生活的方方面面，能够潜移默化地提高儿童的道德素质。但在自然状态下，这种"德育"是无意识的，其所发挥的德育价值也相对有限。而学校教育"对人的发展起主导作用，它能够按照社会要求，通过激励和教导，有目的、有计划、有组织地培养学生，促进学生自觉发展和自我发展"①。因此，为了充分发挥广府童谣对儿童的德育价值，思想政治教育者仍需进一步将其加上人化的色彩，即有意识地对广府童谣进行开发利用，以求将社会环境与学校教育结合，形成德育合力。

同时，人们在学习社会规范时，其心理过程可分为"遵从、认同、内化"三阶段②，即儿童目前暂时作出的道德行为，有可能仅仅出于对外在权威的遵从或从众心理，而为了让儿童对道德要求形成认同甚至是内化，思想政治教育者仍需要在反复实践中不断地锻炼和深化儿童的道德认知、情感、意志和行为，使其在道德结构内部互相促进和提升。因此，为了使儿童在社会规范学习和道德发展的全过程都能够接受广府童谣的熏陶，将广府童谣价值开发进一步落实到实践中就显得尤为重要。以下将分别以思想品德课教师、学校管理者、学生为主体，研究广府童谣在中小学德育实践中的价值发挥手段。

（一）在思想品德课堂中活用广府童谣

思想品德课作为德育的直接途径，是通过传授系统全面的道德知识以对学生进行德育的显性课程，它是德育的最低限度保证，若教学得当，还能迅速提高学生的道德水平③。思想品德教师可以基于教材相关主题，与广府童谣的德育资源相结合进行教学设计，使广府童谣成为辅助思想品德课开展的生

---

① 王道俊、郭文安主编：《教育学》，人民教育出版社 2016 年版。
② 陈琦、刘儒德：《当代教育心理学》，北京师范大学出版社 2007 年版。
③ 王道俊、郭文安主编：《教育学》，人民教育出版社 2016 年版。

动教学资源。具体地讲，以思想品德课教师作为德育开展的主体，广府童谣的德育价值可以通过课堂欣赏、情境故事、室内活动、室外活动等教学手段进行发挥。

1. 课堂欣赏：加深儿童理解

在课堂欣赏方面，教师可以配合教材的主题，利用广府童谣升华学生的思想和情感，以加深对相关主题的理解。由于广府童谣表达了对乡土人事的热爱、劝导着儿童的交往活动、引导着儿童的人生志向，因此，教师在讲授相关主题的课程时，可以配合播放广府童谣，对学生形成听觉刺激，促使学生调动多感官学习以加深记忆，并基于歌词而深化对课程内容的理解。例如，在讲授一年级下册第三单元《家人的爱》中的"家人的爱藏在哪里"时，可以配合播放《月光光》，其中歌词"听朝阿妈要赶插秧咯，阿爷睇牛去上山冈哦；听朝阿爸要捕鱼虾咯，阿嫲要织网要织到天光哦"，体现了家人在各自的岗位上，为了家庭能够过上更美好的生活而忙碌地付出着辛勤汗水，这就使"家人的爱"表现得更加具体生动。在四年级下册第一单元《当冲突发生》的"校园里的冲突"中，教材谈及了化解冲突的办法，此时可以配合播放《一休和尚》，其中歌词"名符其实全凭明智，口讲不动手，天生机巧成奇谋，讲得出色心服透"，体现了人们面对冲突时应该采取机智的方法，动口不动手，与对方讲清道理，这就与教材中的化解冲突的办法相呼应，加深学生理解和记忆。

2. 情境故事：锻炼儿童思维

在情境故事方面，教师可将广府童谣中的人物角色创设为情境故事，引导学生进行道德判断，锻炼思维。有的广府童谣歌词以叙事形式展开，用简短而富有情节的歌词描述了故事的始末，教师可借播放视频、连环画或者口述的方式，在教学过程中插入生动有趣的情境故事，吸引学生兴趣并引导学生开展讨论。例如，在讲授三年级上册第三单元中的《安全记心上》时，教师可以分片段插入广府童谣《狐狸先生几点钟》，在故事的高潮段保留悬念，引导学生开展讨论，判断猴子行为的对错和原因，在故事的最后得出结果，并进行总结升华，促使学生在具体生动的故事中增强安全意识。

3. 室内活动：引导儿童行动

在室内活动方面，教师可以基于教学主题，利用广府童谣引导学生开展活动。有的广府童谣描述儿童生活中的活动，教师可根据实际情况，将一些活动带进课堂当中，让学生参与进来，调动学生的好奇心和积极性。例如，在讲授一年级下册第四单元中的《分享真快乐》时，教师可以布置课前作业，让学生在次日回校时携带若干自己喜欢的水果，然后在课上播放广府童谣《排排坐》并举行简短的水果分享会，伴随着"你一个来我一个，大家快乐笑呵呵"的歌声，学生互相分享喜欢的水果，在实践中加深了对"分享"道德概念的认知。在讲授一年级下册第四单元中的《一起来合作》时，教师可以邀请学生到讲台参与小实验，在学生徒手折断一根木枝后，再让学生将两根叠起来，猜测能否折断并进行试验，直到无法折断为止。实验结束，教师便以折断的木枝作为例子，讲述抱团合作的重要性，并播放广府童谣《一枝竹仔》作为升华，既引导行动也加深学生认知和记忆。

4. 室外活动：释放儿童天性

在室外活动方面，教师可以基于教学主题，引导学生走出课室开展活动。有的广府童谣能够与游戏相结合，并进一步在游戏中激发学生的情感，因此，教师可适当引导学生走出课室，创设生动有趣的思想品德课，利用广府童谣调动学生的四肢活动，释放儿童天性，促使学生在玩中学习。例如，在讲授二年级下册第二单元中的《健康游戏我常玩》时，教师可引入广府童谣《氹氹转》，并引导学生在校园操场上开展《氹氹转》游戏，促进学生在活动当中了解"什么游戏属于健康游戏"，并在游戏中潜移默化地加深对广府童谣的喜爱之情。

（二）在校园文化活动中弘扬广府童谣

校园文化"包括物质文化、精神文化、制度文化、行为文化等，对学生具有行为导向、调适缓解、规范约束、凝聚释放等功能"①，是中学德育的重要载体。学校管理者可以将相关校园资源与广府童谣文化相结合，设计系统化的隐性课程，充分发展广大学生喜闻乐见的文化活动。具体地讲，以学校管理者作为德育开展的主体，广府童谣的德育价值可以通过歌曲比赛、校园音乐、宣传标语等文化活动进行发挥。

1. 歌曲比赛：营造活动仪式

歌曲比赛可表现为歌唱比赛和猜歌比赛等具体形式。歌唱比赛即学生演

---

① 邓向群：《隐性德育视角下中学校园文化建设研究》，南华大学硕士毕业论文，2013年。

唱广府童谣的比赛，它营造了一种特定的活动仪式，提供机会促使学生接触甚至学唱广府童谣，有利于增强学生对广府文化的认同感，也有利于帮助不懂粤语的学生从歌曲中学习粤语，以便更好地融入广府文化的社交环境。猜歌比赛，即学生通过听取广府童谣的个别旋律以抢答歌曲名称的比赛，这一方面有利于让性格腼腆、不愿开口唱歌的学生融入到校园文体活动当中，并通过准备比赛，了解和识记广府童谣的旋律；另一方面有利于学生在竞争激烈的比赛中锻炼记忆力和敏捷力。

2. 校园音乐：融入日常生活

校园音乐可表现为上下课铃声、宿舍铃声和课间操活动音乐等具体形式。它渗透校园日常生活中的各个细节，存在学生的各项活动中，能够提醒学生行动或放松学生心情。同时，校园音乐具有频繁性和重复性的特点，若设计得当，则能够成为学生在日常活动中反复接受美育，从而成为辅助道德教育的良好载体。学校可将广府童谣的伴奏旋律设计为校园音乐进行播放，这有利于学生在无意识中接受广府童谣的艺术熏陶，并在日积月累的收听中培养起对广府童谣的亲切感和认同感。

3. 宣传标语：建构校园文化

宣传标语可表现为横幅、墙面海报和电子屏幕等形式，呈现句式简短、通俗易懂等特征，对学生具有导向、教育、激励、动员等功能。广府童谣作为儿童歌谣，其歌词比较简明易懂且朗朗上口，这与宣传标语的特征不谋而合，是良好的标语内容素材。学校可将广府童谣中具有德育价值的歌词设计为宣传标语。这一方面有利于加深学生对广府童谣的认知，另一方面有利于营造富有广府文化特色的校园景观，增强学生对广府文化和校园文化的认同感。

（三）在学生创作活动中创新广府童谣

罗杰斯的建构主义认为，"学生作为有意识的主体，绝不是空着脑袋进入教室的，他们基于已有认知，对新知识进行主动的加工和建构"①。在德育的自我教育活动中，学生转化为教育主体，他们基于既有认知，设立自我取向的教育目标，进行自我教育，这促进教育主客体的内在统一，推动自我选择、

---

① 陈琦、刘儒德：《当代教育心理学》，北京师范大学出版社 2007 年版。

自我内化和自我调控,以实现思想和行为转化①。自我教育既是思想品德教育的重要形式,也是思想品德教育的重要目标。

因此,在思想政治工作中,学校需要重视学生的主体性,开展相关活动,引导学生参与到自我教育当中,这样才能够更好地提高思想政治教育的效能。具体地讲,以学生作为德育开展的主体,即在学生进行自我教育的层面,广府童谣的德育价值可以通过征文比赛、插画配图、改编创作、话剧表演等创作活动进行发掘。

1. 征文比赛:深化认知理解

通过征文比赛,学生能够将自己的生活与广府童谣结合起来。对于在广府地区长大的学生,广府童谣必定在其生活的各个细节留下或深或浅的足迹,征文比赛促使学生将外在的童谣与内在的生活认知建立联系,对广府童谣形成更加真切的感情;学生在调动记忆和记录美好瞬间时,深化了对广府人事的热爱,并进一步理解和认同其传达的道德价值观,在潜移默化中提升道德素质。同时,随着一批批来自全国各地的"新广府人"走进广府校园,征文比赛也有利于促使学生接触广府童谣,并在征文创作过程中加深对广府文化的认知和理解。

2. 插画配图:丰富童谣内涵

在插画配图方面,学生能够通过丰富广府童谣的内涵而加深对其认知。插画配图就是学生为广府童谣的故事或部分歌词绘制相应情节的图画。学校可以引导学生为宣传标语进行配图,或举办广府童谣插画学生作品展览等活动。学生在插画创作过程中,首先需要对广府童谣形成深刻的认知,再将其对童谣的理解表达于图画上,发挥艺术才能,生成二次创作,这一方面有利于加强绘图学生对广府童谣的认知和情感,另一方面使广府童谣在拥有文学形式和音乐形式的基础上,再增添美术形式,使其内涵更为生动具体。学校管理者在将广府童谣内容资源设计为歌词的同时,搭配学生自己绘制的作品,既能丰富校园景观,也能促使学生对校园墙面文化产生认同感。广府童谣插画展览活动的举办,既能加强绘图学生的自我效能感,也能促使其他学生在参观展览时,从别样角度感受广府童谣的魅力,同时提高审美情趣,促进全面发展。

---

① 白明凤:《自我教育概念辨析》,《钦州师范高等专科学校学报》2000 年第 1 期。

3. 改编创作：注入时代活力

在改编创作方面，学生能够将新的生活元素和时代元素融入到广府童谣当中。广府童谣作为一种广府地区独有的音乐表现形式，创作人群较少，更新率较低，在信息科技飞速发展的时代，内容可能显得相对滞后。而学生是网络时代的"原住民"，他们对新鲜事物接受程度较高，对生活中的细节观察也较为细致。学校可紧扣学生的特点，举办"广府新童谣"等创作比赛，为学生提供改编创作广府童谣的机会和平台。将学生作为广府童谣的创作主体。这一方面有利于学生记录和表达生活，在创作过程中加深对广府童谣的认知；另一方面有利于使广府童谣涌现出一批拥有新时代生命力的作品，进而影响更多的儿童。

4. 话剧表演：强化艺术感染

在话剧表演方面，学生能够通过演绎广府童谣故事，化于行动并感染他人。话剧表演就是学生基于广府童谣歌词体现的故事情节，将其改编成剧本，并创作成话剧表演，这是学生创作活动中层次较高、难度较大的活动。学生在设计人物角色、台词对白、场景变换等要素的过程中，对广府童谣故事展开深入剖析，形成较高层次的认知；并在一次次排练实践当中，不断体验和内化故事人物的思想和精神，以求与故事原型趋向一致。其他学生在观看话剧表演时，会以观众视角对表演进行欣赏和评判，既能接受道德思想外化为艺术形式的感染熏陶，又能从艺术张力带来的故事情节冲突中，引发内心矛盾，进而反省自身，寻求道德素养的提高。

附录1：

广府童谣样本名称

DO RE MI	爸爸妈妈你去边	柴娃娃	打掌仔
IQ 博士	爸爸妈妈陪我放	唱歌歌	大笨象会跳舞
爱的魔法	暑假	唱歌仔	大懒虫
嗳姑乖	白雪公主	丑小鸭	大西瓜
爸爸的爱有几多	宝贝甜心	床前明月光	氹氹转
爸爸的笑容	波比换牙	打开蚊帐	道理真巧妙

睇牛仔	麻雀仔担树枝	世上只有妈妈好	小甜甜
点虫虫	麻鹰捉鸡仔	刷牙歌	小丸子心事
读书的原因	蚂蚁与蚱蜢	谁人要吃怪兽	小小白船
读书好	卖懒	太郎	小小姑娘
肥皂泡	美少女战士	天光光	小小世界
公鸡咯咯叫	梦中天使	天空之城	小小幼稚园
龟兔赛跑	魔法小子	甜甜小公主	小小运动会
好妈妈	木偶奇遇记	跳飞机	小星星
禾雀仔	泥娃娃	童年	小雨点
何家公鸡何家猜	拍拍手点点头	头顶长出大西瓜	鞋匠和小神仙
狐狸先生几点钟	排排坐	完全明白了	心想事成
画公仔	跑步步	问题天天都多	星仔走天涯
欢笑乐园开心地	七个小矮人	我爱蒙查查	醒目仔
皇帝新衣	齐齐贺吓你	我是个茶壶	学生歌
一休和尚	齐齐玩	我是一个大苹果	寻晚有只狗仔叫
鸡公仔	齐齐望过去	我系小忌廉	眼睛和耳朵
记住你记住我	齐跳跳	乌卒卒	摇到外婆桥
家庭乐队	亲亲爹地	五更调	爷爷的手
可曾记起爱	青蛙妈妈	洗白白	一粒豆豆四边开
快活谷	情谊心中记	仙巴历险记	一枝竹仔
快乐的风筝	让我闪耀	仙乐处处飘	蚁担米
蓝精灵	忍者	香蕉船	友谊心中记
狼来了	日日笑	小白兔	有只雀仔跌落水
铃儿响叮当	三只小猪	小飞侠	月光光
六一儿童节	闪电传真机	小狗与小猫	再见良师好友
龙珠二世	闪烁的小星星	小红帽	在森林和原野
落雨大	生日歌	小老鼠和小花猫	珍重再见
绿水清风	圣诞快乐	小马过河	真开心
绿野仙踪	十个小朋友	小朋友时间	正义大朋友
妈妈我爱你	世界真细小	小时候	祝福
麻雀仔			

附录2：

广府童谣词频统计详细数据

附表1

人物	（次）
妈	15
爸	13
哥	10
友	8
祖母	8
家	6
姐	5
妹	4
叔	4
祖父	4
大家	3
弟	3
博士	2
孩	2
人情	2
商	2
少年	2
细蚊仔	2

附表2

抽象	（次）
世界	7
意志	6
宇宙	4
自由	4
理想	3
美梦	3
人间	3
天空	3
败类	2
地球	2
法术	2

方向	2
纷争	2
竞赛	2
人类	2
神仙	2
世间	2
世上	2
收获	2
心事	2
真理	2
（英文单词）	9

附表3

自然物体	（次）
花	14
风	10
草	9
山	9
太阳	9
星	8
月	6
河	7
树	5
雨	4
蕉	3
林	3
米	3
苗	3
云	3
瓜	2
怪兽	2
海	2
空气	2
荔枝	2
柳	2

苹果	2
晴空	2
水边	2
田	2
土	2
雪	2

附表4

时间	（次）
春	6
天光	4
晚	3
冬	3
年三十晚	2
听朝	2

附表5

人为物体	（次）
功课	4
龙船	3
鞋	3
飞机	2
皂	2
钟表	2
学堂	2
钱	2
街	2
桥	2

附表6

人物形容词	（次）
开心	18
快乐	13
懒	6

可爱	5
善	5
温暖	4
欢喜	3
活泼	3
美丽	3
努力	3
勇敢	3
愉快	3
百厌	3
努力	3
悲	2
聪明	2
得意	2
肥	2
乖	2
欢欣	2
健康	2
勤	2
增高	2

蚁	2
象	2
鹦鹉	2

附表8

事物形容词	（次）
遥远	3
福	3
白色	2
艰难	2
蓝色	2
冷	2
暖和	2
奇妙	2
热烈	2
轻松	2
水边	2
辛劳	2
幸	2
有趣	2
美好	2

发奋	4
读书	3
奉献	3
踢波	3
听教	3
爱护	2
爱惜	2
驳	2
分享	2
改过	2
耕	2
工作	2
过河	2
记	2
怕	2
起床	2
团结	2
洗白白	2
相助	2
再见	2
织网	2
尊敬	2

附表7

动物	（次）
鱼	10
鸡	8
鸟	7
猪	7
牛	6
狗	5
猫	5
蚊	5
马	4
青蛙	4
狮	4
羊	4
豺狼	3
鼠	3
豹	2
熊	2

附表9

人体	（次）
手	8
眼	5
脚	4
口	4
眉	4
牙	3
鼻	2
耳	2

附表10

动词	（次）
笑	31
唱歌	6
上学	5

师范技能：

明日之师是怎样炼成的

实习报告篇

教育实习报告

思教 212 班　　郭敏纯

一、实习概要

1. 实习目的

通过实习能够将理论知识应用到实际教学中，获得教学实践的宝贵经验。实习是提升教学能力的重要途径，可以帮助师范生掌握教学方法、课堂管理技巧和教学评估能力。通过实习，能够增强教育教学的综合素质，如沟通能力、团队合作能力和问题解决能力。

2. 实习意义

实习是学校教育理论与实际教学之间的桥梁，帮助学生更好地理解教育实践。同时，实习能够检验学生的职业兴趣和适应教育工作的能力，帮助其确定职业方向。通过实习，学生能够进行反思和自我提升，发现自身的不足并努力改进，从而成长为优秀的教育工作者。

3. 实习单位发展情况

实习单位教育资源、生源比较一般，但是教学设施完善，教育教学氛围积极向上，师资力量较强，教师队伍专业稳定，具备指导和支持实习生的能力。

4. 实习要求

实习生需要完成教学活动以及班主任日常工作，如准备教案、设计课堂活动、参与学生评价、管理班级事务等，同时需要学习如何与老师和学生相处，如何形成尊重、合作、互动等良性关系。

二、实习内容

作为初一道德与法治课的实习教师，笔者需要根据教育部颁布的课程标准和教材要求，设计符合学生年龄特点和认知水平的道德课程，包括确定教学目标、编写详细的教学大纲和教案，确保课程内容的系统性和连贯性。还需要通过课堂教学实施教学计划，运用多种教学方法和手段，如讲解、讨论、互动游戏等，引导学生思考、探讨道德问题，激发他们的学习兴趣和参与度。在教学过程中，笔者注重学生的情感教育和价值观培养。在上课过程中，不断形成有效管理课堂秩序，确保学习氛围良好，学生安全有序。同时，通过教学评估和反馈机制，了解学生的学习情况和课堂效果，及时调整教学策略和方法，提高教学效果。除此之外，还与学生建立良好的师生关系，关心和理解学生，倾听他们的心声，积极开展心理辅导和个性化关怀，帮助学生解决学习和生活中的问题，促进其全面发展。

此外，作为初一7班实习班主任，笔者的工作内容主要包括以下几个方面。

（1）认识学生

刚到班级，笔者需要认识新学生新面孔，把学生面孔和姓名对应起来，同时与班主任沟通，了解班级整体情况以及学生学习情况。

（2）班级日常管理

负责班级日常的管理与组织工作，包括检查考勤和早读，跑操时间跟随班级到操场进行纪律管理，晚托时间到班管理班级纪律并对学生学习问题进行答疑等。

（3）班级文化建设

促进班级凝聚力和学生的集体荣誉感，组织班会、班级活动等，营造和谐的班级氛围。

（4）学生个性化辅导

了解并关注学生的学习和生活情况，进行个性化的学习辅导和心理支持。

（5）学生问题处理

处理学生在学习、生活中的问题和矛盾，解决学生之间的冲突，维护班级秩序和学生的权益。

（6）家长沟通

与学生家长保持密切联系，不定期进行家访，到学生家中与学生家长进行沟通，反馈学生的学习和行为情况，了解学生成长环境，因材施教，对学生提供个性化指导，协同家长共同关注学生的成长。

（7）学业指导

根据学生的学习情况，提供学习方法和学业规划指导，帮助学生建立正确的学习态度和方法，对于学生有不懂的内容，及时进行讲解，以通俗易懂的方式帮助学生理解知识点。

三、实习总结或体会

光阴荏苒，日月如梭，不知不觉实习生涯已经结束。历经三个月的实习生活，一切都还历历在目。从开始的陌生到熟悉再到习惯，有过快乐、也有过迷茫和彷徨。在老师的支持和指导下，我不断地向前辈学习教学经验和班主任工作的管理艺术，学到了很多之前未能接触到的东西，从中体会到了教师的喜悦和烦恼，体会到了教师肩上的重大责任，从而也有了新的追求。"使人成熟的，并不是岁月，而是经历"。我通过这个机会提前了解教师的职业环境，知道如何将书本上的理论知识运用于实践课堂。虽然经常感到很苦很累，但苦中有乐，累中有趣，从而表现得也很认真、进取。这次的实习经历，更坚定了我的从教信念，也让我明白了作为一名人民教师应尽的义务和责任对个人和教育理念的发展意义重大。在这篇总结中，我将回顾和分析在教学实践、班级管理和个人成长方面的收获和成绩。

1. 班主任日常工作与班级管理

作为班主任，我承担着多方面的责任，从日常管理到学生辅导，为班级的和谐发展提供了坚实的支持。

班主任的日常工作包括早读、跑操、晚托管理等。每天早晨，我负责监督学生的早读，确保他们按时到校并安静自习。跑操时，我积极参与，指导学生进行体育锻炼，并倡导团队合作和健康生活方式。在晚托时间，我组织学生进行安全有序的活动，同时注意个别学生的特殊需求，确保每个学生都能得到关注和照顾。

除了日常工作班级之外，我还参与学校组织的班际足球赛和篮球赛等活动中，我支持并与学生一起观看班级的足球和篮球比赛，为运动员呐喊助威，为他们拍摄照片和视频，记录下美好的瞬间。这不仅促进了学生间的友谊和团队精神，也锻炼了他们的身体素质和竞技能力，同时使我与学生间的关系更加密切。比赛过程中，我注重公平竞争和道德教育，教导学生尊重规则和对手，体验胜利和失败的情感。

2. 道德与法治课程教学与活动

作为一名道德与法治课实习教师，在道德与法治课程的教学中，我结合了多种教学方法和活动，旨在培养学生的道德意识和法治精神。

道德与法治课的日常教学工作有：听课、评课、备课、上课。刚到实习学校，我积极到其他教师的班里听课学习，做好听课记录，为接下来的上课做准备。在上新课前，我认真备课，设计生动有趣的课堂活动，如案例分析、角色扮演和小组讨论等。通过多媒体资源和教学案例，我生动地讲解道德冲突和法律知识，引导学生思考和讨论。在课堂上，我注重与学生互动，鼓励他们提出问题和分享观点，促进他们的思维发展和批判性思维能力。

除此之外，我还参与策划和组织了"道法活动周"，包括主题演讲、模拟法庭和法治知识竞赛等。这些活动不仅拓宽了学生的法律视野，还增强了他们的团队合作和领导能力。学生通过活动的参与，更深刻地理解了法治在社会中的重要性，激发了对法律事务的兴趣。

我还与指导教师以及实习同学一起组织初一级道德与法治阅读分享活动，鼓励学生阅读相关书籍和文章，然后在年级中分享和讨论。这不仅丰富了学生的知识储备，还培养了他们的阅读理解能力和表达能力。学生通过分享自己的阅读体验，增强了对道法课程的兴趣和理解。

在这段实习期间，我不仅在教学技能和班级管理上有了显著进步，也在个人成长和职业素养方面取得了重要的提升。首先，我学会了如何有效地组织和管理班级。通过与学生和家长的沟通，我更深刻地了解了每个学生的个性和需求，从而更有针对性地进行个别辅导和关怀。其次，我提升了自己的课堂教学技能和教学创新能力。通过不断尝试新的教学方法和活动形式，我使课堂更加生动有趣，激发了学生的学习兴趣和参与度。最后，我意识到作为一名教师，责任重大且光荣。教育不仅是知识的传授，更是品德的塑造和社会责任感的培养。在今后的教育实践中，我将继续努力提升自己的专业能力，为学生的全面发展贡献自己的力量。

在未来的教育工作中，我将继续深化道德与法治课程的教学研究和实践探索，不断完善教学方法和课程设计。

（1）进一步挖掘案例教学的深度和广度，增加实践性和互动性，使学生能够更好地理解和运用道德法治知识。

（2）加强学生的社会实践和法治体验，组织较多的参观学习和社区服务活动，拓宽学生的社会视野，提升学生的实际操作能力。

（3）持续与家长和社区资源合作，形成教育共同体，共同关注学生成长和发展。

总之，这次实习经历让我收获颇丰，我不仅提升了教学技能，也增强了对教育事业的热爱和责任感。在今后的教育生涯中，我将继续努力，为学生的成长和未来贡献自己的力量。

三个多月的实习工作已经画上了句号，很感谢学校给我这次实习机会回首展望，虽然没有轰轰烈烈的战果，但也经历了一段不平凡的考验。纸上得来终觉浅，绝知此事要躬行，在实习过程中，我深深地感受到所学知识的浅显和在实际运用中专业知识的匮乏。今后将继续积极学习，不断提升自己的能力，充实专业知识，不断更新先进教育理念，坚持正确的教师观。在今后的日子里，我也将细心观察小事，认真对待生活，努力学会自我调节，及时脱离情绪低谷，培养积极乐观的心态。

教育实习报告

思教 211 班　万思琪

一、实习目的

教育实习是师范生培养过程中不可或缺的一部分，其目的是通过教学实践，使实习生将理论知识与实践相结合，提升教学能力，增强教育教学的综合素质。

1. 理论与实践结合

通过教育实习，实习生可以将大学期间所学的教育理论知识应用于实际教学中。这不仅有助于验证和巩固课堂所学内容，还能发现理论与实际操作之间的差异，从而更好地理解和掌握教育理论。例如，在实习中，实习生可以尝试不同的教学方法和策略，观察其在真实课堂中的效果，进而完善和丰富自己的教学理论体系。

2. 教学技能提升

教育实习为实习生提供了一个锻炼教学技能的宝贵机会。通过备课、授课、课堂管理、作业批改和学生评估等一系列实际教学活动，实习生能够熟练掌握教学的各个环节。例如，备课过程中，实习生可以学习如何设计教案，合理安排教学内容；授课过程中，实习生可以提升自己的语言表达能力和课堂组织能力；课堂管理中，实习生可以学会如何处理学生的行为问题，维护良好的课堂秩序。

3. 教育实践经验积累

通过参与实际的教学工作，实习生可以积累宝贵的教育教学经验。这些经验不仅包括成功的教学方法和策略，也包括应对课堂突发情况、处理师生关系等方面的实践经验。这些积累的经验将为其未来的职业发展打下坚实的基础，使实习生在走上教师岗位后能够更加从容和自信地应对各种教学挑战。

4. 教学能力锻炼

教育实习过程中，实习生可以全方位锻炼自己的教学能力。这不仅包括学科知识的讲授能力，还包括课堂互动和学生激励能力。通过面对不同学习背景和学习水平的学生，实习生可以提高自己的教学适应能力，学会因材施教。同时，通过教学实践，实习生的组织能力、应变能力和人际沟通能力也会得到显著提升。

5. 职业素养培养

教育实习不仅是教学技能的锻炼过程，更是职业素养的培养过程。通过在真实的教育环境中工作，实习生可以深入了解教师职业的特点和要求，培养职业责任感和职业道德。实习过程中，实习生将面对各种教学任务和挑战，这有助于培养他们的耐心、毅力和敬业精神，增强对教育事业的热爱和投入。

6. 教育反思能力发展

在教育实习中，反思是促进自我成长的重要手段。通过不断反思和总结教学过程中的得失，实习生可以发现自身的不足，并提出改进措施。例如，反思教学方法的有效性、课堂管理的策略、与学生的互动方式等，这些反思将帮助实习生在未来的教学中不断改进和提升，促进自身的专业成长和发展。

简而言之，教育实习的目的是让实习生通过教学实践，全面提升教育教学能力和综合素质，为未来成为一名优秀的教师奠定坚实的基础。

二、实习内容

1. 听课、评课、议课、备课、上课

（1）听课：在实习初期，实习生通过听取指导教师及其他优秀教师的课堂，学习其教学方法、课堂管理技巧及教学组织形式。听课过程中，注意观察教师的教学语言、教学环节的设计以及师生互动的情况。

（2）评课：听课结束后，与指导教师及其他实习生一起对所听课进行评课。通过讨论，分析课堂教学的优缺点，学习优秀的教学经验，并结合自身实际，找出改进的方向。

（3）议课：在评课基础上，针对具体教学内容和教学方法进行深入讨论。实习生需要与指导教师及同伴一起，探讨如何优化教学设计，提升教学效果。

（4）备课：在教学实践中，实习生需要独立完成备课任务，包括撰写教案、设计教学活动、准备教学材料等。在备课过程中，实习生需考虑教学目标、学生特点及教学资源，确保教学内容科学合理、形式新颖多样。

（5）上课：在指导教师的帮助下，实习生开始实际授课。从初次试讲到逐渐独立执教，实习生通过不断实践，提升课堂教学的能力。在上课过程中，实习生需要注重教学环节的衔接、教学方法的多样性以及与学生的互动。

2. 教研活动、综合性活动

（1）教研活动：实习期间，实习生需积极参加广东省、广州市、番禺区和学校组织的教研活动，如教研组会议、集体备课、公开课展示等。在这些活动中，实习生不仅可以了解教学研究的最新动态，还能通过与教师的交流，获得教学经验和专业指导。

（2）综合性活动：除了常规教学，实习生还需参与学校组织的各种综合性活动，如课外活动、学科竞赛、艺术节、体育比赛等。通过这些活动，实习生能够丰富教育经验，提升组织和协调能力，并与学生建立更深入的联系。

3. 班级管理

（1）班级日常管理：实习生需参与班级的日常管理工作，如早读、课间操、午休值班等。在这些过程中，实习生需学习班主任的管理方法，培养责任心和组织能力。

（2）班会和主题活动：实习生需独立或协助班主任组织班会和各类主题活动，如班级文化建设、德育教育、心理健康教育等。通过这些活动，实习生可以增强班级凝聚力，提高学生的综合素质。

（3）学生个别辅导：对于学习上有困难或存在特殊问题的学生，实习生需进行个别辅导和帮助，了解他们的心理需求和学习状态，提供针对性的指导和支持。

总之，通过听课、评课、议课、备课、上课、参与教研活动及综合性活动，以及班级管理等一系列实习内容，实习生能够全面提升教学能力、班级管理能力及综合素质，为未来的教育工作打下坚实的基础。

三、实习总结或体会

时光荏苒，为期数月的初中道德与法治师范实习生活已经落下帷幕。这段宝贵的经历，不仅让我将理论知识与实践紧密结合，更在师德修养、教学能力、班级管理等多个方面得到了全面而深刻的提升。在广东省广州市番禺区的这所中学里，我见证了教育的力量，也深刻体会到了作为一名人民教师的责任与使命。以下，我将从听课、评课、议课、备课、上课以及参与的各项教研活动与班级活动等方面，对本次实习经历进行总结与反思。

（一）教学实习篇

1. 听课与备课

实习初期，我首先以学习者的身份进入课堂，通过大量听课来熟悉教学流程，把握学生特点。在道德与法治课堂上，我观察到教师如何巧妙地将理论知识与现实生活案例相结合，激发学生的学习兴趣和思考能力。特别是几位资深教师，运用幽默风趣的语言、生动形象的案例，使原本可能枯燥的理论知识变得鲜活有趣，给我留下了深刻印象。

备课过程中，我严格按照课程标准和学情分析，精心设计教案。从导入环节的趣味性设计，到知识点的层层递进，再到课堂小结的升华，我都力求做到条理清晰、重点突出。同时，我还注重多媒体教学手段的运用，制作精美的 PPT 课件，以提高教学效果。

2. 议课与评课

议课是教学准备阶段的重要环节。在教研组会上，大家围绕即将讲授的课程内容进行深入探讨，集思广益，不断优化教学设计方案。我深刻体会到团队合作的力量，每个人的观点碰撞都能激发出新的教学灵感。

在评课环节中，我积极参与讨论，从教学目标设定、教学内容组织、教学方法选择、师生互动等多个维度进行分析与评价。通过与其他实习生的交流，以及指导老师的点评，我逐渐学会了如何客观、全面地评价一节课的优劣，并反思自己在未来教学中需要改进的地方。

3. 上课实践

终于，在充分准备之后，我迎来了自己的第一次授课。站在讲台上，面对着几十双求知若渴的眼睛，我既紧张又兴奋。我尽量保持镇定，按照事先准备好的教案进行讲授，同时根据学生的反应灵活调整教学策略。虽然过程中难免有些小插曲，但总体上达到了预期的教学目标。课后，我及时收集学生的反馈，结合指导老师的点评，进行深刻的反思，明确了自己的进步空间。当我准备开始以"国家的根本政治制度、基本经济制度及我国的国家机构"为主题的授课时，心中充满了对教育事业的敬畏与对学生未来的期许。这一主题不仅涉及国家制度的核心内容，更是培养学生公民意识、理解国家运行机制的关键。

为了让学生更好地理解和掌握这些抽象而重要的概念，我精心设计了课程内容。首先，我通过一段简短的视频介绍，引出国家政治制度与经济制度的重要性，激发学生的好奇心和求知欲。随后，我采用图文并茂的 PPT，结合生动的案例和数据，逐一解析人民代表大会制度作为国家的根本政治制度的核心地位，以及它如何保障了人民的民主权利和国家权力的有序运行。

在讲解基本经济制度时，我注重理论与现实的结合。我通过介绍公有制为主体、多种所有制经济共同发展的基本经济制度，引导学生思考这一制度对促进经济发展、提高人民生活水平的重要作用。同时，我还结合实际案例，让学生感受到这一制度在现实生活中的具体体现和成效。

对于国家机构部分，我采用了角色扮演的方式，让学生分组扮演不同的国家机关（如全国人民代表大会、国务院、最高人民法院等），通过模拟会议、决策过程等形式，亲身体验国家机构的运作方式和职责分工。这种方式不仅增强了学生的参与感和兴趣，还帮助他们更直观地理解了国家机构之间的相互关系和协作机制。在课堂上，我始终注重与学生的互动和交流。我鼓励学生提问、发表自己的观点和看法，并及时给予反馈和指导。通过这种互动方式，我能够及时了解学生的学习情况和需求，调整教学策略和方法，确保每个学生都能跟上教学节奏并有所收获。

这次实践让我深刻体会到，教授国家制度相关的知识不仅需要扎实的专业基础，更需要灵活多样的教学方法和深入浅出的讲解技巧。同时，我也意识到培养学生的公民意识和参与国家事务的能力是教育的重要目标之一。在未来的教学中，我将继续探索和创新教学方法，努力提高学生的综合素质和公民素养。

（二）教研活动与红色经典诵读比赛

在实习期间，我有幸参与了广州市番禺区组织的多次教研活动。这些活动不仅让我了解了最新的教育理念和教学动态，还为我搭建了与同行交流学习的平台。通过专家讲座、教学观摩、经验分享等形式，我拓宽了视野，提升了专业素养。

此外，学校还举办了红色经典诵读活动。作为指导教师之一，我与学生一起挑选篇目、排练节目。在这个过程中，大家共同回顾了革命先烈的英勇事迹，感受了红色文化的魅力。这次诵读活动不仅增强了学生的爱国情怀和民族自豪感，也让我更加坚定了作为教育者的责任感和使命感。

（三）班级活动与管理

在班级活动方面，我参与了班级的日常管理、春游、义卖、篮球赛和足球赛等多项活动。这些活动不仅丰富了学生的课余生活，也锻炼了我的组织协调能力。

在日常管理中，我协助班主任老师进行班级纪律维护、学生心理辅导等工作。通过与学生的交流互动，我逐渐走进了他们的内心世界，了解了他们的需求和困惑。我努力成为他们的朋友和引路人，引导他们树立正确的价值观和人生观。

春游和义卖活动则是我与学生们共同度过的美好时光。一起策划活动方案、筹备物资、布置现场……在这个过程中，大家相互协作、共同进步。这些活动不仅加深了师生之间的情感联系，也让学生学会了团队合作、增强了社会责任感。

篮球赛和足球赛则展现了学生的青春活力。作为啦啦队的一员，我为他们加油助威；作为观众，我则欣赏到了他们顽强拼搏的精神风貌。这些活动让我看到了学生在竞技场上的另一面，也让我更加坚定了要培养他们全面发展的信念。

四、总结与展望

回顾这段实习经历，我感慨万千。从最初的迷茫与不安到后来的自信与从容，我经历了许多次的挑战与突破。我深知自己还有很多不足之处需要改进和完善，但我也更加坚信自己能够成为一名优秀的道德与法治教师。

在未来的日子里，我将继续努力学习、勤奋工作、勇于创新、追求卓越。我将以更加饱满的热情和更加坚定的信念投入到教育事业中去，为培养德智体美劳全面发展的社会主义建设者和接班人贡献自己的力量！

教育实习报告

思教 212 班　陈涛涛

一、实习目的

教育实习是提高师范教育专业学生素质和技能的重要途径之一。通过教育实习，学生可以进一步培养锻炼理论联系实际和解决问题的能力，了解中学实际，获得教师职业的初步实践知识和能力，为走上工作岗位打下良好的基础。此外，教育实习还有助于提高教育质量、促进教育产业发展、传承文化等。

广东第二师范学院实验中学（Guangdong University Of Education Experimental Middle School）坐落于广州市白云区，是一所全日制完全中学，是广州市一级学校、广东省普通高中教学水平优秀学校及广东省绿色学校。

学校始建于 1957 年，办学前身为广州市第八十一中学。2012 年，学校获评为广州市一级学校，2020 年更名为广东第二师范学院实验中学。截至 2024 年 5 月，学校高中部教职员工共 78 人，其中，专任教师 73 人，全员通过心理 B 证培训，22 人持有心理 A 证，教育硕士 23 人，高级职称教师 26 人，教师本科学历达标率 100%；有广州市优秀教育工作者、优秀教师、优秀班主任累计超过 30 人次，区级以上骨干教师、名教师培养对象 24 名。

教学实习是教育实习的中心环节。实习期间，每个实习生一般应上课 20 节以上，其中新课（习题课、实验课、复习课除外）不少于 5 节。

备课是教学工作的关键性环节，直接关系到一节课的成败。实习生应高度重视，认真把课备好。备课应做到：

（1）认真钻研教学大纲和教材，掌握教材的精神实质。

（2）深入了解中学生的学习情况，针对学生的实际确定教学目的，明确重点、难点、时间分配和作业布置等。

（3）写出教案初稿。教案应写得详细、规范，书写要清楚整洁，送原任教师和指导教师评审。

（4）写出教案初稿之后，进行检验性预讲（次数视预讲的效果而定）。预讲由指导教师主持，尽可能请原任教师参加指导，同一实习小组的实习生均要参加。

（5）根据预讲情况和评议意见，对教案初稿进行修改（修改次数视预讲效果而定）。

修改后仍要送原任教师和指导教师审查批准后方能上课。凡预讲不合格，经尽力帮助仍不能达到上课要求的，不能上课。

（6）实习生上课时，要有原任教师和指导教师参加听课，同一实习小组实习生尤其是同一教案的实习生必须互相听课。

课后应及时开评议会，认真分析教学中的优缺点，总结经验，不断提高教学水平。

（7）实习生必须认真批改中学生作业，积极有效地对中学生进行学习辅导。作业要坚持全批全改，并作好学生作业情况登记。要深入到学生当中去，通过各种渠道了解学生学习上存在的问题，根据实际情况分别采取不同形式进行辅导。

二、实习内容

听课实习期间，我担任高中政治实习教师。教学工作最基础的方面是听课，实习教学工作的第一件事也是听课。实习期间的听课不再是以前读书时那种专门听老师讲课的内容，而是听指导老师的教学方法、讲课思路等，学习指导老师的教学经验、处理课堂的方法，以及与学生互动的技巧等。在听课过程中，我深感，教学是一门艺术，课堂语言是这种艺术的传达方式，听课的过程是积累经验的过程。在了解教学流程的同时，也应注意教学方式和组织教学能力的积累。

教学工作的第二个方面就是备课。一般在实习的第一周以听课为主，但听课的同时要准备好自己上课的内容，也就是备课。备课是教学的开始，备课不仅要联系书本上的内容，也要和学生的实际生活相联系，考虑学生原有的知识水平、学生的接受能力、学生对课堂的反应，以及教学实际情景等方面的情况。在备课的时候，我的教案一般是样案，一字一句把上课的每一句话写出来。在备好课后，要把教案交给指导老师修改，指导老师会告诉我哪些地方需要更多的加重，提醒哪些地方该更多地与学生互动，哪些地方注意引导学生勾勒重点，等等。在老师指导完初稿后，会再次整理后交给老师检查，然后才可以上讲台讲课。这一系列的环节我都非常认真地对待，以争取在讲台上发挥出更好的效果。

教学工作最重要的环节就是讲课，这是把前面所有工作拿到实际环境中去的重要一步。在这个过程中，就可以看到教师的真正实力，看教师是否在前面的过程中认真对待，是否把上讲台讲课当作一件重要的事，是否对实习学校负责、对学生负责。以前作为学生听课，目的是学习知识。现在作为教师上课，目的是教育学生。目的不一样，大家的注意点就不一样。刚看教材的时候，我觉得40分钟怎么就说一两页书。后来经过备课、上课，我发现要讲解的问题很多。教师既要讲授知识，又要管理课堂纪律，还要与学生进行个别交流。我在刚开始时心情特别紧张，由于经验不足和应变能力不是十分强，课堂出现了实习教师会经常会犯的问题：备课"太完美"了，一直按自己的思路讲，没有考虑学生的反应，语速过快、提问技巧不够到位等，但这些问题在经过指导老师的提点后在后面的授课中逐渐得到了改善。

练习批改作业，纠正学生的错误，弥补其中的不足，是非常重要的。在批改之后，我都会指出学生作业优点和不足，写上激励的评语，强调改正缺点的重要性，并根据各个学生的情况加以勉励和开导。教师要不断给学生纠正错误的机会，身为教育工作者，必须要用足够的耐心和毅力去爱护每一个学生。

三、实习总结或体会

教育实习是每一个师范生在大学期间必须经历的过程，是将理论与实际相联系、提高自身综合素质的一次最重要的锻炼，是一次机会，更是一次挑战，将为我们今后的教师生涯奠定坚实的基础。

下面，我将从不同角度对本次教育实习进行总结。

1. 关于班主任实习

实习一段时间后，班上的学生我基本上都认识了。学生需要关爱，希望老师认识他，关注他，喜欢他，特别是性格内向的学生，对此更为敏感。所以，作为班主任一定要记住每个学生的名字，关心每一个学生。

作为班主任，一定要能够以身作则，亲力亲为会比站在一旁指挥好很多。学为人师，行为世范，班主任要做好自身的工作，要有高尚的道德，这样才能给学生起到模范带头的作用。

要成为一名出色的班主任，除了用心去做，关心学生，还要有足够的能力，比如批评学生的时候要拥有技巧和智慧。

班级是一个小社会，班主任处理班级事务要英明果断；要懂得善用班干部，让班干部在班级建设中发挥作用。同时，班主任的教学能力也很重要，因为班主任常常同时为科任老师，如果课上得一般，那么在学生面前也很难有威信。

2. 关于教学实习

要注重符合学生的认知规律，发挥学生的主体作用，引导学生发现问题、分析问题、思考问题，敏锐捕捉学生思想、生活中的困惑和问题，有针对性地结合问题讲理论、用理论解疑释惑。采用符合学生接受特点的授课方式方法，善于选取典型故事案例，让抽象的理论变得具象化；把新媒体、网络信息技术等与思政课教学有机结合起来，探索多元参与、双向互动的教学方式，进一步满足学生成长发展的需求和期待。教师在课堂上是组织者、引导者、合作者，学生才是课堂的主人。教师在上课时要给学生多一点引导，多一点问题，多一点讨论，让学生头脑充分地转动起来。从考试情况分析，学生通过思考，自己总结得到的知识要比从老师那里听来的知识容易掌握得多，印象深刻得多。

3. 实习成果

在一个学期的实习过程中，虽然很累，但是还是很有收获的。下面逐点进行分析说明。

（1）如何在陌生人面前清晰地表述自己的观点。

（2）如何与学生相处。通过实习，我明白了如何和学生相处：认真，用心，爱与责任，适当的敬畏感。

（3）关于教学思想的更新。虽然在广州大学接受了较新的教育思想，但是并没有真正地将之与实践结合起来，通过实习，我认识到，用实践去强化理论，更助于我的教学成长。

（4）如何上好一次班会课。通过"走进高一"主题班会的策划与承办，明白了班会课的整个流程和需要注意的一些细节。

（5）如何上好一节新课。导入要精彩切题且抓住学生的眼球，过程需充分调动学生的自主性，让整个课堂充满思考性，等等。

（6）如何上好一节习题课。习题的讲解要激发学生的思考，将对习题的讲解上升为对方法的探究。

在实习过程中还是凸显出了自己的一些问题，如专业课学得不是那么扎实，主要表现为对于有的学生问题不能很顺畅地解答，需要经过下课查找资料。

一学期的实习工作虽然短暂，却给我们留下了美好、深刻的回忆。对每个组员来说，这都是一个提高自己、检验所学的过程。这一个学期，大家在教学认识、教学水平、教学技能、学生管理水平以及为人处世等方面都得到了很好的锻炼，为日后走上工作岗位打下了良好的基础。通过实习，我增强了信心，坚定了信念，向一名合格的人民教师又迈进了一步！

教育实习报告

思教 211 班　肖子云

一、实习概要

1. 实习的目的和意义

实习是师范院校的学生在教师的指导下，到实习学校进行教育和教学的实践活动。

实习是为了让师范生在走上工作岗位前，进行一定的"实战演练"，是为了把理论应用于实际，把中学德育学科的教学规律、原则、艺术应用于备课、组织教学、讲课、复习等有关上课的环节。

实习有助于提升师范生的教学工作技能，包括教学准备技能、说课技能、教学媒体使用技能、课堂教学技能、教学研究技能。

2. 实习单位的发展情况

广州市黄埔区玉泉学校是广州开发区、黄埔区党委政府按完全中学的标准和规格兴建的一所公立学校。学校以"玉泉学校"命名，旨在秉承近千年萝岗"玉岩书院"的文化底蕴，延续其浩浩文脉，彰显其生机与活力。学校开设义务教育阶段的学习课程，为广州市玉岩中学教育集团成员学校，在学校发展、培养教师、培育学生、培训家长诸方面接受广州市玉岩中学全面、持续的指导。

学校目前拥有专任教师 265 人，其中高级教师占 4.5%，中级以上教师占 18.11%，拥有研究生学历占 26.79%，本科学历的教师 100%。师资力量雄厚，教师队伍学历层次高，政治素质高，业务素质硬，师德高尚，结构合理。

学校的校训是"德如玉、思如泉、知如海"，校风是"如切如磋，如琢如磨"。

3. 实习要求

（1）服从实习学校的工作安排，遵守学校的作息时间和各项规章制度。

（2）尊重学校领导和教研员工，虚心接受指导老师的指导，认真备课，认真试讲，认真上课，认真听课，认真做好实习班主任工作。每个教案都要经指导老师审核，签字后方可上课，认真听指导老师的每一节课，听课必须有听课记录，除了听指导老师的课外，鼓励多听其他老师的课。

（3）认真学习，刻苦钻研专业技能，积极参加集体备课和学科研讨活动，积极与班级教育管理工作，保证课堂教学和班主任工作实习质量，注意积累和总结经验。

（4）每位实习教师必须上一节公开课，公开课必须提供规范教案。

（5）实习工作总结时，每位实习教师必须写一份对科组工作的建议书。

（6）严禁体罚和变相体罚学生。在课堂上或对学生进行思想教育时，如与学生发生矛盾，必须第一时间与指导教师或所实习班级的班主任老师联系。

（7）严格遵守实习工作日程，不得迟到早退或缺席。实习期间，不得随意离开工作岗位。有特殊情况需请假，需提前履行请假手续，获得批准后方可离岗。（请假流程：向指导老师提出请假申请，由指导老师向学校报批）

（8）在指导老师的指导下，开展课堂教学，积极协助学校完成临时性工作。

（9）关心爱护学生，与学生建立良好的师生关系，一言一行均应用正式教师的标准要求，自己成为学生的表率。

（10）为人师表，教书育人，注意服饰仪表，着装要得体大方。

（11）爱护公共财物，借用学校的物品要妥善保管，按时归还，若有损坏照价赔偿。

（12）节约用电，节约办公用品，保持艰苦朴素、勤俭节约的优良作风。

（13）实习期间注意安全，避免给个人和集体造成损失。

（14）实习教师严重违纪者，除实习成绩不及格外，还应视其情节轻重，报告毕业学校。

二、实习内容

本次实习主要包括两大方面：教学实习和班主任实习。

1. 教学实习

跟随学科指导老师和科组老师学习教学准备过程、教学实施过程、教学评价过程的策略。

（1）备课。担任六、七年级《道德与法治》第八课的主备人，提供课件和教学设计。每周定时参与科组集体教研活动，每月定时参与黄埔区教研活动，提升备课水平、课件制作能力和教学研究能力。

（2）上课。负责六、七年级《道德与法治》课程内容的教授，包括但不限于新课、复习课、活动课等多种课型。每周上课节数平均3~4节，总上课节数30余节，提升教学语言水平、教姿教态把控能力、课堂灵活应变能力、板书板画水平等课堂授课技能。

（3）听课。观摩优秀教师课40余节，学习优秀教师的授课思路和活动设计技巧，以便对照自身不足进行学习提高。

（4）评课。与实习小组成员之间互相评课、磨课，提升课堂教学质量。

（5）批改作业。每日批改七年级8、9班的作业，了解学生态度和教学效果。

（6）监督背诵。期中考前，每日抽查6班学生背诵《精华总览》知识点，提高学生主观题背诵和默写水平。

（7）监考改卷。三次负责周日"收心练"监考、改卷、登分，厘清各班卷、发卷等工作，担任期中考试监考教师，提升阅卷水平。

（8）辅导学生。为学生解疑答惑，教会学生做题思路和方法技巧。

2. 班主任实习

跟随德育指导老师学习班级管理技巧和心理辅导技巧。

（1）参与班级日常管理工作。每日巡查早读、晚自习、早操、晚练中学生的纪律、跑操态度和队形、卫生和仪容仪表等情况，提升班级日常工作管理能力。

（2）参与班级综合活动组织。帮助班级义卖摊位销售，参与六一儿童节日庆祝活动，制作期中考试表彰短视频，组织红歌合唱比赛编排，提升综合活动组织协调能力。

（3）开展学生德育工作。对不认真跑操的学生进行思想教育，对上课睡觉、早晚自习不认真的学生提醒或一对一思想教育，提升育人能力和谈话沟通能力。

此外，还包括一些临时性工作任务，如按照一定的格式要求整理归档和校对资料，提升办公软件操作能力和水平。

三、实习总结或体会

实习，作为教育实践的重要组成部分，不仅让我深刻体会到了教育教学工作的艰辛与责任，更让我对思想政治教育工作的使命与价值有了更深刻的理解。

1. 深刻认识到教育教学工作的艰辛与责任

在实习过程中，我亲身体验到了教育教学工作的艰辛。备课、上课、听课、评课、教研、批改作业、班级管理、组织活动等，每一项工作都需要付出极大的精力和热情。

在听课过程中，我观察到指导老师如何通过多样化的教学活动，将"寓教于乐"融入课堂，将大主题巧妙地由小切口引入，使得学生在参与中学习，在学习中成长。我还特别注意到了指导老师是如何高效地讲解练习题，如何在课堂上机智应对学生的过度积极行为，等等。这些经验，无疑将对我的教育理念和实践技能产生深远影响。我在备七年级8.2的时候，设计的内容非常多，而且后半部分字数很多，好在指导老师点醒了我，告诉我如何精简和修改，教会我如何就材料设置有思考意义的问题，这才有了"如何在担当中成长"这一目内容的问题衔接。而在前半部分"如何在共建中尽责"这一部分，如果不是科组的指导老师告诉我需要联系起来，以一种整体性的思维呈现到学生面前，我可能还处在割裂状态，一个一个地输出知识点。

在多位指导老师的鼓励下，我的课堂教学能力和班级管理能力提升了不少，站上讲台时也不再紧张，而是逐渐从容自信，我逐渐喜欢上了教育事业，愿意承担"师者，传道授业解惑"的责任。但在这一过程中，我也意识到，作为一名教育工作者，肩负着为国家培养能担当起民族复兴大任的时代新人的重任，我必须具备坚定的理想信念、高尚的道德品质和扎实的教育教学能力。

坚定的理想信念是思想政治教育工作的基础。只有坚定信仰，才能在教育教学过程中始终保持清醒的头脑和正确的方向，引导学生树立正确的世界观、人生观和价值观。高尚的道德品质是教育工作的基石。教师的一言一行、一举一动都会对学生产生深远的影响，因此，我必须不断提升自己的道德修养，以"德高为师、身正为范"作为目标，为学生树立榜样。扎实的教育教学能力是教育工作的保障。只有不断提高自己的教育教学水平，才能更好地满足学生的需求，为他们的成长提供有力支持。

2. 更加了解学生的想法，学会了如何与学生沟通、互动

在实习过程中，我了解了初中生的想法。他们不仅需要知识的学习，更需要情感的关怀。为此，我向指导教师学习了如何与学生沟通、互动，努力成为学生的良师益友。

沟通是教育的基础。通过与学生沟通，我了解到他们的困惑、想法和期望，从而更好地调整教学方法，满足他们的需求。比如在第一次处理班级吵闹的时候，我只是简单地大声制止，可谓是"以暴制暴"，但学生似乎反响并不好，反而变得更加叛逆，小声表达着自己的不满。但在跟指导教师交流后，我才明白，"惩罚不是目的，教育才是意义"，一味地呵斥对初中叛逆阶段的孩子来说是没有意义的，只有沟通，讲道理，才能真正走入学生心中，让他们认为，老师是懂他们的，不是把命令强加给他们的，如此，他们才会愿意听你讲解为什么这个时间点不能吵闹。

互动是教育的过程。在课堂教学中，我也注重激发学生的兴趣，运用时政、小游戏、辩论赛、情境演绎等各种活动引导学生参与到课堂中来，培养他们的思维能力和创新能力。虽然在思考课堂活动和实践过程中，会产生一些理想与实际的落差，但这并没有打击到我。指导教师也曾说过，"好课不是看上多少，而是看反思了多少"，只有真正作出了反思总结，才算得上是有进步。故而，在老师的激励下，我不断改进我的课堂活动形式，既调动了课堂氛围，激发了学生的学习兴趣，充分发挥了学生的主体性作用，也没有落下知识点的教学，在与学生的双向互动中逐步推进。

3. 深刻认识到教育科研的重要性

教育科研是教育工作的动力，是提高教育教学质量的必要途径。在实习过程中，我参加了三次黄埔区的教研活动，观摩了数位优秀教师的课堂，学习到了非常多教育教学的实践技巧，也深刻认识到教育科研的重要性。只有不断学习、研究，反思，才能上出"一堂好的思政课"。

在今后的工作中，我将积极参与教育科研活动，不断提高教育科研能力。一方面，我将深入学习教育教学理论，了解教育教学的发展趋势和前沿动态。我会选择进一步深造，备考学科思政的专硕，学习更加系统的教育前沿知识。此外，我将结合自身教学实践，尝试开展课题研究，探索适合学生的教育教学方法。

通过实习，我既深刻认识到自己的不足，也对未来充满信心。在未来的教育工作中，我将继续坚持"以学生为中心"的教育理念，关注每一个学生的成长和发展。通过不懈的努力和持续的学习，我能够成为一名真正优秀的思想政治教育工作者，为培养更多有理想、有道德、有文化、有纪律的社会主义建设者和接班人贡献自己的力量。

教育实习报告

思教 201 班　冯祖欣

一、实习目的

（1）巩固和运用所学的基础理论、专业知识和基本技能，获得有关中学教育、教学工作的充分与全面锻炼，培养教育和教学的独立工作以及与人合作的能力。在中学教育、教学工作的过程中向优秀教师学习，认识人民教师的光荣职责，树立和巩固忠诚人民教育事业的思想。

（2）通过在广州市番禺区石楼镇海鸥学校为期四个月的教育实习，了解广州中学教育的政策方针与具体落实，获得广州中学教师职业的基本体认，掌握教师职业的初步实践知识和能力，为走上工作岗位打下良好的基础。

二、实习内容

在实习期间，笔者全面参与了教育教学与班级管理工作，经历了从理论到实践的完整过程。

（一）学科教学方面

实习期间，笔者主要参与了中学部道德与法治教学工作，担任八年级 4、5、6 班和九年级 3、4、5 班道德与法治课程的助教。

1. 听课

观察多位资深教师的课堂教学，了解不同的教学风格，学习他们的教学方法和课堂管理技巧。在听课过程中，笔者重点关注教师的教学内容、教学方法、课堂互动等方面，并做好笔记。

2. 评课

参与实习学校组织的评课活动，为其他实习教师提供的意见和建议，帮助精进教学。

3. 备课

在指导老师的帮助下，认真研究教材和教参，明确教学目标和教学内容，选择合适的教学方法，制订详细的教学计划和教案，完成独立备课，准备多个单元的教学内容，注重知识与能力的双重培养。注重引入音乐、漫画等艺术元素，丰富课堂内容，激发学生学习兴趣，培养德智体美劳全面发展的时代新人。

4. 说课

在年级备课组会议中进行了多次说课展示，分享我的教学思路，认真听取科组教师的专业建议，不断打磨完善教育设计。

5. 授课

实习期间，我一共上了 24 节课，将所学的教育理论和教学技巧运用到实际教学中，注重激发学生的学习兴趣和积极性，提高学生的学习效果。在授课过程中，我注重课堂氛围的营造和师生互动的开展，关注学生的反馈和表现，及时调整教学方法和策略。在实践中锻炼教育教学技能，提升教育专业素养。

6. 批改作业与阅卷

实习期间我每天认真批改学生作业，日均批改 150 份作业，并参与期中阅卷工作，明确中考得分标准与答题技巧，为日后开展教学工作奠定良好基础。

7. 课后辅导

针对学生的学习情况进行个别或小组辅导，帮助学生解决学习中遇到的问题，提高学生的学业成绩，同时注重培养学生的思维能力和学习方法，关注学生的情感和心理状态，建立良好的师生关系。

通过以上这些环节，我逐渐熟悉了初中道德与法治课程教学的特点和要求。在课堂教学中，我注重激发学生的学习兴趣，通过游戏、歌曲和互动讨论等方式提高课堂参与度。同时，我也注重培养学生独立自主思考能力与沟通表达能力，引导他们积极思考并表达自己的观点。在课堂管理方面，我学会如何有效地维护课堂纪律和秩序，确保教学活动的顺利进行。我注重与学生建立良好的师生关系，通过表扬和鼓励来激发他们的学习动力。

（二）班级管理方面

我协助班主任处理日常事务，参与班级的日常管理工作，确保班级工作的有序进行。我与班主任一同制定了班级管理规定，为学生营造良好的学习环境。我组织并主持了多次主题班会，如"新学期新气象""学习身边的榜样如他山之石可以攻玉""庆盛世华诞 迎金秋满月"等，加强与学生之间的沟通与交流，增强班级凝聚力。我协助班主任开展了两次家长会：一次是新学期的家校见面会，帮助新老师和家长间相互熟悉，增强互信；另一次是期中考后的成绩汇报会，及时向家长反馈学生近期学习情况，引导家长正确关注孩子的学习和成长。我负责协助组织班级校外研学活动，前往广州市花都区的融创乐园开展研学拓展活动，让学生走出校园，亲身感受社会和自然的奥秘，拓宽学生视野。我模拟突发火灾等紧急情况，组织学生进行消防安全演练，邀请学校保卫处工作人员进行指导和演示，通过实践增强学生的安全防范意识和自我保护能力。我指导学生参与"诵读爱国诗歌 争做博学少年"高年部朗诵大赛，获得校一等奖；同时，通过诵读爱国诗歌，让学生感受爱国主义精神，培养学生的民族自豪感和集体荣誉感。我协助举办"说好普通话 沟通无障碍"普通话推广周，增强学生的语用能力。我协助组织多样化的田径、球类、趣味比赛等项目，鼓励学生积极参与体育活动，培养团队合作精神和竞争意识。通过组织系列校园文化活动，我提升了组织能力，密切了与学生之间的联系。

三、实习总结

2023 年秋季，我有幸在广州市番禺区石楼镇海鸥学校进行了 4 个多月的教育实习。这段时光既是我大学生活的一部分，更是未来职业生涯的一次重要磨砺。实习期间，我既是广州大学马克思主义学院的一名本科生，又是广州市番禺区石楼镇海鸥学校高年部的一名道德与法治实习教师，而正是在教育实习的过程中我逐渐实现了角色的转换。"欲买桂花同载酒，终不似少年游。"看着那些稚嫩的面孔，我时常会想起我的中学时光，好似回到了从前。可是我却又明显感知到我和他们已经不一样了，我已经是一名人民教师，我实现了我少年时的梦想。在海鸥学校的实习经历，使我得以近距离地感受教育的魅力与挑战，为未来的教职之路奠定了坚实的基础，也更加坚定了我的初心选择。

(一) 经验与反思

在实习过程中，我不仅积累了丰富的实践经验，还对教学方法和策略进行了深入反思。

1. 精心备课

"凡事预则立，不预则废。"实习期间，我认识到备教材、备学生、备方法的重要性。只有充分准备，才能更好地应对课堂的突发状况，确保教学质量。

2. 积极参与教研活动

"上下同欲者胜。"实习期间，我深刻感受到了团队的力量。通过参加区、镇、校的各级公开课和教研活动，我学到了许多先进的教育理念和教学方法，了解到了中学道法的学科前沿动态，为自己的教学之路指明了方向。

3. 善于自我反思

"见贤思齐焉，见不贤而内自省也。"在实习过程中，我始终保持谦逊的态度，向优秀教师学习，并不断反思自己的不足。

①强化班干部的队伍建设，提升班级自我管理能力。教师的个人能力是有限的，智慧的教师需要培育一支强有力的班干部队伍，敢于放手，让学生自己管理自己，充分发挥学生的主体性，真正做到以学生为主体，以学生为中心。

②增强教师的"权威感"。原则性与灵活性要相统一，做到"严慈相济"。年轻教师遇到的最大困难就是无法厘清与学生互动的界限，既要亦师亦友，让学生愿意相信你，愿意亲近你，愿意和你说心里话，又要增强教师的"权威感"，让学生愿意听从你的管理安排，更好实现教学目标。

③博采众长，形成个人教学风格。明确个人的教学特色是一件很重要的事情，独特的教学风格能够吸引学生的注意力，提高他们的学习兴趣。当学生对课堂内容产生兴趣时，他们的学习积极性会大大提高，这有助于学生更

好地理解和吸收知识,进而提高教学质量。

④与时俱进,更新教学方法,树立教育科研意识,推动教育改革,提高教育质量,促进教师专业发展。只有不断加强教育科研意识,才能更好地适应教育发展的需要,为学生的成长和发展作出更大的贡献。

⑤强基固本,学好心理学与教育学相关知识,做好与学生相处的准备。实习期间我逐渐领悟到,教师工作是一门艺术,需要掌握教育教学策略,具备扎实的心理学基础和沟通技巧。

⑥实事求是,理论与实际相统一,纸上得来终觉浅,绝知此事要躬行。

⑦践行初心,担当使命,增强自我认同感与提升教师职业幸福感。实习期间,我深刻感受到教育情怀对于一名教师的重要性,切实体会到扎根乡村教育的幸福、充实与快乐。我实习的学校虽在广州,却是一所乡村学校。新时代赋予乡村青年教师新的使命和担当,既要坚守初心争做乡村教育的引领者和大先生,还要勇于担当成为乡村振兴的推动者,应当把个人成长、价值实现、理想抱负与乡村教育和乡村振兴使命相融合,增强价值认同,焕发生机活力。

(二)启航新征程

通过这次教育实习,我对教师的职业素养和教育教学方法有了更深刻的理解。我不仅学到了丰富的教育理论知识,还积累了宝贵的教育实践经验:提高了教学技能和班级管理能力,培养了与学生沟通的能力,积累了课外活动组织经验,深化了对教育理念的理解;增强了责任感和使命感,收获了珍贵的友谊,等等。我懂得了"教师"这一职业得不易。褪去想象中的神圣光环后,我更加坚定我想成为一名合格的人民教师的理想。它不是那种我们长期从事而始终不会感到厌倦、始终不会松动、始终不会情绪低落的职业。如果我们选择了教师这个最能为人类福利而劳动的职业,那么,重担就不能把我们压倒,因为我们的幸福将属于千百万人。

"苔花如米小,也学牡丹开。"我将继续努力提高自己的专业素养和能力,认真总结实习中的经验教训,不断改进自己的教学方法和班级管理能力,提高教育水平。我还将进一步学习先进的教育理念和教学方法,并将它们运用到实际教学中,努力提高教学效果和质量。同时,我将关注教育领域的最新动态和发展趋势,不断完善自己的知识结构,紧跟时代步伐,力争成为一名与时俱进的优秀教师。

教育实习报告

思教 201 班　蔡昀珊

一、实习目的

　　教育实习是思想政治教育师范专业的必修课程，安排在第七学期开设。该项实习是为了充分利用社会资源，增强思想政治教育师范本科生的实践能力，实践的主要目的如下：

　　（1）毕业实习是全面推进素质教育、培养学生创新精神和实践能力的一种重要手段，是学生理论联系实际的一个重要环节，是大学生择业就业之前接触社会、了解社会的一次重要机会。

　　（2）通过毕业实习，使学生了解中小学思政教师的主要内容和发展方向，掌握专业的基本常识，为专业课程学习奠定感性认识，形成对本专业的认同感；同时提高学生学习本专业的兴趣，激发学生的竞争意识、责任意识和开拓意识。

　　（3）通过有组织的开放性毕业实习活动，培养大学生自主管理、社会交往、互相帮助、独立完成任务等方面的综合能力。

　　英德市实验中学东出梅花北路，南接英德中学，西临仲达街，北隔光明路与市一中相呼应，环境幽静，交通便达。校园宽敞，布局合理，环境优美，充满现代化气息。学校坚持"质量第一、育人为本、全面发展"的办学特色，以"严谨治学、因材施教、规范管理"为办学思想，以"立足诚信、奉献社会"为办学宗旨，拥有一支"乐业、爱生、严谨、创新"的高素质师资队伍，形成了"勤奋、扎实、灵活、创造"的学习风气。办学以来中考升学考试多年上省重点高中率全市第一。该校对于道德与法治实习教师的基本要求主要有以下几个方面：

第一，具有较强的思想政治和马克思主义基本原理的理论素养。

第二，具备一定的教育教学知识和技能，能够熟练运用现代教育手段和方法来开展思政教育工作。

第三，具备良好的组织协调能力和团队合作精神，能够有效地管理和协调思政教育工作。

第四，具备优秀的沟通能力、较强的文化水平和综合素质，能够与学生和家长进行有效的沟通和交流。

第五，具备积极向上的工作态度和责任心，能够承担思政教育工作的各项任务和责任。

二、实习内容

初一道德与法治实习教师的内容主要可以分为两大模块：第一，学科内容教学；第二，班主任工作。

在学科内容教学上，初一的道德与法治课程，是培养学生道德观念、法治意识的重要阶段。在这个阶段，学生将从基础了解道德与法治的基本概念，逐渐形成自己的道德观念和法治意识。

第一，道德观念教育。教学内容主要围绕诚实守信、尊重他人、爱护公共财物、遵守公共秩序等方面展开。通过课堂教学和实践活动，帮助学生形成正确的道德观念，培养良好的行为习惯。

第二，法治意识教育。教学内容涵盖了宪法、法律常识、未成年人保护法、治安管理处罚法等法律法规。通过课堂教学和案例分析，帮助学生了解法律的基本原则和规定，增强法治观念。

第三，负责对应课程作业批改和期中期末课程试卷批改工作。教学方法要求上，要求采用多媒体教学、案例分析、小组讨论等多种教学方法，激发学生的学习兴趣和参与度。在实践活动方面，组织学生参加社会实践活动、志愿者服务等活动，让学生在实践中感受道德与法治的内涵，提高道德素养和法治意识。

班主任工作不仅需要我处理各种班级事务，还需要我关注每一个学生的成长，帮助他们解决学习和生活中的各种问题，包括班级管理、学习辅导和学生心理支持三个方面。

在班级管理方面，我致力于营造一个积极向上的班级环境，确保每个学生都能在学校生活中得到尊重和关怀。我制定了严格的班规，以保证班级秩序的稳定，同时注重与学生进行沟通，了解他们的需求和困惑，以便及时调整管理策略。此外，我还积极组织各种班级活动，如运动会、文艺汇演等，增强班级凝聚力。

在学习辅导方面，我始终关注学生的学习进度和困难，为他们提供个性化的学习指导。我定期组织学习小组讨论，鼓励学生互相帮助，共同进步。同时，我也积极与各科老师沟通，了解学生的学习情况，以便更好地为他们提供帮助。

在心理支持方面，我认识到学生面临的压力和困惑可能来自多方面，如学业、人际关系、家庭问题等。因此，我尽力提供心理咨询服务，帮助学生解决心理问题，引导他们以积极的态度面对挑战。在这个学期的工作中，我也遇到了一些挑战和困难。例如，有些学生对于新环境和新制度感到不适，需要更多的时间和耐心去适应；有些学生则因为家庭问题或个人原因而情绪波动较大，需要教师给予更多的关注和支持。

三、实习总结或体会

光阴似箭，岁月如梭，不知不觉间，实习生活就进入了尾声，带着万般的感慨与不舍，我告别了可爱的孩子们和对实习生认真负责的指导老师。我有幸到英德市实验中学作为一名实习教师，开展初一道德与法治课程的实践工作。这是一个充满挑战和机遇的旅程，我从中收获颇丰，也更深入地理解了教育的真谛。

我认识到道德与法治教育不仅仅是知识的传授，更是引导学生建立正确的世界观、人生观、价值观的过程。备好课是上好课的前提和保证。道德与法治课作为一门新授课，自己对教材比较生疏，故在课前做到认真备课，多方面去搜集与教学相关的资料。我根据教材内容及学生的实际，设计课堂教学，拟定采用的教学方法，在深入钻研教材和了解学生的基础上，认真写出了切实可行的教案，使每一节课都能做到"有备而上"。

同时，我积极采用多媒体教学，使现代教学技术走进课堂，并做到课堂形式的多样化。通过培养学生学习兴趣，充分调动其积极性、主动性，达到愉快教学的目的，在教学中注重学生活动，课堂气氛活跃，教学效果良好。此外，上好课是提高教学质量的有效途径。课堂教学中我尽量做到讲解清晰化、条理化，课堂语言力求准确化情感化和生动化，教学思路做到线索清晰、层次分明。在课堂上特别注意调动学生的积极性，加强师生交流，充分体现学生的主体作用，让学生学得容易，学得轻松，学得愉快；注意精讲多练，在课堂上老师讲得尽量少些，学生活动尽量多些，同时在每一堂课上都充分考虑不同层次学生的学习需求和学习能力，让各个层次的学生都得到提高。道德与法治课与学生实际生活联系紧密，因此我在教学过程中将教学与实际紧密联系，切实解决学生生活学习中遇到道德与法治的实际问题，使学生树立正确的世界观、人生观、价值观。

在教学过程中，我逐渐意识到要将道法课程与日常生活、社会热点、道德伦理等问题紧密结合，让学生能够从更广阔的视角看待问题。同时，我也鼓励学生提出自己的观点，培养他们的独立思考能力，同时采用了多种教学方法，如小组讨论、案例分析、角色扮演等，以便更好地吸引学生的注意力，激发他们的学习兴趣。这些方法的效果非常好，学生积极参与课堂讨论，思维活跃，学习效果显著。我非常重视与学生的互动和沟通。我尽可能地了解每个学生的需求和问题，为他们提供个性化的指导。我也鼓励学生反馈他们在学习中的困难和疑惑，使我能够更好地调整教学策略，以满足他们的需要。此外，我还积极参与学校的各种活动，如志愿者服务、学生会议等，从而有了更多机会了解学生的生活和成长环境，有助于我在课堂上进行更有针对性的教学。在未来的教学工作中，我将继续优化教学方法和策略，以适应不同学生的学习习惯和需求。我将更注重培养学生的团队协作能力和批判性思维，让他们在面对复杂问题时能够独立思考、独立判断。

我会在课程设计中更加注重道德和伦理教育，让学生能够在学习知识的同时，培养其道德责任感和公民意识。此外，我会更加注重与家长的沟通和合作，帮助其了解学生在家庭和社会中的表现，以便更好地指导他们。我也会鼓励家长参与到学生的教育中来，共同为学生的成长创造一个良好的环境。

这次实习经历让我收获了很多，也让我更加坚定了成为一名优秀教师的决心。

教育实习报告

思教 202 班　庄栩柔

一、实习概要

（一）教育实习的目的和意义

教育实习是高等学校师范专业教学计划的重要组成部分，是师范教育贯彻理论与实践相结合原则的体现，是师范生运用科学知识，培养独立从事教育、教学工作能力的重要环节。因此，学校必须深刻认识教育实习的重要意义，搞好实习工作。

首先，使实习生巩固和运用所学的基础理论、专业知识和基本技能，获得有关教育、教学工作的实际锻炼，培养教育和教学的独立工作能力。

其次，使实习生在教育、教学实践中，认识人民教师负担的光荣而重大的职责，从而进一步树立忠诚党的教育事业的思想。

最后，通过实习，检查教育质量，从中发现问题，及时采取改进措施和提高供教改意见，推动教育、教学工作的改革。

（二）实习单位的发展情况

（1）建设面积广。广大附中南沙实验学校占地面积 325 亩，建筑面积 18.1 万平方米，有着宽广的办学空间。未来规划设置 96 个教学班。现有学生超 2500 人，教职工逾 220 人。

（2）基础设施齐全。学校的配套设施先进而齐全。学校配有行政综合楼、教学楼、实验楼、国防艺术楼、演艺和学术交流中心、体育馆、标准田径运动场等大型设施，包含恒温游泳馆、篮球馆、音乐室、舞蹈室、书法室、烘焙室、航模室、无人机室、创客空间等数十个功能场室。

（3）校园环境优美。广州大学附属中学南沙实验学校是广州市南沙区教育局下属唯一一所十二年一贯制公办学校，由南沙区人民政府委托广大附中教育集团管理，位于明珠湾起步区灵山岛尖西北侧，亭角大桥东侧，校园内湿地公园萦绕，湖景庭院星缀。

（4）教育理念先进。学校以"做最好的自己"为校训，以"以生为本，与时俱进，培养面向未来的人才"为办学理念。对接广大附中办学经验及资源，实行"三位一体"管理模式，即与广附同教材、同教研、同考试。强调"德育为先、知行合一"，践行"活动育人"理念。培养学生的理性与智性、阳光自信与亮剑精神，让学生做到"做最好的自己"。

（5）发展前景。近年来，南沙正以粤港澳大湾区建设为契机，对标国际化城市，推动经济、特色金融、商贸、城市综合体等集聚发展，培育和提升现代城市综合服务功能。随着重大项目及中外企业的陆续进驻，南沙区已经显现出人口集聚趋势，因此规模化建设与之相配套的教育、医疗等公共服务设施迫在眉睫。南沙广附实验，便是在这样的背景下建起来的。她的建立，对推动南沙区的教育资源均衡配置，助力南沙区高速发展，有非常重要的意义。

（三）教育实习的基本要求

1. 课堂教学目的和要求

课堂教学实习是为了使实习生基本掌握本专业的教学过程，初步学会组织课堂教学的方法和技能。实习期间，每个实习生讲课 20 节课以上，其中授新课不少于 10 节。备课是教学工作的关键，实习生应独立钻研，并提倡集体讨论，互相帮助，认真做好准备工作。

（1）要独立钻研教学大纲和教材，熟悉教学内容，明确本单元及本课在教学大纲中的地位、作用。

（2）在指导教师和原任教师的指导下进行集体备课，明确教学目的、重点和难点、时间分配和作业安排等。

（3）每节课都应写出教案初稿。按手册中《教育实习课堂教学教案》样本要求逐项填写。书写要工整。并送原任教师和指导教师审阅。

（4）教案写好后进行试教，试教由指导教师主持，同一实习小组的实习生参加，尽可能请原任教师参加指导。

（5）试教后要进行评议，实习生应根据大家意见，对教案初稿进行修改。修改稿须经指导教师和原任教师批准后方可上课堂讲授。

2. 讲课与听评课

讲课时，指导教师和原任教师应随堂听课，同一学校的实习生要经常相互听课和评课，练习说课，掌握说课的基本理论与基本技能。在实习学校实习期间听课不少于 50 节，其中参加评课不少于 10 节。

3. 批改作业和辅导学生的要求

（1）认真研究作业的正确答案，比较复杂的疑难问题要集体研究，作出统一的正确答案，经指导教师或原任教师审阅后方可批改。

（2）批改作业要认真，批改后可先在小组内互相检查，防止错漏。

（3）实习生要多到学生中去，了解学生学习上存在的问题，根据实际情况进行集体或个别辅导，帮助学习上有困难的学生端正学习态度，改进学习方法，还应引导学生参加有益的科技活动或其他课外活动，介绍课外辅导性读物。

（4）积极关注中小学教育教学改革，至少练习 2 套本学科小学和中学毕业考试（查）题，初步掌握命题的基本原则和特点，以及基本知识点。

二、实习内容

1. 教研活动

（1）9 月 18 日 协助广东省陈春芳名师工作室开展认识论同课异构活动，负责接待奥林匹克中学高中政治科组老师并参加教研会。

（2）9 月 25 日 整理"特支计划"项目资料并制作海报。

（3）9 月 27 日 参加学校年级组的科组备课大会，进行政治集体备课，聆听陈春芳老师的成果报告《指向价值认同的"主题—议题—问题"政治课堂教学模式的实践探索》。

（4）10 月 16 日至 20 日 负责接待小学部来访的三十多位老师，协助开展 2023 年粤东西北地区教师全员轮训省级项目汕头市金平区中小学教研组成长研究力提升研修跟岗学校学习活动，聆听讲座并参加教研活动。

（5）10月19日 整理工作室书籍及布置。

（6）10月23日 接待并协助开展阳江市江城区中小学名师培养"领航工程"培训跟岗研修活动，聆听讲座并参加教研会。

（7）11月6日 接待方拥香教授及肇庆学院学生，参与同课异构教研活动；整理必修四《红对勾》练习册整本主观题内容为PPT。

（8）11月14日 负责接待天山英才刘华及其名师工作室成员，并参与教研会。

（9）11月30日 协助陈老师整理论文，形成主题、关键词、相关参考文献，润色陈老师相关论文。

（10）12月14日 协助陈老师在继续教育网提交培训成果和填写问卷调查。

2. 协助开展综合性活动

（1）班服设计活动：协助班级设计班服图案，选定班服主色调，组织班级投票，然后结合班徽和班级理念进行设计，班委进行尺寸统计。与班主任、班委对接好，寻找商家敲定版型、样式、价格、尺寸与件数。

（2）班级大食会活动：协助班主任做好家长与学生的沟通工作，筹集好班费并公开透明保管。收集学生的美食爱好，与班委一起做好美食大采购。组织学生有序开展大食会，一边享受美食一边闲聊释放学习压力，增进学生间的感情，激发学生学习激情。

（3）校园文化节活动：鼓励学生积极参与文化节，以自愿为原则报名并筹备相关表演节目。协助学生彩排等工作，旨在提高学生参与社团活动的积极性，培养学生兴趣爱好，全面发展，提升综合素质。

（4）宿舍消防演练活动，协助班主任和宿管有序开展宿舍消防演练，组织学生有序快速地到达指定安全地点，宣传消防安全知识。

（5）校运会：协助学校举行校运会，负责前期人员报名、项目人员分组、表格制作、中期裁判工作、安全员工作、维持秩序等，后期协助清场，归还相关体育器具。

3. 班主任工作

（1）班级基本情况

本班共有学生 36 人，男生 11 人，女生 25 人。高三 5 班为广附南实高三年级历史方向走班，且系国防班，已形成比较成熟、稳健的班集体。从整体上看，学生文明礼貌、学风端正、团结互助，无小团体现象，具有非常强的凝聚力和向心力。班风建设良好，学风端正，班级荣获多项奖项，班级氛围融洽，学生热衷于公益活动，互帮互助。班干部工作能力较强，能够很好地协助班主任进行班级管理。由于班级女生较多，部分女生比较内向，平时课堂氛围较不活跃，且存在部分后进生，需要班主任同各科任课老师、班干部以及学生个人共同努力改善。

（2）工作计划

①与学生相互熟识，主动熟悉班级、学生的基本情况，知道班级的班委组成、学生的情况等，协同班主任解决处理班级日常事务，建立一个优秀的班集体。

②对学生进行思想品德教育，端正学习态度，明确学习目的，提高学习兴趣，提高学习成绩，注重对学生的学习指导，提高学习效率，抓好班级的常规养成教育，培养良好行为。

③加强与班主任以及任课教师的交流与协作，以利于全面开展工作。

④搞好班级建设，定期开展主题班会，扎实开展心理辅导工作，全面了解各个学生的学习情况和心理健康状况。

⑤积极组织班级活动，促进师生、学生之间的交流，鼓励学生勇敢地展现自身风采，敢于上台表达自己，使学生将这种积极态度融入课堂。

⑥确定重点了解学生名单，制订培养实施计划，因材施教，组织优生互帮互助培训工作，对后进生实行"一对一帮扶"，做到教育教学不落一人，促进整个班级的共同进步和成长。

三、实习总结或体会

时光如流水，为期四个月的实习生活已经接近尾声。很开心能够有这次实习机会，在这短短的几个月里，笔者学到了很多之前在课堂上接触不到的东西，真正地体验到一名教师的苦与乐，也深深体会到教师肩上的责任。在这四个月里，笔者的身份不仅仅是一名实习教师，也是一名在校的大四学生，这样的双重身份让笔者更加注意自己的言行举止以及仪表态度，能够从学生的角度出发，本着以学生为主的思想，做好学科教学和班主任的日常工作，也能够虚心向指导老师学习学科以及班主任的工作的方法与敬业精神，在完成实习任务的同时收获更多有价值的知识与经验。

作为师范生，去学校进行实习是必要的，这是将大学期间学习的知识从理论转换为实践的大好机会，也是提升自己能力的大好机会。经过这段时间的实习，笔者深刻地感受到了教育工作者的辛劳和责任感，也收获了很多宝贵的经验和感悟。

第一，师德体验方面。

我深深地感到，一个具有良好师德师风的教师会对受教育者产生多么大的影响，甚至可以使他们终身受益。教育家陶行知先生曾说过："学高为师，德高为范。"作为一名光荣的人民教师，不仅要有广博的知识，更要有高尚的道德。教师是立校之本，而师德师风则是教育之魂。从古至今，在人们心目中，似乎很难找出比教师更受敬重的职业，我们要用真诚的心去感化学生，用真诚的爱去引导学生，只有真的爱学生才能当之无愧地说爱教育事业。教师是学生的一面镜子，言谈举止、为人处世、衣着穿戴……都是学生私下议论的话题，所以教师应严以律己，言行一致，表里如一，成为学生的表率。作为一名未来的人民教师，我热爱我的职业，热爱我的学生。在工作中，我本着求真务实、认真负责的态度去上好每一堂课，会以教师职业道德规范严格要求自己做学生的良师益友。

第二，教学实践方面。

在这次实习过程中，我能认真执行学校教育教学工作计划，转变思想，改革教学。在教学工作中，我坚持做到"教学六认真"。我能认真备课，研究教材，力求准确把握重难点，并注重参阅各种资料，制定符合学生认识规律的教学方法；认真编写教案，精心设计课堂教学，上课时注重学生主动性的发挥，尽量兼顾到各层面学生，深入细致备好每一节课；认真上好每一节课，使学生学有所得；认真布置作业，尽量做到适度、适量；认真批改每一次作业，发现问题及时纠正；课下认真对学生进行作业辅导。

作为一名实习生，我广泛听课，吸取老师优秀的教学经验，努力探索适合自己的教学模式，这对于教学的把握有很大促进作用。

教学实习，主要是听课、备课、撰写教学设计、作业批改、学生辅导和参加教研活动。指导老师重在让我学会记重点，记有创新的部分，这样更有利于自己的教学成长。

在备课上，要首先对单元任务、框题内容了然于心，根据教学大纲确定教学目标、教学重难点。还要和教研组一起打磨课程，设计出一堂优质的政治课。最重要的是，教师要根据学生实际情况设计课程，按学生的实际出发，不可过于理论化，脱离学生实际。

指导教师要求我写详细教案，每一句的过渡语都要进行思考，做到过渡自然，过渡语优美。议题选材要新颖、紧跟时政。教学内容框架要清晰，逻辑条理明晰。同时应充分做好预案，以应对课堂中出现的临时问题。

作业批改的目的是更好地了解学生对知识点的掌握情况，并看到学生不同的学习态度，及时对学生的情况给予掌握，以便开展教学工作。

学生辅导不仅从学业上入手，也要关注高三学生的心理健康，对学生辅导也要因材施教，具体问题具体分析，不可以以偏概全，要奖惩恰当。

第三，班级管理实习方面。

班主任工作是一项复杂的工作，要做好并不简单。班主任要贴近学生，努力提高工作效率，参与班级的各项日常管理工作，竭力处理好班级内的各项事务，建设良好的班风。

在实习中，我不断地向带教班主任请教、琢磨、实践，掌握班主任工作方法。踏实工作，努力提高班主任的业务素养，做好学生的思想工作，培养学生良好的道德品质，净化学生的心灵。重视每周的班会课，开好班会；重视与学生的思想沟通，多与学生谈心。重视班会，开好主题班会，为的是在班级中形成正确的言论导向，形成良好的班风、学风，为学生提供一个好的环境。

学生的个体差异很大，教师应根据学生的个体需要及不同的问题进行教育，进行个别教育，有需要的时候，一定要及时进行家校沟通，重视家校共育的作用及影响。出现有心理问题的学生以及一些棘手的问题时，一定要及时与科组长、级长、学校联系，同时与家长密切沟通，形成家校共育合力，更好地保障学生的身心健康，使其快乐健康地学习与成长。

第四，教研实习方面。

在实习期间，我积极参与学校组织的教育研习活动，听取老师的意见和指导。教育研习能在理论与实践的互动中提高反思能力和钻研能力，进而提升自己的职业技能水平，以便能更好地适应将来的教育教学工作。

正所谓仁者见仁，智者见智，在进行教育研习时，每个老师都各抒己见，教学中的不足也会得到弥补。通过教研活动，教师可以反思自己在教学中存在的问题和不足，学习借鉴其他老师宝贵的教学经验，形成有自己特色的教学模式。通过教研活动，学会分析解决教育教学问题，发挥教师共同体作用，进行探究性学习。

总之，实习生活虽没有轰轰烈烈的战果，但也算经历了一段不平凡的考验和磨砺。纸上得来终觉浅，绝知此事要躬行。在这段实习生涯中，教学技能得到了质的飞跃，我学到了书本上学不到的知识。

教育实习报告

思教 201 班　陈文杰

时间如同沙漏中的细沙，不知不觉三个月的时间过去了。通过这次实习，笔者受益匪浅，学会了较快掌握新知识的能力，思想也变成熟了许多。这次实习让笔者体会到了课本知识如何与教学实践的结合，在学校学的东西只有到课堂教学实践中应用才能理解得更深、更透。

一、实习概况

1. 实习目的和意义

教育实习是思想政治教育（师范）专业的学生在学习专业基础课程和专业课之后所必须进行的重要实践教学环节，是培养方案的组成部分。要求学生在毕业前深入中学进行实习和调研，综合运用大学所学的各种理论知识和专业技能深入实习单位，了解日后工作及工作细节，熟悉学校教育的工作流程，进一步加深对理论知识的综合理解，提高对专业的整体认识并获得新的知识和技能，配合学校、教师完成相应的实习实践工作。

同时，此次实习活动也有利于弥补笔者在课堂教学上的不足，训练笔者从事本专业课堂教学工作的相关教育教学技能，丰富和发展教育教学理论和学校德育理论，培养笔者分析研究解决实际问题的能力，更好地实现理论知识和实践教学相结合，为我今后的工作和实习奠定知识基础。

2. 实习单位的发展情况

本次实习单位是广东第二师范学院番禺附属初级中学，是广州市番禺区与广东第二师范学院共建共管的区属公办大学附属初中，是广州市规范化学校、番禺区"电子书包项目"实验学校、番禺区"高效课堂协同创新基地"。学校布局合理，各场室功能齐全，设备设施先进。学校有 23 个教学班，学生 973 人，在职教师 86 人，其中 68 人具有高、中级职称，占全校教师的 78%。

广东二师附属初中抓住更名改制和领导班子换届的契机，以番禺区"上品教化"教育理念和广东二师"学为君子，兼济天下"总要求为引领，以"准、高、大、实、快"为目标，凝心聚力，蓄势以待，谱写广东二师附属初中的新篇章。

3. 实习要求

（1）教学工作：按照指导教师的要求做好学科的教学工作。在指导教师指导下认真钻研课标和教材，参与编写教案，并于上课前两天将个人教学设计交指导教师审核指导后，方能上课。

（2）班主任工作：协助班主任开展班级日常工作，开好主题班会，做好个别学生的转化工作。处理班内发生的问题时，必须先征求班主任的意见。

（3）社团和辅导工作：服从学校和级组安排，参与社团和各类学生辅导工作。

（4）其他工作：服从学校的其他临时工作。

（5）谦虚认真：以积极的态度主动参与教育实习活动，谦虚向指导教师请教，尊重指导教师，服从学校安排。

（6）遵规守纪：遵守学校的各项规章制度，严守作息时间。实习期间一般不准请假，特殊情况请假需经学校分管校长和本校带队教师批准并报指导教师同意，请假必须履行书面手续。尊重爱护学生，不得体罚辱骂学生。不与学生交往亲密，课后不与学生相约会面。

二、实习内容

笔者的实习内容主要是辅助指导老师唐老师做好初二 4 班的班级管理工作，以及协助学科指导老师刘老师做好初二 3 个班级的道德与法治课程的教学工作。从班级管理、师生关系培育到备课、上课、课后辅导、教师培训、学校各项教育教学活动、教研活动等，笔者都积极参与。

1. 班主任工作方面

早午读正式开始前组织学生打扫卫生并提前进入早午读状态，管理班级纪律；参与本班学生的跑操活动的管理工作、学生日常的安全教育等。随着实习工作的推进，笔者从关注班级整体逐渐转移到关注学生个体，通过与学生谈话等方式，了解学生的特点，针对不同问题情况，引导学生。除此之外，笔者也积极开展主题班会活动以及各项有利于提升班级凝聚力的课外活动。在指导教师的帮助下，笔者顺利开展班级管理工作，积极引导学生向着正确的方向健康成长。

2. 学科教学工作方面

首先是听课。实习不仅仅是自己要上好每一堂课，还要善于倾听优秀教师的课。在听课前，笔者会认真了解教材主要内容，简单地勾勒出一份教学设计。听课时，笔者认真记好课堂的大致流程，注意教师上课时采取了何种教学方式，关注学生在课堂的表现，思考对教材、对课堂以及对学生认识的欠缺之处，需思考如何驾驭课堂、控制讲课时间。笔者也尽量去听其他学科教师的课，做好听课记录，学习教师的授课方法和经验。其次是备课和上课。备课是教师工作的重要内容，笔者主要从以下几个方面着手：一是教学目标的设计，二是备学生的心智水平，三是对教材的合理利用，四是教学过程活动的设计。备好课才能上好课，虽然在大学微格教学训练中已经站上过多次讲台，但面对的都是自己的同学而非真正的学生，因此在刚站上真正的讲台时，笔者还不能完全关注学生，大多时候都是自己在讲。后来，在指导老师的建议下，我开始多关注学生，多设计学生所熟悉的教学活动，让学生多回答、多参与。在整个过程中，指导老师让笔者放心去研究，充分发挥自由的空间。我一共参与三个班级的教学活动，共授课 40 余节。除此之外，我还参与了期中考试的阅卷，道德与法治学科午测的试卷出题等教学活动。

3. 学校的其他活动

在教育实习过程中，我参加了十余次学校的新教师培训，从优秀教师的身上汲取职业发展的方法、教育教学的技巧等。另外，我共计参与两次教研活动，在番禺区道德与法治学科教研活动中，学习来自不同学校优秀教师的优秀课程。我也积极参与了学校的其他文体活动，如协助举行校运会，担任裁判员；在班级歌唱比赛、学校英语月活动、军训汇演等活动中担任评委。

总之，在本次教育实习活动中，我积极参与各项活动，完成实习学校及指导老师各项任务，整段实习生活充实而又有所收获。

三、实习总结和体会

作为师范生，到中学实习是很有必要的，这是我们将大学期间学习的知识从理论转化为实践的大好机会，也是提升自己能力的大好机会。经过这段时间的实习，笔者深刻地感受到了教育工作者的辛劳和责任感，也收获了很多宝贵的经验和感悟。这段实习生活不仅提高了笔者的教学技能，而且让笔者对于以后的工作有了明确的规划，有了新的追求。

经过较为充足的准备，进入实习学校后，笔者遇到了很多可爱的同学，他们会主动打招呼，感受到了他们的青春活力，让笔者有一种重回初中的感觉。

1. 教学方面

实习期间，我的学科指导老师是带八年级六个班道德与法治课程的刘老师。刘老师是一位非常优秀和蔼的老师，在教学以及职业发展上给了我很多帮助。刘老师将三个教学班交给我，同时我跟着刘老师听课，学习刘老师的教学方法，刘老师也会在每节课之后和我交流，询问我的意见和疑问，在这个交流期间我学到了很多，锻炼自己的教育教学能力。

虽然也有所准备，但是真正到了上课的时候，发现和实际相差太远。因为在学校的练习是没有学生的讲课，所以不会出现很多突发情况，但是有真正的学生坐在下面，我需要在讲好课的同时关注学生的情况，维持好课堂纪律，所以也出现了一些问题。但刘老师一直帮我分析原因，找解决措施，让我从这次实习中找到了很多有用的东西，也让我意识到真正的课堂与模拟教学是不一样的，需要有扎实的基本功和深厚的知识积累。在实习期间，刘老师不仅对我的专业知识技能提供帮助，还为笔者在寻求工作方面提供帮助，真的很幸运能遇到这么优秀和蔼的老师。

2. 班主任工作方面

我的班主任指导老师是一位经验丰富的唐老师。在整个实习过程中，我向唐老师学习了如何管理班级和与学生沟通。我从理论和实践两个方面，学习了班级管理的基本原则和技巧，如如何协调班级内部的关系、如何积极参与校园文化活动等。我还加强了对学生的了解和观察，尝试与学生建立良好的师生关系，积极引导学生了解并尊重他人及周围环境。

最开始，我还没有完全掌握和学生相处的技巧，所以前几个星期感觉到与学生之间的距离，感觉他们也不太信任我，不愿意与我交流。但是每一次的班会、每天早午读我都提早到课室，以及课间操的陪伴，校运会、班歌比赛的共同活动等，逐渐拉近了我与同学之间的距离。在之后的教育教学工作中，我也感觉到了他们对我的认可。在班级管理过程中，我也会积极去了解每个学生的特点，向唐老师询问班级的规章制度，根据班级班规，去严格要求学生，在空闲时间也会和老师交流，向老师学习管理班级的方法。

另外，在这次实习期间，还有一群深深感动着我的实习小伙伴，虽然来自不同的学校不同的专业，但是大家都是保持互帮互助的心态，在教学方面互相听课，提出意见，共同成长；在生活方面会彼此帮助。因此，大家在这次实习的过程中也收获了一份真挚的友情。

特别感谢大学和实习学校以及指导老师给我的这次实习机会。此次实习，丰富了我的教学经验，提高了我的自我调节和自我反思能力，更加坚定了我对教育工作的热爱；同时，我也深刻认识到了自己的优势和不足。

教师是一个很特别的职业，肩负着传承人类文明的重任，是人类的文化桥梁。对于即将走出大学校门、踏上工作岗位的我来说，责任更是重大，只有拥有过硬的本领，才能更好地接过这副重担，否则只会误人子弟。随着思想境界的提升，我也切实体会到了实习的意义。作为一名师范生，我更要加倍努力，不断扩充自己的专业知识，广泛阅读，多思考，多钻研，革新观念，使自己成为一名经得起大风大浪考验的饱学之士，实实在在地为传播人类文明贡献出自己的一份绵薄之力。

道阻且长，行则将至，行而不辍，未来可期。在教育的道路上，实习是成长的一大台阶，未来我将不忘初心，脚踏实地，以更加认真进取的态度探索教育教学，不断提升专业素养，强化教师道德信仰，努力成为党和人民满意的好教师。

教学设计篇

弘扬劳动精神　实现人生价值[*]

思教 201 班　黄梅鑫

一、教学内容分析

（一）本课地位

本课是必修 4《哲学与文化》哲学板块部分第六课的第三框第一目。第一框价值与价值观，主要讲述价值观是什么；第二框价值判断与价值选择，讲述如何作出正确的价值判断和价值选择；第三框价值的创造和实现，讲述如何创造和实现人生价值。三框的逻辑基本上是从理论到认识再到实践的过程，逐层递进，前后呼应。

（二）本课内容

本课内容是"弘扬劳动精神，实现人生价值"，讲述劳动和奉献是创造和实现价值的根本途径，积极投身于为人民服务的实践，是实现人生价值的必由之路，也是拥有幸福人生的根本途径。

---

[*] 本设计获 2022 年广东省本科高校师范生教学技能大赛二等奖。

二、学情分析

(一) 学生心智特征分析

本课的教学对象是高二年级学生，其具有一定的理解分析和探究能力；同时，高中学生正处于世界观、人生观和价值观的形成时期，对于如何实现人生价值有自己的思考，但需要加以引导。

(二) 学生已有知识经验分析

从总体来说，高中二年级学生已经学习了《哲学与文化》哲学版块的大多数内容，世界观、人生观和价值观都有了一定的发展，认知水平有了一定的提高，思维敏锐，辨析能力和论证能力强，能言善辩，能够用发展的眼光看问题，具有一定的独立性和批判性思维。

三、教学目标与重难点

(一) 教学目标

首先，通过个人军旅经历的分享，在爱国主义的浓厚氛围下引导学生树立坚定的理想信念和价值观，增强学生对家国情怀的理解，强化政治认同。

其次，通过学习本课内容，学生能够领悟和认识实现人的价值的正确途径，认识到劳动和奉献不仅是人的存在方式，也是人的价值实现的根本途径，形成劳动和奉献的意识，以负责任的态度作出正确的人生规划，树立科学精神。

最后，学生自觉在正确价值选择的基础上努力奋斗，树立起对社会的责任感和在奉献中实现人生价值的正确价值观，在实现中国梦的生动实践中放飞青春梦想，提高公共参与能力。

(二) 教学重难点

教学重点：人为满足社会和他人的需要所作的贡献越大，自身的价值就越大。

教学难点：劳动是人最基本的存在方式。

四、教学过程

（一）依据课程标准，确定议题

课程标准对本课的要求是"理解价值观对人们行为的导向作用，探寻实现人生价值的条件和途径，践行社会主义核心价值观"。以本人参军入伍的心路历程和体会来讲解课本知识点，更亲切、更生动、更感人，学生在潜移默化中涵养家国情怀，在浓厚爱国主义氛围中找到创造和实现人生价值的根本途径。为此，设置"我和我战友的故事"的中心议题组织课堂探究活动。（表2）

表2　课堂探究人生价值

教学环节	保家卫国—价值之选	顽强拼搏—价值之值	舍己为民—价值之现
层式议题	议题商议："是什么"？ 在苦与乐的交织 中看军人价值之选	议题商议："怎么看"？ 在得与失的考验中 看军人价值之值	议题践行："怎么做"？ 在生与死的抉择中 看军人价值之现
议学活动	材料剖析 小组讨论 总结观点	材料剖析 强化信念 升华观点	材料剖析 角色扮演 小组交流
主干知识	劳动是人最基本的 存在方式	努力奉献的人是幸福的	奉献越大，价值就越大

（二）围绕教学议题，开展活动

以我曾经是一名军人为主题，点燃学生的家国情怀和爱国主义精神，使学生真切感受到最可爱的人就在身边，切身感受到有祖国和军人守护的安全感。在这个基础上，学生可以畅所欲言，说说自己眼中的中国军人，随即进行价值判断和事实判断的分类，作一个知识回顾。

环节一 ［保家卫国—价值之选］

【材料1】

2020 年 9 月，怀着对军营的向往跟好奇，我开始了我的军旅生涯。我的军旅生涯可谓"苦乐交织"。得知体能不及格的我被分到比较艰苦的警卫连队，如同晴天霹雳一般。当炽热的理想遇上这冷冰冰的现实，一度产生了畏惧和退缩。在自己的努力奋斗下，很幸运，我如愿拿到了连队的上岗资格认证，我作为优秀士兵代表领着战友们在连旗下宣誓，那个时候我非常开心、骄傲和自豪："为国站岗，无怨无悔！"

【材料2】

有人觉得："现在是和平年代，打仗只是纸上谈兵。军队既不生产商品，又不产生物质财富，他们的存在没有意义。"

马克思："军队，不生产谷物，但生产安全；军队，不生产商品，但生产和平。"

［议学活动］

观看军旅视频，小组研究讨论，课中分享交流。

［议学任务］

探究议题 1：军人是劳动者吗？

［设计意图］

通过自己苦乐交织的兵之初讲起，以自己由一名地方青年到合格军人的转变历程，以自己的奋斗提升全方面的素质，为献身国防事业奠定了军事素质基础，以真实案例讲述劳动是人的存在方式，通过劳动可以创造和实现自己的价值，以此为情境，引导学生思考，使其感悟军人存在的价值，他们守护着国防安全、社会稳定和人民群众的正常生产生活，增强学生的家国情怀和政治认同，升华出当代军人保家卫国的忠诚之美。

环节二 ［顽强拼搏—价值之值］

【材料3】

2021 年 9 月，我的班长王华祖被医院确诊为静脉曲张，需要进行手术治疗，但距离一年一度的战区比武只有不到两个月的时间了，这次比武对单位荣誉的至关重要。他不想单位失去荣誉，就毅然决然跟医生说推迟手术、参加比武。凭着他的顽强拼搏，最后在战区比武竞赛中脱颖而出，勇夺负重组合个人第一的好成绩，成为了单位的模范，年底荣获个人三等功一次。很多人问他为什么一定要参加比武，他说："能为单位争光，我觉得很幸福，再苦再累，我也一定要去。"

[议学活动]

分析王华祖推迟手术、逐梦比武的做法，课中分享交流。

[议学任务]

探究议题2：为什么他经历了身体的苦痛还觉得自己是幸福的？

[设计意图]

通过班长选择推迟手术、参加比武的经历讲起，讲述一名军人走出自我狭隘的天地，为了集体荣誉奉献自己的力量的故事，以此为情境，突出军人的敢为人先、勇于奉献，在奉献的过程中军人也找到了自己的归属感和幸福感，从而升华出当代军人崇尚荣誉、勇争第一的荣誉美。

环节三 [舍己为民—价值之现]

【材料4】

2021年4月，王文毅正常驾机训练，突然"砰"的一声，他意识到发动机停了，此时飞机距地面只有800米，留给他思考和选择的时间不会超过10秒。飞机下方是人口密集区，如果错过跳伞时机，生还的概率很小；如果跳伞，那么人民群众的生命财产利益将会受到损害。生死关头他果断抉择，几次调转机头，竭力避开人口密集区，把死的危险留给了自己。因为他无畏的选择，他曾被评为"全国向上向善好青年""南疆追梦人"，并荣获个人二等功一次。对于此次特情，他说："无论什么时候都不能忘记我们作为一名军人的初心，那就是为人民服务，始终要把人民群众的生命财产安全放在首位。"

[议学活动]

(1) 角色扮演，增强代入感。

(2) 观看王文毅采访视频，揣摩王文毅的内心想法，思考他在关键时刻作出坚定选择的原因，课中分享交流。

[议学任务]

探究议题3：如果你是王文毅，你会如何选择？

探究议题4：王文毅的荣誉从何而来？

[设计意图]

通过95后飞行员王文毅在飞机突发特情，果断选择避开人口密集区，把危险留给自己的故事，论述军人在坚持个人与社会的统一中实现自己的价值，设置角色扮演环节，学生可以更直观地感受军人舍己为民的担当。此环节在本课中是一个高潮，从中抽象出军人舍己为民、不怕牺牲的忠诚美。

环节四 [未来—遇见更好的自己]

【材料5】

习近平总书记在党的二十大报告中指出："青年强，则国家强。当代中国青年生逢其时，施展才干的舞台无比广阔，实现梦想的前景无比光明。"

[议学任务]

探究议题5：你的理想和目标是什么？

[设计意图]

本堂课从我的故事出发，最终的落脚点要落到学生的行动上，学生在成长路上都会有自己的目标，通过这个环节引导他们确定自己的人生理想，并写出自己实现人生理想的做法。这既可以对学生的学习效果作一个评价，也能引导学生以负责的态度来科学确定自己的理想，并通过科学有效的途径加以实现，增强科学精神和公共参与意识。

(三) 小组展示交流，反思评价

小组展示交流环节既是全班同学共同分享议学成果的过程，也是交流碰撞的过程，更是对学生在自主学习的基础上合作探究能力的培养。教师要积极引导学生小组深度讨论，诱发学生生成知识。小组分享展示时，教师洞察学生的学习状态，关注不同群体学生的反应。反思评价是学生可持续发展的保障，做好评价能为后续学习提供参考和支撑。

表3 活动反思评价表

维度	等级
活动目标明确恰当	
积极参与资料的搜集、整理	
与小组同学配合主动	
搜集信息充分、精当	
踊跃发言、观点明确	
观点论证充分、表达明确	

改革开放以来党的全部理论和实践的主题

思教 201 班　许嘉炜

课标：论证中国特色社会主义是当代中国发展的根本方向，坚定坚持和发展中国特色社会主义的自信。

课题：《中国特色社会主义》第三课，"只有中国特色社会主义才能发展中国"；第二框，"中国特色社会主义的创立、发展和完善"；第一目，"改革开放以来党的全部理论和实践的主题"。

教学目标：

政治认同：感悟中国特色社会主义的强大生命力，认可中国坚持发展中国特色社会主义道路、中国特色社会主义理论、中国特色社会主义制度、中国特色社会主义文化的实践作为，自觉拥护和发展中国特色社会主义。

科学精神：明晰中国特色社会主义是当代中国发展的根本方向，了解中国特色社会主义的发展历程及其对于推动中国发展的作用。

公共参与：能够为中国坚持和发展中国特色社会主义贡献力量，参与到中国特色社会主义的建设和发展过程中。

总议题：如何走好新时代的长征路？

分议题一：【探路——探寻方向定道路】

从 1840 年开始，西方列强通过对中国的多次侵略战争和其他方法，强迫中国割地、赔款，贪婪地攫取种种特权，中华民族面临着前所未有的民族危机。英法联军火烧圆明园，甲午战争北洋舰队全军覆没，英、美、法、德、俄、日、意、奥八国联军在北京野蛮烧杀淫掠……所有这些，都给中华民族留下了难以抹去的痛苦记忆。

从这时起，实现中华民族伟大复兴成为全民族最伟大的梦想；争取民族独立、人民解放和实现国家富强、人民幸福，成为中国人民的历史任务。实现中华民族伟大复兴是近代以来中国人民的共同梦想，无数仁人志士为此苦苦求索、进行各种尝试，但都以失败告终。

活动一：学生观看中国近现代史的图片和视频，了解中国近现代史上其他挽救或发展中国的道路，进行课堂小组讨论，每个小组派出一位代表发言，谈谈其他的发展道路为什么会失败。

设计意图：了解其他发展道路的不可行性，为学生了解中国特色社会主义的重要性、得出中国特色社会主义道路是中国发展的正确道路的结论奠定基础。

学生回答 1：洋务运动大力兴办实业，派遣留学生留学，为推动我国经济社会的发展和思想的解放起到了一定程度的作用，但由于它的目的是维护封建地主阶级的利益，不能够维护中国广大人民群众的利益。

学生回答 2：维新变法要求变法自强，建立君主立宪制，发展资本主义，但是由于触碰了封建地主阶级的利益，最终以失败告终。

学生回答 3：1911 年辛亥革命爆发，最终以革命手段推翻辛制，但由于资产阶级革命的不彻底性，革命的胜利果实被封建军阀窃取，没有改变旧中国半殖民地半封建的社会性质和中国人民的悲惨境遇，没能完成实现民族独立、人民解放的历史任务。

学生回答 4：无论是"中体西用"的洋务运动，试图变法图强的戊戌变法，还是开创了完全意义上的近代民族民主革命的辛亥革命，都因为没有找到科学的理论、正确的道路和可依靠的社会力量，一次又一次地失败了，无数志士仁人为此而抱终天之恨。

历史充分证明：没有先进理论的指导，没有用先进理论武装起来的先进政党的领导，没有先进政党顺应历史潮流勇担历史重任、敢于作出巨大牺牲，中国人民就无法打败压在自己头上的各种反动派，中华民族就无法改变被压迫、被奴役的命运。

分议题二：【行路——踏上征途忆过程】

由于先前探索道路的实践纷纷失败，探索中国建设和发展道路的重任，历史的重任落在了中国共产党的身上。我们党团结带领人民艰苦奋战，努力实践，探索出了中国特色社会主义的发展道路。

活动二：学生课前分小组收集资料，每个小组根据教材时间的划分，对中国共产党探索中国特色社会主义的实践作为及其相应的成就作出归纳总结，并分小组进行成果汇报。

设计意图：学生按照时间线自主梳理中国特色社会主义的发展历程，了解中国特色社会主义的发展脉络及发展意义。

学生回答1：党的十一届三中全会以后，以邓小平同志为主要代表的中国共产党人，团结带领全党全国各族人民，深刻总结我国社会主义建设正反两方面经验，借鉴世界社会主义历史经验，创立了邓小平理论，作出把党和国家工作中心转移到经济建设上来、实行改革开放的历史性决策，深刻揭示社会主义本质，确立社会主义初级阶段基本路线，明确提出走自己的路，建设中国特色社会主义，科学回答了建设中国特色社会主义的一系列基本问题，制定了到21世纪中叶分三步走、基本实现社会主义现代化的发展战略，成功开创了中国特色社会主义。

学生回答2：1982年，在党的十二大开幕式上，邓小平明确提出了"走自己的道路，建设有中国特色的社会主义"这一鲜明主题。从此以后，中国共产党所有的理论创新和实践创新都是紧紧围绕这个主题展开的。改革开放以来，中国共产党坚持把马克思主义基本原理同当代中国实际和时代特点相结合，不断推进理论创新、实践创新、制度创新，成功开创、坚持和发展了中国特色社会主义。

学生回答3：党的十三届四中全会以后，以江泽民同志为主要代表的中国共产党人，团结带领全党全国各族人民，坚持党的基本理论、基本路线，加深了对什么是社会主义、怎样建设社会主义和建设什么样的党、怎样建设党的认识，积累了治党治国新的宝贵经验，形成了"三个代表"重要思想，成功把中国特色社会主义推向21世纪。

学生回答4：党的十六大以后，以胡锦涛同志为主要代表的中国共产党人，团结带领全党全国各族人民，坚持以邓小平理论和"三个代表"重要思想为指导，根据新的发展要求，深刻认识和回答了新形势下实现什么样的发展、怎样发展等重大问题，形成了科学发展观，抓住重要战略机遇期，在全面建设小康社会进程中推进实践创新、理论创新、制度创新，强调坚持以人为本，全面协调可持续发展，形成中国特色社会主义事业总体布局，着力保障和改善民生，促进社会公平正义，推动建设和谐世界，推进党的执政能力建设和先进性建设，成功在新的历史起点上坚持和发展了中国特色社会主义。

分议题三：【望路——展望未来盼耀光】

改革开放和社会主义建设新时期，我们党作出把党和国家工作中心转移到经济建设上来、实行改革开放的历史性决策，大力推进实践基础上的理论创新、制度创新、文化创新以及其他各方面创新，实行社会主义市场经济体制，实现了从生产力相对落后的状况到经济总量跃居世界第二的历史性突破，实现了人民生活从温饱不足到总体小康、奔向全面小康的历史性跨越，为中国式现代化提供了充满新的活力的体制保证和快速发展的物质条件。

世界主要国家经济增长率和对世界经济增长的贡献率见表 4。

表 4　世界主要国家经济增长率和对世界经济增长的贡献率

单位：%

国家	经济增长率			对世界经济增长的贡献率①		
	2013 年	2021 年	2013—2021 年平均增速	2013 年	2021 年	2013—2021 年年均贡献率
中国	7.8	8.1	6.6	35.7	24.9	38.6
美国	1.8	5.7	2.0	16.1	23.0	18.6
日本	2.0	1.6	0.4	4.4	1.5	0.9
德国	0.4	2.9	1.0	0.7	2.1	1.8
英国	1.9	7.4	1.4	2.7	4.5	2.1
印度	6.4	8.9	5.4	5.6	4.7	5.8
法国	0.6	7.0	0.9	0.7	3.5	1.1
意大利	-1.8	6.6	0.0	-1.8	2.4	0.0
加拿大	2.3	4.6	1.5	1.8	1.5	1.2
韩国	3.2	4.0	2.6	2.2	1.4	2.0

资料来源：世界银行 WDI 数据库。

活动三：学生观看世界主要国家经济增长率和对世界经济增长的贡献率的数据图表，感悟党的十八大以后中国通过发展中国特色社会主义从而取得的经济发展的高速度和高质量成果。

设计意图：了解中国特色社会主义为我国经济建设上带来的巨大成就，感悟中国特色社会主义的优越性和强大生命力，坚定走中国特色社会主义道

---

① 根据 2015 年为基期的国内生产总值计算。

路的信心。

学生回答 1：党的十八大以来，以习近平同志为主要代表的中国共产党人，团结带领全党全国各族人民，全面审视国际国内新的形势，通过总结实践、展望未来，深刻回答了新时代坚持和发展什么样的中国特色社会主义、怎样坚持和发展中国特色社会主义这个重大时代课题。

学生回答 2：习近平新时代中国特色社会主义思想，坚持统筹推进"五位一体"总体布局、协调推进"四个全面"战略布局，坚持稳中求进工作总基调，对党和国家各方面工作提出一系列新理念新思想新战略，推动党和国家事业发生历史性变革、取得历史性成就，中国特色社会主义进入了新时代。

活动四：观看宣传中国特色社会主义的图片寻找灵感，针对宣传中国特色社会主义的任务，设计一条能够宣传中国特色社会主义的宣传口号或标语。

设计意图：使学生参与到中国特色社会主义的宣传过程中，坚定对于中国特色社会主义的信念。

学生回答 1：坚持中国特色社会主义，全面推进中华民族伟大复兴。

学生回答 2：中国发展你我齐行，同心共筑民族之梦。

学生回答 3：坚定正确发展道路，持续推进改革开放。

投身创新创业与弘扬劳动精神*
——从"萝卜快跑"看创业之智和就业之变

思教 211 班　肖子云

所用教材	人教版高中政治必修二《经济与社会》 第二单元《经济发展与社会进步》综合探究"践行社会责任 促进社会进步" 探究一"怎样投身创新创业与弘扬劳动精神"
课型	新授课

1. 教学内容分析

（1）**本课内容**："怎样投身创新创业与弘扬劳动精神"是必修 2 第二单元综合探究"践行社会责任与促进社会进步"的第一部分内容，下设两条主线。

第一条主线"投身创新创业"阐述创业者应该具备的基本素质和树立正确的创业观。

第二条主线"弘扬劳动精神"阐述怎样成为知识型、技能型、创新型的劳动者，树立正确的就业观。

二者是并列关系。

（2）**本课地位**：综合探究作为新课程改革的一大亮点，充分反映新课标倡导的"自主学习、合作学习和探究学习"的理念。本探究活动结合劳动、创业、经营等问题情境，学生能够了解自主创业者应该具备的基本素质，能够对劳动、创业、经营中的不同价值观作出正确判断与合理选择，进而弘扬劳模精神、劳动精神和工匠精神，养成尊重劳动、热爱劳动、勇于创新的品质

2. 学情分析

高一学生亲身经历着科技发展带来的便利生活。该阶段的学生在已经学习社会主义市场经济和新发展理念等相关理论，但是对于这些知识的认识大多数停留在理论层面，未能结合实际问题深入分析企业或个人应当如何应对瞬息万变的市场。本课综合探究将通过真实情境、采用议题式教学，通过层层递进、环环相扣的教学活动，深化对知识的理解、提升理论联系实际的能力，进而培养学生政治认同、科学思维和公共参与等素养

3. 目标确定

【课程标准】阐明劳动对社会发展和进步的意义，弘扬劳动精神，树立崇尚劳动、热爱劳动的观念

＊ 本设计获 2024 年广东省本科高校师范生教学技能大赛一等奖。

【目标分类】

素养	学业表现
政治认同	通过探究萝卜快跑在众多网约车平台脱颖而出的原因,学生能够进一步理解和认同习近平经济思想成果,弘扬企业家精神和劳动精神
科学精神	通过探究百度无人驾驶技术研发过程和由此引发的社会讨论,学生能够理解和掌握创业者应该具备的基本素质,树立正确的创业就业观,养成尊重劳动,勇于创新的品质
公共参与	通过对无人驾驶技术是否应当立即取代网约车司机这一问题的辩论,学生能够养成乐于承担社会责任的品质

4. 学习重点难点

教学重点:树立正确的就业创业观。

教学难点:对就业、创业中不同的价值观作出正确判断与合理选择

5. 学习活动设计

教师活动	学生活动	评价活动
议题一:市场困境:饱和内卷与创业难题如何破解?		
(1)教师展示网约车平台数量增多且竞争激烈的图片。 **提出问题:**假设你是一名创业者,你会选择冒着风险继续创立一个新的平台吗?	观看图片并结合生活经验,回答问题并阐述理由。	教师依据市场配置资源方式等的相关知识对学生的回答作出评价。
(2)教师展示萝卜快跑横空出世走红全网的新闻,并播放萝卜快跑乘坐体验 vlog。 **提出问题:**萝卜快跑为什么能够在竞争激烈的市场中脱颖而出?	观看视频并结合生活体验,分析总结萝卜快跑脱颖而出的原因。	教师依据企业的经营等知识对学生搜集材料信息与应用知识的能力作出评价。
(3)教师搜集百度无人驾驶技术的研发历程。 **提出问题:**创业者在激烈的市场竞争中究竟应该具备哪些素质?	结合材料,小组讨论,小组代表回答问题。	教师对学生发言给予引导,对同学结合的材料分析与概括能力等方面进行评价,引导学生理解创业者应该具备的基本素质。

续表

设计意图

以"萝卜快跑网约车平台的问世"为情境，通过微调查、展示萝卜快跑 Vlog 视频、对萝卜快跑网约车平台成功原因的讨论，让学生针对网约车平台发展困境分析萝卜快跑的破局之法，理解创业者应该具备的基本素质。这一环节充分发挥学生的主体性作用，培养学生的团队合作能力，进而培养学生的政治认同和科学精神

议题二：伦理困境：科技创新与人文关怀如何平衡？

(1) 教师展示"各地发布网约车预警通知"和"全国各地网约车司机数量"等情境，提出围绕"无人驾驶技术是否应当立即取代网约车司机"这一问题提出辩题"社会发展应更加重视科技创新还是人文关怀"。 (2) 教师总结学生的观点，并引出"当今时代迅猛发展，要树立正确的就业创业观"	(1) 学生围绕辩题分成两组，小组讨论后进行现场辩论。 (2) 学生从企业角度和劳动者角度分析应对科技创新与人文关怀伦理困境的做法	辩论前，教师参与学生讨论并适当提示思考角度。 辩论中，采用生生互评的方式指出对方发言的不足。 辩论后，教师结合树立正确就业观的知识，对学生的发言进行表现性评价

设计意图

通过"无人驾驶技术是否应当进入网约车行业"的辩论设计，让学生站在不同的角度分析无人驾驶技术的利弊，以学生课堂生成的论点为出发点，引导学生学会辩证看待问题，理解科技创新与人文关怀之间不应当对立发展，而应当平衡发展，要增强考虑问题的深度，培养政治认同、科学精神和公共参与

6. 板书设计

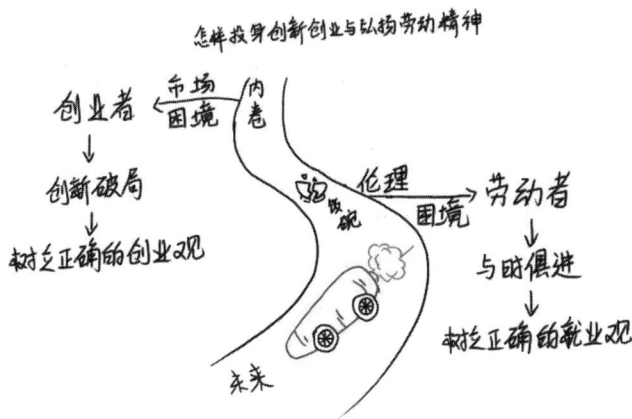

7. 作业与拓展学习设计

寻找"萝卜快跑"生产过程中运用到的绿色科技，分析萝卜快跑是如何推动绿色生产与绿色消费的？

8. 教学反思与改进

　　活动型课程要求构建起学科逻辑和实践逻辑，将理论与生活结合。本节课运用"萝卜快跑"这一真实情境，引导学生将思政小课堂融入社会大课堂中。

　　此外，还要运用多种教法和学法，引导学生学会自主学习、合作学习和探究学习。如本节课所采用的微调查问卷、小组讨论、辩论赛等，充分发挥了学生的主体作用。

　　最后，教学设计中注意开展大单元教学设计，从大处着眼、小处着手，统筹思政学科建设，才能帮助学生系统建立知识框架，更清晰明了地学习和理解。本节课围绕"创业者"和"劳动者"两个核心概念，以"萝卜快跑"为案例，引导学生融会贯通整个第二单元所学习到的知识，培养学生的政治认同、科学精神和公共参与意识

9. 学习评价设计

　　本节课综合运用教师评价、学生互评等方式。学生通过搜集资料、课堂思考、小组合作等方式完成学习任务。通过学生评、教师评的方式对学生完成情况进行量化评价，形成过程性评价。教师对学生的评价，要关注学生的课堂参与度，关注学生在真实情境中分析、概括材料能力，语言的组织和表达能力，以及在课堂活动中表现出来的品格价值观等

"援"来有你

—— "如何坚持和完善民族区域自治制度" 教学设计与实施*

思教 201 班　刘嘉滢

基本信息			
学段	高中	展示单元	必修三政治与法治第七课第二框第二目 符合国情的民族区域自治

1. 教学内容分析

　　本课时内容是高中思想政治必修三政治与法治第七课我国基本政治制度第二框我国民族区域自治制度第二目符合国情的民族区域自治。本单元的核心大概念是"人民当家做主"，课时核心概念是"民族关系、民族方针、民族区域自治制度"。本课题旨在引导学生掌握我国是一个统一的多民族国家，明白维护民族团结的原因，理解我国处理民族关系的基本方针，知道坚持与完善民族区域自治制度的原因及措施，理解我国民族地区行政划分及民族自治权的运用，懂得维护和促进民族团结是每个公民的神圣职责和光荣义务，并通过拓展认识到如何促进民族团结并将其落到实践当中，因而在教学设计时特别注意结合党和国家对少数民族对口支援并列入教师自身经历等具体事例，培养学生分析、解决问题的能力，感受到"民族团结"可以从我做起。

　　本课内容对于学生铸牢中华民族共同体意识、实现高中学段政治认同目标具有重要作用，帮助学生正确认识民族问题，自觉促进民族团结、维护民族团结。引导学生自觉践行和弘扬社会主义核心价值观，促进学生自觉把个人发展和国家命运联系起来，维护国家利益与安全。同时有利于学生从民族区域自治制度出发增强对中国制度设计的认同感

2. 学情分析

　　通过单元导学及前面课程的学习，学生已知我国一项根本政治制度和三项基本政治制度。经过上一节课的学习，对我国民族分布、基本国情有了一定的了解，经过初中和高中一年的学习，学生学科知识比较多元，符合本课综合型强的特征，可以充分利用跨学科知识融入本课。

　　高中学生理性思维渐趋形成，对时事产生关注，并且通过网络可以接触到各类信息。以学生现有的知识水平和生活体验，对于少数民族了解较少，对"我"与促进民族团结之间的关系认识较浅，较难深入理解民族区域自治制度的优越性

---

* 本设计获 2023 年广州大学师范生教学技能大赛文科组一等奖。

3. 目标确定

（1）政治认同：通过学习坚持和完善民族区域自治制度的措施增强对国家制度设计的认同感，同时铸牢中华民族共同体意识。

（2）科学精神：能够通过学习本课的知识，掌握坚持和完善民族区域自治制度的要求，在日常生活中辨别时政材料并自觉与外媒不实新闻作斗争。

（3）法治意识：通过学习宪法，明确促进民族团结、促进民族共同繁荣是每一个公民的神圣职责和光荣义务。

（4）公共参与：通过感悟"援疆"实例，自觉践行和弘扬社会主义核心价值观，自觉把个人发展和国家命运联系起来

4. 学习重点难点

（1）掌握我国国情国策，理解坚持和完善民族区域自治制度的措施。

（2）自觉践行和弘扬社会主义核心价值观，自觉把个人发展和国家命运联系起来

5. 学习活动设计

教师活动	学生活动	评价活动
【导入】利用维吾尔族歌舞		
情境创设：表演维吾尔族歌舞，介绍援疆事迹，让学生代入"援疆工作者"的身份开始本课的新知学习	**学生任务**：对教师的问题进行回应，回顾上一节课的知识	注重学生学习态度评价
设计意图： 通过独特乐器，引起学生的注意，激发学生的兴趣，增强学生对于我国民族多样性的直观感受，并进一步产生学习本课内容的学习动机，且为援疆案例作解释。通过诵读学习目标知道本课的学习要求，为学习接下来的课程内容做铺垫		
【议学探究一】援疆旅途中的"双向奔赴"		
【情境延续】 教师介绍"依法治疆""文化润疆""富民兴疆""长期建疆"，体会国家对新疆发展的措施，同时播放视频《新疆这十年》让学生感悟新疆的发展成就。引导学生把握新疆取得成功离不开民族区域自治制度的优越性及坚持和完善民族区域自治制度的措施	**学生活动**：进入情境，联系上一节课的知识及时政回答新疆取得成功的多方面原因。同时对知识关系进行串联，把握新疆取得成功与我国制度设计的关系。	通过教师提示及课本内容回答出相关问题，是否能完成习得性学习。 **知识总结：** 一、行自治（充分保障民族自治地方……） 二、助发展（因地制宜采取措施……）

续表

设计意图： 　　通过介绍国家对新疆地区发展的大力支持具体措施，让学生认识到党和国家在人力、物力、财力等方面大力支持经济社会发展，而通过视频学生能总结出我们的民族地区经济社会发生翻天覆地的变化，驶上了跨越式发展的快车道。最后据此总结出坚持和完善民族区域自治制度的第一、第二方面措施		
【议学探究二】援疆旅途勇担最佳辩手		
【情境创设】 　　教师介绍援疆旅途的"小美好"引出"小意外"，2021 年某服装品牌公司的"抵制新疆棉"事件，要求同学们辩驳该集团的恶意抹黑。问题比较深，提示从三个大方向进行思考。同时揭示事件真相并对知识进行制度设计层面的深化	**学生活动**：进入情境，开展小组讨论，对恶意抹黑进行辩驳，认识到真相，掌握坚持和完善民族区域自治制度的第三方面措施	注重科学精神素养生成，通过所提供的材料进行深度的思考，能否多角度回答完成拓展式学习。 **知识总结：** 　　一、依法妥善处理影响民族关系…… 　　二、坚决反对和有力回击境外敌对……
设计意图： 　　通过这个有一定难度和深度的问题，激发学生的思考和讨论热情，同时增强学生的思辨性，能够在日常生活中辨别不实传闻。真相展示深化学生对于制度设计的政治认同，从情境中思考出坚持和完善民族区域自治制度的第三方面措施		
【议学探究三】与每一个"我们"息息相关		
【情境创设】 　　教师引导学生找出宪法中公民应当维护民族团结的法律依据，组织学生进行齐诵	**学生活动**：找到宪法条例并跟随指令齐诵，深化对自身职责的认识并总结出坚持和完善民族区域自治制度的第三方面的措施	注重政治认同、公共参与素养生成。 **知识总结：** 　　主动担负起促进民族平等、团结、共同繁荣的义务
设计意图： 　　通过查找和齐诵，能够明晰自身在坚持和完善民族区域自治制度的责任担当，掌握坚持和完善民族区域自治制度措施即促进民族团结		
【总结与感悟】粤疆连线共发展		
活动一：知识总结 　　**活动二**：教师引导开展"粤疆连线共发展，做张开双臂拥抱的石榴籽"活动，连线支教班级与现在的班级。 　　**活动三**：感悟习近平总书记在庆祝中国共产党成立 100 周年大会上的讲话内容	**学生活动**：根据教师指引，在石榴籽卡片上写下自己想抒发的话语并贴在民族展板上。完成本课知识总结	注重政治认同素养生成，促进学生化自发为自觉，不仅完成知识掌握，同时能够达到情感认同

设计意图：

通过总结三部曲，让学生用自己的笔尖抒发对民族区域自治制度的认同感，对维护祖国统一和民族团结的使命感

6. 作业与拓展学习设计

【作业内容】

(1) 我来画下同心圆：以"同心圆"作为元素设计与本课相关的词汇。

(2) 民族团结小记者：在同一页面介绍任一民族团结的实例。

(3) 将前两项作业汇入自己的"中国制度设计之妙"单元学习手册，作为封面。

(4) 完成相关选择题 5 道，材料题 1 道。

【作业针对性】

(1) 保证大单元教学的连续性。

(2) 体现分阶段、分层、分难度设计，满足不同学生的学习需求。

(3) 作业内容呈现趣味性、可创造性，激发学生的拓展性、应用性学习。

(4) 在情境中重温课堂知识，深化学生对民族团结的认识与理解

7. 特色学习资源分析、技术手段应用说明

(1) 在大单元设计完成后，能够实现与前课的承和后课的启，增强教学的连贯性，体现学生在教学活动中的主体性。

(2) 运用议题式教学，议题设计既与课本基本文本内容相关，也与其中的核心概念密切关联，能够实现"一题两用"的作用，且议题教学更能激发学生的思考与参与，更加体现知识前后的关联性。

(3) 运用小组探究的课堂模式，为学生提供相互帮助、自我肯定、肯定他人的社会场景，培养学生的思考、合作、语言组织等能力。

(4) 运用真实教具，如给学生发放《中华人民共和国宪法》，真实的教具比投影在屏幕上的虚拟教具更有体验感，更易打造"沉浸式"课堂。

(5) 运用教师亲身经历，"口述故事"会比二次传播的案例更有真实感、在场感，更易调动学生的情感，达成素养目标

8. 教学反思与改进

教学设计较难将个人故事插入，还需探究使得环节更合理、更连贯的方法，目前该课仍未落地，落地后进行相关反思并改进

9. 学习评价设计

评价项目	评价指标	评价等级（A-5分、B-3分、C-2分）			
		议题一	议题二	议题三	合计
学习态度和学习方法 （20分）	内容认可 学法认可				

学习行为与表现（80分）	课堂（60分）	课前搜集				
		交流合作				
		表达展示				
		学习理解				
		实践应用				
		创新迁移				
	课外（20分）	阅读访问				
		调查体验				
		项目学习				

文化具有民族性和多样性

思教 201 班 罗绮曼

单元名称	哲学与文化

1. 单元教学设计说明

（1）辩证地看待传统文化，领会对中华优秀传统文化进行创造性转化、创新性发展的重要意义，弘扬民族精神。

（2）感悟世界文化的多样性，理解文化多样性的价值，明确文化交流互鉴的途径和意义。

（3）辨识各种文化现象，领悟优秀文化作品的影响力和感召力，展示中国特色社会主义的文化自信

2. 单元目标与重点难点

（1）政治认同：认同中华文化，认同中华优秀传统文化的当代价值，认同伟大的中华民族精神，铸牢中华民族共同体意识，认同文化多样性的价值，认同文化交流与文化交融的意义。认同中国共产党领导人民在革命、建设、改革中创造的革命文化和社会主义先进文化，认同人民是文化建设的主体，认同社会主义核心价值观是公民最基本的价值标准。

（2）法治意识：坚持各民族文化一律平等的原则，依法进行中国特色社会主义文化建设。

（3）科学精神：用马克思主义的基本立场和观点正确理解文化的内涵与功能，辩证看待传统文化和外来文化，继承弘扬中华优秀传统文化。学习借鉴外来文化的有益成果，理解文化多样性的价值。辨识各种文化现象，理解中国特色社会主义文化发展道路的历史必然性，发展中国特色社会主义文化，实现文化强国目标。

（4）公共参与：积极参与社会实践活动，继承弘扬中华优秀传统文化。尊重文化多样性，促进文化交流与文化交融。坚定理想信念，自觉践行社会主义核心价值观，提高科学文化修养和思想道德修养。

重点：

理解文化的内涵与功能。归纳概括中华优秀传统文化的主要内容及特点，阐明中华优秀传统文化的当代价值，实现中华优秀传统文化创造性转化与创新性发展，理解和把握中华民族精神，正确理解和对待文化的民族性与多样性，正确理解文化交流、文化交融对文化发展的影响，正确对待外来文化，理解中国特色社会主义文化发展道路的历史必然性，理解中国特色社会主义文化的基本内涵，准确理解中国特色社会主义文化发展的基本路径，理解文化建设为何和如何坚持以人民为中心，建设文化强国，坚定文化自信。

难点：

阐明中华优秀传统文化的当代价值，实现中华优秀传统文化的创造性与创新性发展，正确理解和对待文化的民族性与多样性，正确理解文化交流、文化交融、文化发展的内涵与关系。理解中国特色社会主义文化发展道路的历史必然性，建设文化强国，坚定文化自信

教学设计	
课题	文化具有民族性和多样性

1. 教学内容分析

（1）政治认同：认同中国特色社会主义文化，建设社会主义文化强国。

（2）科学精神：科学把握文化民族性和多样性的地位、作用以及核心和灵魂。

（3）公共参与：自觉做中华文化的传承者和传播者，推动中国特色社会主义文化建设

2. 学情分析

（1）知识承接：小学阶段重在通过感悟具体的文化艺术启蒙、培育道德情感。初中阶段重在通过专题学习打牢思想基础。高中阶段重在通过系统的文化理论学习提升政治素养。

（2）能力素养：高中阶段是青少年形成正确世界观、价值观、人生观的关键时期，文化观涉及到一个人的国家观、历史观、价值观，所以教师引导学生坚持正确的文化发展方向至关重要。从全面建成社会主义现代化强国和实现中华民族伟大复兴的目标看，我们需要培养担当民族复兴大任的时代新人，所以教师引导学生坚定共产主义信念，践行社会主义核心价值观，坚定文化自信，建设文化强国

3. 目标确定

（1）了解民族文化的地位。

（2）理解民族文化的作用。

（3）理解民族文化的核心和灵魂是价值观

4. 学习重点难点

教学重点：引导学生认识世界各国文化的独特性，领悟民族文化的地位；理解在课堂展示的民族文化元素中，凝结着民族文化的核心和灵魂。

教学难点：学生在自主开展小组讨论的过程中，引导学生理解民族文化的作用

5. 学习活动设计

【总议题】：芙蓉花开——让民族文化一路生花

教师活动	学生活动	评价活动
【议题一】：耍"蓉宝"，识成都		
任务一 **教学情境**：提供成都大运会吉祥物川剧变脸盲盒，学生观察其中的文化元素并联想其举办城市，思考为什么可以通过这些元素联想到相应的城市。 **教师提问**：综合提到的文化元素，大家可以联想到哪座城市呢？为什么可以通过文化元素识别出成都这座城市呢？ **课件呈现**：成都大运会吉祥物、相应的文化元素。 **教具**：川剧变脸"蓉宝"盲盒。 **板书**：民族文化	**任务一** **学生活动**：观察盲盒运用的文化元素并联想其举办城市，思考为什么可以通过这些元素联想到相应的城市	**任务一** 通过教师提示以及教具，观察教具盲盒体现的文化元素，是否能得出习得性学习

设计意图： 　　通过观察川剧变脸盲盒蕴含的文化元素，学生联想到成都，引导学生思考为什么可以通过文化元素联想到相应的城市，感受民族文化的独特性。教师循循引导，学生进一步感受不同民族文化风格各异，理解民族文化的地位		

【议题二】：观"蓉火"，析作用

任务二	任务二	任务二
教学情境：播放视频，展示成都大运会火炬"蓉火"的设计寓意，以及火炬传递过程的团结火热氛围。 　**教师提问：**请同学们分小组讨论火炬"蓉火"是如何发挥它的作用的？ 　**课件呈现：**播放视频 　"绿色、智慧、活力、共享"的办赛理念，和谐与包容的文化内涵。金沙太阳神鸟代表勇敢光明，体现国家精神。 　"火炬象征不灭的精神，坚持到底再迎胜利！"——奥运冠军任茜 　"在平凡的岗位上，也要像火炬一样发光发热！"——"最美公交司机"卿前磊 　火炬传递沿线，市民热情高涨，共同见证火炬团结的火热氛围。 　**教师小结：**火炬"蓉火"传承了古蜀文化，将中国遗产标志融入"蓉火"，是中华民族生命的延续，延续中华文脉又是振兴中华的应有之义。而文化传承又是维系国家和民族共同体认同的重要手段，一个拥有深厚文化根基的国家，能够凭借文化的强大力量，维护国家安全和社会稳定。 　八百多名火炬手和观众共同见证火炬传递的过程，激发民族的凝聚力。 　**板书：**作用	**学生任务：**观看视频思考火炬"蓉火"的作用。能够理解火炬设计寓意中，文化传承和发展的意义，理解民族文化维系社会生活、维持社会稳定的作用，延续中华文脉又是振兴中华的应有之义，总结出民族文化是我们民族生存和发展的根基；能够通过感受火炬传递过程的氛围，思考总结出民族文化能激发人们的创造力和凝聚力	通过教师引导、材料提示、小组合作讨论得出火炬的具体作用。 　分析出民族文化的作用，进一步科学把握民族文化

续表

设计意图：
通过展示成都大运会火炬"蓉火"的设计寓意以及火炬传递过程，引导学生分析其内涵，理解民族文化的作用

【议题三】：赏"蓉城"元素，寻价值观

任务三	任务三	任务三
教学情境：展示大熊猫、川剧变脸人物等成都大运会中体现的"蓉城"文化元素，举例其中的文化形象。 **教师提问**：以下文化形象有何内涵？ **课件呈现**：大熊猫、川剧变脸人物、火炬"蓉火"的图片。 **教师小结**：这些蓉城文化元素是成都天府文化的载体，凝结着中华儿女对本民族基本价值观的认同，而文化认同又是最深层次的认同，是凝聚和延续民族文化共同体的精神纽带和思想基础，因此民族文化的核心和灵魂就是将我们凝聚在一起的价值观。 **板书**：核心和灵魂、价值观	**学生活动**：说出大熊猫、川剧变脸人物等文化形象的内涵	学生通过思考"蓉城"文化形象的内涵，领悟这些文化元素凝结着中华儿女对本民族基本价值观的认同。教师进一步引导学生理解民族文化的核心和灵魂是价值观

设计意图：
通过分析"蓉城"文化元素其中蕴含的内涵，引导学生理解民族文化凝结着中华儿女对本民族基本价值观的认同，从而感悟民族文化的核心和灵魂。

6. 板书设计

民族文化
地位 ∕ ∣ ＼ 作用
核心和灵魂
∣
价值观

7. 结语
习近平总书记在党的二十大上的报告中强调："坚守中华文化立场，提炼展示中华文明的精神标识和文化精髓，加快构建中国话语和中国叙事体系，讲好中国故事、传播好中国声音，展现可信、可爱、可敬的中国形象。"

8. 作业与拓展学习设计 　　查找杭州亚运会相关知识，运用本节课所学的相关内容，设计一款亚"韵"盲盒，向世界展示中国文化与中国精彩
9. 教学方法 　　采用讲授法、小组讨论法等
10. 教学总结 　　本节课存在时长过长的问题，可以通过减少视频时长解决

实践是认识的基础[*]

思教 171 班　　徐慧琳

【教学理念】

根据《普通高中思想政治新课程标准（2017 年版 2020 年修订）》中构建以培育思想政治学科核心素养为主导的活动型学科课程理念，本课采用议题式教学，选取学生生活事件——新冠疫苗为材料，以"从新冠疫苗看实践是认识的基础"为总议题开展探究，引导学生生成知识，并学会运用"实践是认识的基础"对社会现象进行科学分析，进而培养科学精神和政治认同学科核心素养。

【课程标准】 阐明实践是认识的基础，是检验真理的唯一标准。

【教材版本】

《哲学与文化》（人教社，2019 年 8 月）：第二单元第四课第一框第二目

【教材内容分析】

本目下设四个知识点。第一点"实践是认识的来源"是知识导入，引出问题。第二点"实践是认识发展的动力"，是本目的难点，教材在引导学生学习认识产生于实践需要的基础上，指出在实践过程中不断产生的新问题、提出新要求推动着认识发展，并且随着实践的发展将会有新工具促进人们认识发展。第三点"实践是检验认识的真理性的唯一标准"，是本目重点，教材首先介绍到检验一种认识是否正确反映客观事物需要把主观和客观联系起来加以对照，而唯一能够满足的就是实践。第四点"实践是认识的目的"是知识总结，回归问题。

＊ 本设计获 2020 年广东省本科高校师范生教学技能大赛二等奖。

【教学目标】

1. 学生能记忆并理解实践是认识的基础及其表现。

2. 学生能分析实践是认识发展的动力，掌握实践是检验认识的真理性的唯一标准。

3. 学生能运用实践是认识的基础对事物进行分析评价，对社会生活进行理性思考。

【教学重点】 理解实践是认识的基础。

【教学难点】 分析实践是认识发展的动力。

【任务分析】

1. 起点能力

高二的学生对实践与认识的概念已有初步的了解，通过前面的学习有一定哲学思维，但是知识体系还没有完全建立，理论分析能力较弱，抽象思维能力还需进一步培养，因此，教师通过情境创设引导学生积极分析问题、生成知识，自主搭建知识框架，培养学生树立并运用实践第一的思想和观念是本节课的重要任务。

2. 本课学习目标类型及其学习条件分析

（1）本课属于理解、运用、分析概念性知识类别的学习。

（2）学习条件：学生能够对生活中的现象进行判断、评价和分析。

3. 教学程序

导入新课—创设情境—议题探究解决问题生成知识—教师引导学生归纳、运用知识。

4. 教学方法

议题教学法、自主探究法、归纳总结法、讲授法。

5. 课的类型

新授课。

6. 教学时间安排

1/3 课时。

【设计理念】

基于上述分析，本节课采用议题式教学，以"从新冠疫苗研制看实践是认识的基础"为核心议题，在核心议题的统领下，设计 4 个具有思考性、针对性的分议题。议题 1，人们对疫苗的认识从何而来；议题 2，新冠疫苗的研制为什么能够不断推进；议题 3，如何检验疫苗有效性；议题 4，新冠疫苗研发有什么目的。引导学生不断去思考、感悟、生成知识，并能调动和运用知识去分析问题和解决问题，实现知识的迁移，从而帮助学生讨论素养议题。

【教学过程描述】

教学过程描述见表 5。

表 5　教学过程描述

教师对教学的描述	评析
本课时中突破难点的总目标是引导学生理解并运用实践第一的理念。 为实现这一总目标，需要提出较具体的目标： 1. 学生能记忆并理解实践是认识的基础及其表现。 2. 学生能分析实践是认识发展的动力，掌握实践是检验认识的真理性的唯一标准。 3. 学生能运用实践是认识的基础对事物进行分析评价，对社会生活进行理性思考。	针对本框题首先提出一个总目标：突破本课难点，即理解并运用实践第一的理念。 教师引导学生采用议题式教学，以"从新冠疫苗研制看实践是认识的基础"为核心议题，在核心议题的统领下，设计 4 个具有思考性、针对性的分议题，分别是：议题 1，人们对疫苗的认识从何而来；议题 2，新冠疫苗的研制为什么能够不断推进；议题 3，如何检验疫苗有效性；议题 4，新冠疫苗研发有什么目的。引导学生不断去思考、感悟、生成知识，并能调动和运用知识去分析问题和解决问题，实现知识的迁移，从而帮助学生落地素养议题。 为了提供计划教学与评估的集中点，又陈述了 3 个具体目标。 目标 1 的行为动词是"记忆""理解"，名词短语是"实践是认识的基础及其表现"，所以把这一目标归入记忆、理解概念性知识类别。 目标 2 的行为动词是"分析"和"掌握"，名词是"实践是认识发展的动力""实践是检验认识的真理性的唯一标准"，所以把这一目标归入理解、分析概念性知识类别。 目标 3 的行为动词是"运用"，名词是"实践是认识的基础"，所以把这一目标归入运用、分析、评价概念性知识类别

基于陈述的目标按分类表对《实践是认识的基础》教学案例的分析见表 6。

表 6　基于陈述的目标按分类表对《实践是认识的基础》教学案例的分析

知 识 维 度	认 知 过 程 维 度					
	1. 记忆	2. 理解	3. 运用	4. 分析	5. 评价	6. 创造
A. 事实性知识						
B. 概念性知识	目标 1	目标 1 目标 2	目标 3	目标 2 目标 3	目标 3	
C. 程序性知识						
D. 反省认知知识						

目标 1：学生能记忆并理解实践是认识的基础及其表现。

目标 2：学生能分析实践是认识发展的动力，掌握实践是检验认识的真理性的唯一标准。

目标 3：学生能运用实践是认识的基础对事物进行分析评价，对社会生活进行理性思考。

【教学过程】

教学过程见表 7。

表 7　教学过程

教学环节	教师活动	学生活动	设计意图
创设情景， 新课导入	PPT 展示情境：2020 年 9 月 8 日全国抗击新冠疫情表彰大会在北京举行，我们用最高礼遇，以国之礼，致敬英雄，其中，陈薇院士因在新冠研发疫苗上作出突出贡献，在大会上被授予"人民英雄"称号。 导入新课，总议题"从新冠疫苗研制看实践是认识的基础"	准备上课	以 2020 年全国抗击新冠肺炎疫情表彰大会的案例导入，激发学生参与探究的兴趣
议题探究	(一) 议题 1：人们对疫苗的认识从何而来？ 1. 播放音频和展示议题情境 材料： 天花是一种很古老的病毒，11 世纪，中国人对预防天花作出了贡献：人们把得过天花的人的痘液，蘸在类似棉花的物体上，再塞到接种人的鼻子里面，这样接种人就	学生分析议题情境，思考问题，理解生成知识：人们对疫苗的认识源于实践。	通过分析真实议题，走进生活，让学生理解实践是认识的来源。 (达成目标 1)

续表

教学环节	教师活动	学生活动	设计意图
	获得了免疫，这就是人痘接种术。但人痘的毒性较强，接种过程中会出现死亡病例。人痘接种术通过丝绸之路传到国外。1796年，英国乡村医生爱德华·琴纳发现牛也会得天花，牛天花又叫牛痘。把牛痘接种到人身上，人就获得了免疫。这就是最早的疫苗的诞生。疫苗就是一个终极的武器。 思考问题： 人们对疫苗的认识从何而来？ 2. 教师总结 (1) 在实践活动中，人们借助一定的手段同客观物质对象发生关系，从而获得对客观事物的认识。 (2) 实践是认识的来源。 (二) 议题2：新冠疫苗的研制为什么能够不断推进？ 1. 播放视频和展示材料 材料一： 研发之初：团队展开腺病毒载体疫苗的生物信息学深度分析、疫苗设计、目标基因合成等工作，却面临重组腺病毒包装技术难点。进而，采取三条技术路线并行推进的方式，实行"三班倒""白加黑"攻关，接连两个月保持实验不停歇、研产不断线。 试验过程：相对于年轻人群，年龄较大的受试者针对重组新型冠状病毒疫苗的免疫应答普遍较低，且耐受性较高。因此，"可能需要增加接种一剂才能在老年人群中诱导产生更强的免疫应答，目前正在进行进一步的研究予以评估。" 研发未来：病毒变异，疫苗面临失效风险。作为基因工程疫苗，目前我国重组新冠疫苗对已经发生变异的新冠病毒能够有效覆盖，后期可以做针对性更强的疫苗加强免疫，发挥基因工程疫苗优势。 材料二： 在Ⅱ期临床试验过程中，陈薇团队发现了首个靶向刺突蛋白N端结构域的高效中和单克隆抗体，这是陈薇团队研发的腺病毒载体重组新冠疫苗在全球率先进入Ⅱ期临床试验	学生观看视频和阅读材料，思考问题，理解生成知识：实践推进新冠疫苗研制不断推进。	通过观看视频和阅读材料，提高学生获取和解读信息的能力，调动和运用知识的能力，让学生在自主思考中理解生成知识：实践是认识发展的动力。 (达成目标1和2)

教学环节	教师活动	学生活动	设计意图
	后取得的又一项世界级科研成果。这一新发现为治疗提供强效候选药物，也为新冠病毒作用机制研究提供崭新思路。陈薇表示将数据公开有助于世界研究团队少走弯路，早日研发有效疫苗。 思考问题： 新冠疫苗的研制为什么能够不断推进？ 2. 教师总结 （1）实践不断产生新问题、提出新要求，推动人们进行新的探索和研究。 （2）实践的发展为人们提供日益完备的认识工具，锻炼和提高了人的认识能力，推动认识不断深化。 （3）实践是认识发展的动力。 （三）如何检验疫苗有效性？ 1. 展示材料，课堂互动 材料： 第一期临床试验：以少数易感健康志愿者作为受试者，来确定人体对疫苗不同剂量的耐受和了解它初步的安全性。结果是大多数受试者出现了 T 细胞应答阳性或可检测到针对 SARS-CoV-2 的中和抗体，安全性良好。 第二期临床试验：扩大样本量和目标人群，进一步进行确认有效性和安全性。结果是受试者包括 84 岁最年长受试者全部产生抗体，5×1010vp 剂量下中和抗体和细胞免疫反应达到 90% 以上，安全性良好。 第三期临床试验：更大受试者的样本量，真正确定疫苗的有效性和安全性，评价利益与风险，结果正在观察。 思考问题： 如何检验疫苗有效性？ 2. 教师总结 （1）只有把主观和客观联系起来加以比较合对照，才能检验主观认识与客观事物是否相符合。 （2）只有在实践过程中，人们把指导自己实践的认识和实践所产生的结果加以对照，才检验认识是否正确反映了客观事物。	学生阅读材料，思考问题，参与课堂互动，理解生成知识：实践是检验认识的真理性的唯一标准。 学生观看视频和阅读材料，思考问题，理解生成知识：实践是认识的目的。	通过阅读材料和参与课堂互动，提高学生获取和解读信息的能力，调动和运用知识的能力，让学生在活动中理解生成知识：实践是检验认识的真理性的唯一标准。 （达成目标 1 和 2） 通过分析视频和材料，回归生活，让学生理解实践是认识的目的。 （达成目标1）

教学环节	教师活动	学生活动	设计意图
	（3）实践是检验认识的真理性的唯一标准。 （四）新冠疫苗研发有什么目的？ 1. 播放视频和展示材料 材料： "让疫苗能够尽快地用于更多的人群、用于在座的同学们，让你们早一天摘下口罩，露出你们更纯真更快乐的笑容" ——陈薇院士 思考问题： 新冠疫苗研发有何目的？ 2. 教师总结 （1）认识本身不是目的，改造世界才是认识的目的。 （2）实践是认识的目的		
知识梳理升华课堂	回顾所学知识，形成知识框架，进一步升华	学生在教师的引导下搭建知识框架、进行情感深化	通过归纳总结引导学生进一步巩固知识，升华课堂。（达成目标1和3）
注意	1. 实践是认识发展的动力。 2. 正确把握实践是检验真理的唯一标准	学生在教师的引导下理解知识	达成教学目标2
练习巩固	抗击新冠病毒一个最重要的盾牌就是疫苗。陈薇院士始终严格坚持疫苗要在逐渐扩大受试者范围的基础上，必须经过三次临床试验成功才可以走出实验室。这体现的哲学原理是：实践是检验真理的唯一标准	学生当场练习，教师讲解。	巩固反馈，达成教学目标2。

【板书设计】

板书设计如图29所示。

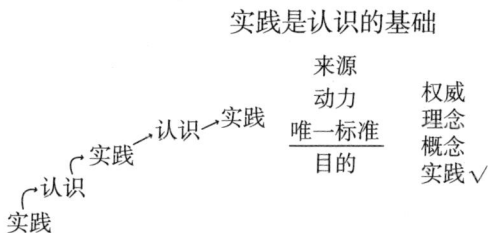

图29 板书设计

【教学反思】

本课的教学设计遵循分—总发展脉络，根据教材特点及学生的身心发展规律，在本节课的教学中，讲授结合时事热点，运用文字材料、多媒体设备和音乐渲染，利用板书梳理知识框架并进行升华，教学效果能够较好符合预期，但是教学内容上，在材料之外的知识点细节补充部分还需进一步思考，以帮助学生更好吸收内化实践是认识的基础。

社会实践：

到祖国最需要的地方去

飞跃天山的梦

——在穗疆籍少数民族大学生成长诉求与供给优化研究

梅淑宁　陈晴楠　迪里热巴·阿不都克然木

随着高等教育的发展和教育援疆工作的推进，越来越多的内地高校承担了培养新疆籍少数民族人才的重任。广东从 1989 年起承接培养新疆籍少数民族学生的任务，全省 100 多所高校（含高职院校）多数都招收少数民族政策性学生。如何有针对性引导教育在读疆籍大学生，促进其在专业知识学习、核心技能发展、正确价值观养成，特别是增强中华民族共同体认同，以及使之真正成为合格的中国特色社会主义事业的建设者和接班人，是相关高校必须认真思考和积极探索的时代命题。

一、在穗疆籍大学生的构成与成长基本情况

（一）整体构成

新疆是个多民族聚居的地区，目前共生活着约 56 个民族。目前在穗就读的疆籍少数民族大学生约 3000 人，以维吾尔族为主，也有哈萨克族、柯尔克孜族、哈萨克族、回族、蒙古族、塔吉克族等，广泛分布在广州各本专科高校。以笔者所在的广州大学城为例，自 2004 年广州大学城建成，十所高校对外招生后，广州大学城迅速成为一个少数民族学生聚集的区域，多数高校均存在不少数量的疆籍少数民族学生。

（二）成长情况

整体上来说，在穗疆籍少数民族大学生在校期间拥护党的领导，思想积极、身心健康、吃苦耐劳、追求进步。这群学生在家乡时，往往是学校的佼佼者、长辈的骄傲，通过努力学习获得来到广州求学的机会。到大学后，他们处于一个更加开放、多元、竞争的环境。与汉族同学相比，这一群体基础相对薄弱，语言存在障碍，使学生感到学业压力大，部分学生成绩不理想，自我评价较低。同时，虽然整体学业能力低于汉族同学，但随着新疆地区教育事业的进步，疆籍少数民族学生能力水平有逐年提高的趋势，新疆籍少数民族学生与汉族学生的个人能力差距逐步缩小。

二、在穗疆籍大学生成长的主体诉求及其合理性分析

（一）主体诉求

广东与新疆分别地处中国大陆的东南和西北，存在较大的地理环境和文化差异。就读广州高校的新疆少数民族学生，既拥有其他地域学生相同的成长成才需求，也面临成才空间转移带来的特殊诉求。本研究根据已有的相关理论和研究成果，综合运用文献法、观察法、调查法、访谈法等，以在穗疆籍少数民族大学生为调查对象开展调查。

1. 调查内容

本研究编制发放了《在穗疆籍少数民族大学生成长诉求调查问卷》。问卷从基本信息、专业发展状况与诉求、心理情感状况与诉求、自我实现状况与诉求4个方面设计了40个问题，同时选取部分调查对象进行了深度访谈。具体调查内容主要包括学习能力、语言能力、汉族学生对其民族身份、文化习俗的认同感、社会交往等方面的融入感、就业创业机会、饮食住宿保障等方面的现状及诉求，并对调查结果进行统计分析等。

2. 调查实施

本研究面向广州大学城8所高校的疆籍少数民族大学生发放问卷150份，覆盖了不同性别、民族、年级、专业，实际回收有效问卷150份，有效回收率100%，同时深度访谈了22名同学。总体来看，数据遵循普遍性与随机性

原则，客观合理。问卷回收后，研究使用 SPSS 软件进行了信效度检验、频数、交叉等数据分析。

3. 信效度检验

运用 SPSS 数据分析中的可靠性分析和因子分析对问卷结果展开信效度检验，α 系数为 0.710，即问卷的整体信度等于 0.710，代表问卷的稳定性与一致性较高，可信度水平高。显著性 P 小于 0.05，说明该问卷数据适合用于因子分析，KMO 等于 0.727>0.7，问卷效度高。

4. 调查整体结果

表 8　问卷整体分析

	个案数	最小值	最大值	平均值	标准差
专业发展现状	150	1	5	2.85	0.819
心理情感现状	150	1.4	4.4	3.04	0.591
自我实现现状	150	1	5	3.32	0.802
专业发展诉求	150	1	5	3.76	0.788
心理情感诉求	150	2	5	3.55	0.607
自我实现诉求	150	1	5	3.92	0.871

如表 8 所示，当前疆籍学生在各方面的发展现状为 3 分左右，处于中间值水平。其中，专业发展情况得分最低，为 2.85 分，表示学生专业发展水平和学习积极性不高，存在较大的提升空间。诉求方面整体平均得分为 3.5 分，代表学生对于各方面发展都存在中等程度以上的需求。问卷填写者对自我实现的诉求得分最高，为 3.92 分，表示需要在自我实现过程中获得提供帮助和保障的意愿较为迫切。

5. 具体调查结论

一是专业发展处于低位水平，需要额外的学习辅导和考试照顾。调查结果显示，在穗疆籍大学生的专业发展状况整体处于低位水平，较少制订学习计划，缺乏良好的学习习惯，成绩大多处于班级中下游水平，较少获得奖学金，较少参与学术讲座或科研项目，其专业学习能力、科研能力等方面都有待提升。通过交叉分析进一步发现，女生在专业学习上明显高于男生，文科生优于理科生。

在专业成长诉求方面，大部分学生表示自己需要接受额外的专业课和外语学习辅导，尤其是大一学生的需求更加强烈。少数民族学生对参与科研项目和专业实习都表达了需求，但对比可以发现，相对于学术科研活动，学生对于专业实习的需求更加迫切，也从侧面反映了学生对于未来的计划更偏向于职业发展方面。

二是在穗心理情感状况良好。表 9 中的调查结果显示，在穗疆籍学生的心理情感状况整体处于良好水平。大一学生的状况偏低，但随着时间推移，适应性会逐渐增强。该学生群体的心理压力大多来自学业、就业方面，人际交往并未对其造成过大的负担。大多数学生表示民族身份没有造成较为障碍，会积极主动与其他民族学生往来，互相尊重、不存在交往壁垒。

表 9　心理情感的独立样本 T 检验

变量	影响因素		人数	均值	显著性 P 值	是否存在显著差异
心理情感现状	年级	大一	55	3.76	0.003	是
		大二	28	2.66		
		大三	39	3.08		
		大四	28	2.94		

在心理情感诉求方面，学生表示需要获得他人对自己民族身份和文化的认同，有利于提高在穗的归属感与安全感。由于距离家乡较远，为了缓解思乡情绪，学生希望学校可在节假日组织多样化的活动，如少数民族文化节等，可以提高各群体间的凝聚力。在语言学习方面，多数人有兴趣学习本地语言，更好融入到广州本土文化中。

三是自我实现有较大提升空间，在穗发展意愿较为强烈。表 10 中的调查结果显示，在穗疆籍少数民族学生较少参与班干部竞选，较少参加校园各类比赛，对未来的规划不够清晰，学生在自我实现上还有较大提升空间。同时，女生在自我实现上的努力要优于男生，这和专业发展现状是一致的。访谈中也进一步发现，少数民族学生的竞争意识会弱于汉族学生，学生自我提升的驱动力不够。

表 10 自我实现的独立样本 T 检验

变量	影响因素		人数	均值	显著性 P 值	是否存在显著差异
自我实现现状	性别	男	58	2.66	0.006	是
		女	92	2.97		

在自我实现诉求上，学生普遍需要展现自我的平台和创新创业的机会。一部分学生有意愿回疆建设家乡，但也有过半的学生希望有在穗的发展机会。值得关注的是，大部分学生认为，留穗工作是较为困难的，就业机会较为稀缺。因此，学生在实习就业方面，迫切需要面向民族学生的政策帮扶。

（二）合理性分析

1. 在穗疆籍少数民族大学生的成长诉求具备理论依归

马斯洛将人的需求分为五个层次：生理需求、安全需求、归属与爱的需求、尊重的需求以及最高层次的自我实现的需求。马克思将人的全面发展的需要划分为生存需要、享受需要和发展需要。研究发现，经过在穗高校数十年的努力，疆籍少数民族大学生的生理需求、安全需求即生存需要已得到较好地满足，对学校提供的食宿保障较为满意。民族学生普遍适应在广州的学习生活，与汉族学生相处良好，人际关系融洽，民族之间的交融程度加深。自我实现需求即发展需要最为突出，在专业成长上还存在明显短板，竞争意识和竞争能力偏低，发展空间和发展机会受限，需要自我实现的平台。

2. 在穗疆籍少数民族大学生的成长诉求符合学生成长规律

以人为中心，突出人的发展，是教育的本原价值，也是马克思主义关于人的发展思想的最高境界。在穗疆籍少数民族学生在发展过程既有青年人普遍的诉求，又有自身关注和侧重的诉求。高校在少数民族学生教育工作中，有时放大了差异化的一面，如学业考核上的特殊倾斜；有时又忽略了少数民族学生的特殊性，如职业发展上缺乏针对性指导。这些成长诉求正是现有供给不足的反映。因此，高校应落实立德树人根本任务，在学业发展、情感支持、就业指导等方面采取针对性措施，满足学生的合理化诉求，帮助少数民族学生实现德智体美劳全面发展。

三、在穗疆籍大学生成长供给的基本状况与评析

(一) 供给状况

在穗高校普遍高度重视在穗疆籍大学生的教育管理。广东在全省内地民族班全面推行"混班教学、混合住宿、混合用餐"模式,在全国率先实现"混班混宿混餐"全覆盖,构建完善高校—院系—班级—宿舍四级管理工作机制。同时,多形式开展各民族学生共同参与的校园活动,深入开展"爱在广东""我在内地有个家"等主题教育活动,创办培养少数民族大学生骨干的"卓越训练营",强化民族学生爱党爱国爱家乡的思想自觉和行动自觉。

(二) 供给评析

1. 成效显著

在穗高校在教育行政部门的指导下,积极探索少数民族学生的教育管理,取得了显著成效。一是建立了工作队伍。多数高校设立了专门教育管理少数民族学生的机构,普遍拥有一定数量的少数民族辅导员,深入细致做好少数民族学生的思想政治工作。二是给予了充分的学习生活保障。各学校结合实际情况,开展对民族同学的学业帮扶,食堂普遍都有针对民族学生的供餐,在奖助贷上也给予民族同学充分的支持。三是促进了民族和谐交流。在"去标签化"、"去差异化"、混班混宿混餐的思路框架和制度设计下,民汉学生学在一起、住在一起、成长在一起,有助于各民族学生之间的交往交流交融。四是培养了一批政治可靠、专业合格的少数民族人才。各高校悉心栽培,为民族地区的学生创造了优质公平的学习机会,培养了一大批不同专业的少数民族人才,不仅促进了民族地区教育水平的提升,也对民族地区经济发展、社会稳定和民族团结起到了积极作用。

2. 不足之处

一是依赖于考试政策,对学生的专业成长供给不足。少数民族学生学业基础较差,部分高校为了提高疆籍少数民族学生的考试合格率,会对民族学生的成绩采取折算分等特殊照顾的方式。这一方面帮助其取得较好的成绩,提升了民族学生的自信心;但另一方面,也使得学生产生了依赖心理和懈怠

心态，忽略了与汉族同学实际水平的差距。从整体而言，少数民族学业处于低位状态未得到充分改善。

二是聚焦于安全稳定，对学生的个人需求供给不足。少数民族大学生是少数民族地区未来发展的骨干，也是敌对势力争取、拉拢的重点对象。在涉疆问题屡屡被敌对势力炒作歪曲的情况下，少数民族学生的思想政治教育显得格外重要。目前部分高校和属地的管理，有时显得较为僵化，过于求严求全。这种情况如果没有得到很好的改善和充分的解释，可能不利于少数民族学生工作。

三是集中于生活保障，对少数民族学生心理情感供给不足。在穗高校中，多不吝于人、财、物上加大投入，让少数民族学生不忧于衣食，安心学习、快乐生活。但较于物质基础，在心理情感方面做得还不够到位。除了少数民族辅导员外，高校师生多不熟悉少数民族学生的文化背景、成长环境，主动关心关怀不够细致入微，对学生的思想情感状况掌握不够。

四是着眼于完成学业，对学生的长远发展供给不足。在就业市场形势较为严峻的情况下，普通本专科的学习经历无论是在穗、还是在新疆中心城市，优势都不甚明显，再加上学生的自我实现需求较强，更多人有了升学或留穗发展的愿望。但是高校的现有成长发展指导、就业岗位支持还主要面向汉族学生，未能兼顾少数民族学生的需求，对学生的长远发展的投入力度不够。

四、在穗疆籍大学生成长供给优化的方法与路径

马克思说："其实在最初，需求也是极少的。需求本身也只是随着生产力一起发展起来的。"[①] 随着经济社会的不断发展，产生了新的物质世界和思想观念，从不同的侧面刺激着、扩大着少数民族学生的需求，应需求而生的诉求也更加丰富而多元，形成了多方面的诉求体系。为了充分应对不断发展变化的诉求，需要高校、教育行政部门、属地相关机构需充分优化现有供给，以满足少数民族大学生更好地成长成才。

---

① 《马克思恩格斯全集》第 30 卷，人民出版社 1995 年版，第 617 页。

（一）建立学业帮扶体系，提升专业发展水平

1. 加强顶层设计

在政策设计上，灵活少数民族学生的专业选择，提升学生的专业匹配度和学习兴趣，同时建立少数民族学业帮扶制度，组织一支以班主任、辅导员、骨干教师、优秀学生等为主体的帮扶队伍，并在人员、经费、场所等方面提供保障。

2. 培养学习能力

不仅应当帮助学生查漏补缺，巩固和提升专业知识，更应该在确立学习目标、培养学习习惯、提升竞争意识、挖掘学习潜能上下功夫，激发和培养学生的学习乐趣。同时，由于学生来源、性别、专业、年级不同，少数民族学生内部在学业水平上也存在较大差异，应分层分类开展个性化辅导，有针对性地解决困难和问题，提振学生的专业自信。

3. 重视效果评估

应根据学生学业表现，建立少数民族学业帮扶的评价机制，以过程性评价和结果评价相结合，审视、诊断帮扶过程中出现的问题，提升帮扶的针对性和实效性，同时对于成绩突出的帮扶团队及学生个人给予相应的奖励。

（二）坚持以正面引导为主，构建校内外协同育人格局

1. 强化理想信念教育，发挥少数民族优秀学生的模范作用

结合少数民族地区和少数民族学生的实际，坚持不懈在少数民族学生中开展爱国主义教育和中华民族共同体意识教育。注重对学生开展政治安全和意识形态安全教育，讲解民族宗教政策和反恐法律法规。鼓励少数民族学生参军入伍，重视在少数民族学生中培养和发展党员，挖掘培养政治过硬、综合素质高的优秀学生入党，发挥少数民族学生党员的模范带头作用。

2. 以人为本担当作为，协同铸牢中华民族共同体意识

习近平总书记指出，只要有利于铸牢中华民族共同体意识的工作就要多做，并且要做细做实；只要是不利于铸牢中华民族共同体意识的事情坚决不做。高校及属地应认识到，民族团结始终是历史和时代发展的主流主线，要敢于作为、善于作为，对于敏感问题堵不如疏，更应该作为重要的教育契机，主动辨析是非对错，让学生真正地信服，从而在思想上筑牢抵御渗透的"防火墙"。

（三）创新思想政治工作方法，增进各民族相互交流

1. 加强工作队伍建设，让思政工作者更"懂"少数民族学生

对于疆籍少数民族学生的思想政治工作，要注重方式方法，提升思想政治工作实效。要加强对辅导员、班主任等的工作培训，通过专题讲座、案例分析、实地考察、上门家访等形式，帮助他们熟悉党的民族政策，了解少数民族学生的成长环境、家庭背景、心理特点，有针对性地开展工作，提升实际工作能力。

2. 促进民族交流交融，双向了解、双向欣赏、双向奔赴

开展形式丰富的民族团结教育活动，加强对所有学生的民族团结教育，增进民族之间的相互欣赏和广泛交流。例如，笔者所在的广州大学马克思主义学院在 2022 年暑期，选拔 5 名民族学生和 5 名汉族学生同赴喀什开展民族团结实践活动，获得《光明日报》等主流媒体报道，被评为暑期"三下乡"社会实践全国优秀团队。

（四）推动学生自我赋能，"双通道"助力学生成才

1. 强化学生能力提升

在落实少数民族学生学业帮扶的基础上，引导其做好职业发展规划。对于有意考研的学生，引导其参加学术科技竞赛，帮助其了解少数民族骨干计划等少数民族招生政策，指导其合理择校，提前开展复习备考。对于有意就业的学生，引导其参加工作相关的实习，提高其语言、文字、沟通等多方面能力，帮助其从容应对求职中遇到的各种问题。

2. 拓宽学生回疆就业通道

少数民族学生回疆就业，在求职上面临路途遥远、信息不畅、考试不便等问题。在穗高校和教育行政部门应采取有效措施，为学生就业提供便利。比如，与新疆教育行政部门联系，签订定向就业协议；与新疆同类院校沟通，建立就业招聘信息共享机制；大力邀请在疆企事业单位到穗举办专场招聘会等，从而拓宽学生回疆通道。

3. 畅通学生留穗发展渠道

少数民族学生留穗就业，面临竞争激烈和可能存在的变相歧视等问题。在穗高校和教育行政部门应积极为少数民族学生创造就业机会，尤其是能发

挥特长优势，适宜于少数民族学生的就业岗位，同时可考虑给吸纳少数民族学生就业的相关企事业单位奖励补贴，为学生留在广州、融入广州提供优良平台。

五、结语

党的二十大报告指出，中国式现代化是全体人民共同富裕的现代化。科学把握和解决在穗疆籍少数民族大学生成长诉求，满足他们对美好生活的向往，也是中国式现代化道路的题中之义。基于疆籍少数民族学生群体的特殊性，需以学生的成长成才为导向，优化在穗成长供给路径，进一步做好思想政治教育和日常管理工作，增强学生自我实现的内驱力，促使其通过个人的努力和条件的优化实现人的自由全面的发展，为经济发展和社会进步贡献力量。

助力农村教育和绿美乡村建设

博学笃行队*

百县千镇万村高质量发展工程，简称"百千万工程"，是广东高质量发展的"头号工程"。以推动高质量发展为主题，以乡村振兴战略、区域协调发展战略、主体功能区的战略、新型城镇化的战略为牵引，以城乡融合发展为主要途径，以构建城乡区域协调发展新格局为目标，壮大县域综合实力，全面推进乡村振兴。广东省百校联百县助力"百县千镇万村高质量发展工程"行动，简称广东省"双百行动"。[①] 根据"双百行动"结对安排，广东将组织化、系统化、项目化推进省内百家高校院所与109个涉农县（市、区）结对共建，推动高校院所作为纵向帮扶的重要力量深度参与"百千万工程"。在此背景下，本团队积极响应号召，组成青年大学生百千万工程突击队与信宜结对，开展百千万工程行动。

一、突击队行动背景

广东省信宜市开展"百千万工程"的背景是基于国家战略的引领、广东省的具体部署以及信宜市的实际情况而提出的。这一工程的实施将有力推动信宜市县域经济高质量发展、促进城乡融合和区域协调发展。信宜市高度重视在暑期吸引各大高校大学生前来，为信宜市在乡村文化保育、文化创意、

---

* 本队伍获得2024年广州大学暑期"三下乡"社会实践活动暨"百千万工程"突击队行动优秀团队，队内两名队员获得优秀个人。

① 王亚煦：《青年大学生突击队参与广东"百千万工程"简析》，《广东青年研究》2024年第2期。

乡村规划建设等领域注入青春力量推动发展。

（一）国家战略引领

在新时代背景下，国家将高质量发展作为全面建设社会主义现代化国家的首要任务，对区域协调发展、城乡融合以及乡村全面振兴提出了更高要求。这一战略引领为广东省信宜市开展"百千万工程"提供了宏观指导和政策指向。

国家层面的战略部署强调，要实施乡村振兴战略，促进农业、农村、农民全面发展；要加强区域协调发展，构建优势互补、高质量发展的区域经济布局。这些战略要求为信宜市开展"百千万工程"指明了方向，即要实现城乡区域协调发展和农业农村现代化。

（二）广东省的具体部署

广东省积极响应国家战略并制订了详细的实施方案，推动"百县千镇万村高质量发展工程"在全省范围内落地生根。广东省的部署为信宜市开展"百千万工程"提供了具体的指导和支持。

同时，广东共青团迅速实施广东青年大学生"百千万工程"突击队行动，打通共青团校内校外两套组织体系，推动高校共青团为县镇村发展提供人才资源、县镇村为高校共青团提供建功平台，探索了组织动员青年大学生在高质量发展领域挺膺担当的有效路径。

（三）信宜市的实际情况

信宜市地处广东省西南部，拥有丰富的农业资源和乡村旅游资源，但也面临着城乡发展不平衡、乡村产业发展滞后等挑战。为了破解这些难题，信宜市积极响应国家和广东省的号召，将"百千万工程"作为推动本地高质量发展的重要契机。

在推进"百千万工程"的过程中，信宜市首先明确了自身的发展定位和优势，注重因地制宜、分类施策，针对不同乡镇和村庄的实际情况和发展需求，制定了差异化的实施方案和政策措施。并且通过各方渠道进行宣传，吸引高校学子前来信宜市作为的重要力量深度参与"百千万工程"。

二、前期工作

基于信宜市当前所需要的大学生数量缺口较大、较多，所需结对项目和队内成员专业度极为契合，且队内大多数成员为信宜籍，对信宜的发展情况和风俗习惯也较为了解，团队与信宜市镇隆镇成功结对，结对项目为"开展青少年普法宣传，移风易俗宣传"，项目内容是助力农村教育和绿美乡村建设。团队负责人与当地对接人通过微信、电话等通讯工具进行交流，并且通过搜索网络资料和团队成员的成长经历，对于信宜市镇隆镇的教育、卫生、文化建设等方面有了初步的把握和了解。

前期准备工作，对于信宜市镇隆镇的实践和研究大体上构建一定框架，为本篇论文的撰写大体上规定了研究方向。本次突击队实践活动为所研究的乡村教育和绿美乡村建设提供第一手资料和大量丰富、真实、具体的案例和数据，使论证更加可靠。

三、实践内容和分析

团队成员于七月中旬来到镇隆镇，围绕开展义教和绿美乡村建设两大主题开展突击队行动。

（一）义教活动

义教活动，即义务教育活动或义务教学活动，通常是指志愿者或教育工作者以无偿的方式为有需要的学生提供教育服务。义教活动具有多方面的积极意义。对于受教学生而言，它可以拓宽知识视野，弥补教育资源的不足。尤其是在信宜市的乡村，教育资源较为缺乏，义教活动可能为孩子打开一扇通往更广阔世界的窗户，激发他们的学习兴趣和求知欲。

1. 镇隆镇留守儿童情况

在农村教育的广袤画卷中，留守儿童问题如同一处沉重的暗影，深刻地影响着农村教育的质量与未来。在与当地对接人的多次深入交谈中，团队了解到，当前信宜市镇隆镇外出务工人员多，而留守儿童的问题是外出务工人员增多背景下镇隆镇所面临的问题，尤其在暑期期间，这些留守儿童面临着孤独、安全以及教育等多方面问题。

留守儿童是指父母双方外出务工或一方外出务工另一方无监护能力、不满十六周岁的未成年人。这些孩子与父母相伴的时光有限，亲情的缺失容易在他们幼小的心灵中刻下伤痕。

从教育层面来看，留守儿童面临着诸多艰难困境。学习上，由于缺乏父母的日常监督与悉心指导，他们往往难以养成良好的学习习惯。放学后，没有父母在身旁督促完成作业，许多孩子可能会被电视、游戏等诱惑吸引，将学习抛之脑后。学习中遇到难题时，无人及时解答，只能独自苦恼，问题越积越多，逐渐对学习失去信心。在假期中这些情况会更加恶化，镇隆镇的特殊情况是，存在留守儿童的家庭中，有70%以上家中长辈务农，而暑期正是当地农忙时节，对于留守儿童的学习教育的关注更会进一步减少。

心理问题更是留守儿童难以逃避的沉重负担。长期与父母分离，使他们在情感上渴望关爱与陪伴。孤独感如影随形，他们常常独自面对生活中的喜怒哀乐，无人倾诉内心的秘密与烦恼。这种孤独容易催生出自卑心理，觉得自己与其他孩子不同，是被父母"抛弃"的孩子。敏感的他们可能会因为同学的一句无心之言而伤心难过很久，也可能会对老师的批评过度反应。在成长的关键时期，缺乏父母的正确引导和情感支持，他们的性格发展容易出现偏差。并且，在镇隆镇中，团队成员了解到，留守儿童和他们的家中长辈对心理健康的了解也十分不足，对于心理健康是什么、心理问题应如何预防等几乎没有了解，大多小学也没有设有专门的心理健康教育课。寥寥几所设有心理课的学校，也是由其他教师兼任而不是专门的心理教师。

再者，留守儿童的安全问题时刻牵动人心。没有父母在身边照顾，他们在生活中面临多种安全风险。上下学途中，乡村道路条件相对较差，交通设施不完善，孩子可能会遇到交通事故的威胁。在假期里，爷爷奶奶等长辈可能因精力有限无法时刻看管，孩子可能会到河边玩耍，溺水的风险大大增加。他们的安全意识相对薄弱，又缺乏有效的监管，一旦发生意外，后果不堪设想。假期在家时，更是缺少学校和老师的约束，他们的安全问题更加值得关注。镇隆镇范围内水系发达河网密集，几年前曾出现安全事故，如2016年镇隆镇俊昌村2岁女童在自家门前小溪不幸溺亡，2023年镇隆镇两名儿童到河边游泳溺水，热心群众经过将其救起，这些为留守儿童的安全问题敲响了警钟。

2. 开展义教活动的重要性

义教活动能够一定程度上弥补教育资源缺口。在乡镇地区，尤其是留守儿童较多之处，教育资源相对匮乏。学校常常面临师资力量薄弱的难题，专业的音体美教师缺乏，导致留守儿童不易获得全面发展的教育机会。义教活动的开展带来了新的希望。大学生凭借自身的专业知识和特长，为留守儿童精心设计丰富多样的课程。在本次义教中，团队成员带来了绘画课和音乐课。在绘画课上，孩子可以尽情用画笔描绘出心中的梦想世界，释放内心的情感。音乐课堂中，优美的旋律能够激发他们的艺术感知力，为他们相对单调的生活增添一抹亮丽的色彩。这些特色课程不仅丰富了留守儿童的学习生活，更重要的是弥补了乡镇学校课程单一的不足。

义教活动过程中大学生志愿者给予留守儿童一定的关爱与心理支持。留守儿童由于长期与父母分离，在情感上往往处于孤独和失落的状态。义教活动不仅是知识的传授，更是情感的交流和陪伴。大学生以大哥哥、大姐姐的身份，用心关心留守儿童的生活和学习。他们耐心倾听孩子的心声，了解其喜怒哀乐、困惑与梦想。基于目前镇隆镇对于心理健康教育的现状，团队不仅在理论上宣传心理健康的重要性以及应该如何进行预防心理健康，包括如何释放压力，如何寻求帮助等，还在实际行动中，给予留守儿童鼓励和指导，帮助他们克服困难，建立自信。在生活中，大学生也会关注孩子们的日常需求，给予温暖的关怀。

这种关爱对于留守儿童的心理健康成长至关重要。它能让孩子感受到爱，从而缓解心理压力，培养积极乐观的心态。团队希望通过耐心的交流和陪伴，让孩子逐渐打开心扉，自信起来面对挑战。

3. 义教活动的意义

教育公平是社会公平的基石，对于国家发展至关重要。留守儿童由于家庭条件和地域限制，在教育资源的获取上处于一定劣势，义教活动是促进教育公平和构建和谐社会的一个具体举措。

义教活动为留守儿童提供教育资源和关爱，有力地推动了教育公平的实现。首先，义教活动可以开阔他们的视野，让他们了解到更广阔的世界，激发他们的求知欲和上进心。他们不再局限于自己所处的小环境，而是有了更多的梦想和追求。例如,通过义教活动中的科普课程,留守儿童可能对科学技术产生浓厚兴趣,立志成为科学家、工程师等,为改变自己的命运而努力奋斗。

义教活动促进教育公平也是构建和谐社会的重要方式。一个公平的教育环境可以增强社会的凝聚力和稳定性。当留守儿童感受到社会的关爱和公平对待时,他们会更加积极地融入社会。关注留守儿童的成长有利于培养有责任感、有爱心的新一代公民。而且,通过参与义教活动,大学生志愿者不仅帮助了留守儿童,也在这个过程中锻炼社会责任感和奉献精神。这种精神会在他们今后的人生中继续发挥作用,影响他们的价值观和行为方式。同时,义教活动也可以让更多的人认识到留守儿童问题的严重性,从而在日常生活中更加关注弱势群体,为构建和谐社会贡献自己的一份力量。

推动社会和谐发展需要从关注每一个个体的成长开始。留守儿童作为社会中的弱势群体,他们的成长和发展关系到整个社会的未来。义教活动为留守儿童提供了关爱和支持,让他们感受到社会的温暖,这有助于他们树立正确的人生观和价值观,成为对社会有用的人才。当每一个留守儿童都能健康成长时,整个社会也将变得更加和谐、美好。同时,教育公平也体现了社会的进步和文明,为国家发掘更多人才,为国家的可持续发展奠定坚实的基础。

(二) 绿美乡村建设

绿美乡村建设是指以乡村为对象,通过一系列举措打造生态宜居、环境优美、绿色发展的乡村。从环境方面来说,致力于改善乡村的人居环境,包括整治农村垃圾、污水、厕所等问题,推进村庄清洁行动,使乡村更加整洁美观。从生态角度看,绿美乡村建设注重保护乡村的自然生态环境,加大对山水林田湖草的保护和修复力度,提升乡村的生态系统稳定性和生态服务功能。例如,加强对森林资源的保护,开展植树造林活动,提高乡村的绿化覆盖率。在发展层面,绿美乡村建设强调绿色发展理念,推动乡村产业的生态化转型。鼓励发展生态农业、乡村旅游等绿色产业,实现乡村经济的可持续发展。从而既保护了乡村的生态环境,又能增加农民收入,促进乡村振兴。团队实践主题和本文论述将较集中讨论环境层面。

1. 绿美乡村建设背景

随着工业化、城镇化的快速推进以及农业现代化进程中部分不合理生产方式的影响，乡村生态环境面临着严峻挑战。一方面，过度的资源开发使得乡村的森林资源减少、土地退化，水土流失问题日益严重，不仅破坏了乡村的自然景观，也削弱了乡村生态系统的稳定性；另一方面，工业污染向乡村的扩散以及生活污水和垃圾处理不当等问题，导致乡村的水体、土壤遭受污染，空气质量下降，乡村生态环境质量不断恶化，严重影响了乡村居民的生活质量和健康。在这样的背景下，迫切需要通过绿美乡村建设来修复和保护乡村生态环境。

同时，国家大力实施乡村振兴战略，将生态宜居作为乡村振兴的关键目标之一。这一战略决策深刻认识到乡村生态环境对于国家可持续发展的重大意义。乡村不仅是农产品的重要生产基地，更是生态安全的重要屏障。在国家发展的宏观布局中，乡村生态建设被置于突出位置，以确保国家生态安全格局的稳定。为实现生态宜居的目标，国家出台了一系列具体政策措施，明确了绿美乡村建设的方向和重点。例如，加强乡村生态保护和修复，推进农村人居环境整治，鼓励发展生态农业和乡村旅游等，为绿美乡村建设提供了坚实的政策基础。

近年来，信宜市坚持以建设生态宜居美丽乡村为目标，周密部署、持续发力，农村环境发生了翻天覆地的变化。信宜以人居环境整治为切入点，持续推进村庄清洁行动常态长效，美丽乡村展新颜。聚焦环境面貌、文化生活、文旅产业、移风易俗等群众急难愁盼问题，信宜不断探索创新，摸索出一条生态发展区的乡村振兴新途径，努力写好物质文明和精神文明协调发展的美丽乡村新答卷。团队通过实地调查，采访当地村委以及走访各家各户了解情况，参与镇隆镇开展的国道沿线环境净化和植被优化实践活动，对于信宜市开展绿美乡村建设有了更加深刻的了解。

2. 绿美乡村建设的重要性

乡村振兴战略作为新时代"三农"工作的总抓手，具有重大而深远的意义。绿美乡村建设在乡村振兴战略的宏大格局中，占据着举足轻重的地位。

从产业发展的角度审视，乡村产业的兴旺是乡村振兴的核心支撑。良好的生态环境，是乡村特色产业蓬勃发展的基石。在绿美乡村建设的引领下，乡村的自然景观得以精心雕琢，生态系统更加稳定和谐。这为特色农业的发展创造了得天独厚的条件。同时，美丽的田园风光和宜人的生态环境，成为乡村旅游、休闲农业等新兴产业崛起的关键因素。游客被乡村的青山绿水、鸟语花香所吸引，纷至沓来，为乡村带来了丰厚的经济收益，推动乡村产业多元化发展，实现产业兴旺的目标。近年来，信宜市充分利用乡村自然生态风貌，依托高山竹林和独特的旅游资源优势，紧紧围绕乡村振兴战略，立足生态乡村、和美乡村建设，着力打造乡村生态旅游为主的景区，打造农旅融合"致富路"，拓宽农民增收渠道，助力乡村振兴。同时，信宜市大力开展卫生整治行动，团队参与国道沿线环境净化和文明倡导行动，推动信宜市镇隆镇的卫生情况改善和主干道206国道镇隆段更加整洁，美化沿途景观环境，打造更具吸引力的绿色形象，进而吸引外地游客前来观光旅游，促进地方旅游业的发展。

从文化传承的层面考量，乡村是中华优秀传统文化的重要载体。绿美乡村建设注重保护和修复乡村的自然风貌和人文景观，使乡村的历史文化、传统习俗和民间技艺得以传承和弘扬。古老的村落、传统的民居、独特的民俗活动，在绿美乡村的画卷中绽放光彩。这些文化瑰宝不仅是乡村的灵魂所在，也是中华民族的精神财富。通过绿美乡村建设，让乡村文化在新时代焕发出新的活力，增强乡村居民的文化自信和凝聚力，为乡村振兴注入强大的精神动力。而信宜市镇隆镇的窦州古城，是当地乡村文化的集中体现。古城蕴含着丰富的历史资源和风俗文化资源。近年来，信宜窦州古城景区以乡村资源为依托，着力保护和发掘古城文化，推动文化传承。本团队通过走访古城内居民，来到古城人流最大的广场进行调研，与地方负责人交流等方式，了解当地历史文化和风俗习惯，对如何保护古城和传承其内在文化进行了思考和有益探索，团队成员在古城内还进行了宣传古城的摆摊活动，希望能够引起当地群众重视和参与进来。

从社会和谐的角度分析，美丽宜居的乡村环境是乡村社会稳定和谐的重要保障。绿美乡村建设致力于改善乡村的基础设施、公共服务和人居环境，让乡村居民享受到与城市居民相近的生活品质。整洁的村庄、畅通的道路、完善的公共设施，提升了乡村居民的生活满意度和幸福感。同时，良好的生态环境和和谐的乡村氛围，吸引了更多的人才和资源流向乡村，促进乡村社会的交流与融合。乡村社会的稳定和谐，为乡村全面振兴奠定了坚实的社会基础。信宜市以先进文明实践养成、农村移风易俗、城乡文明创建等工作为重要抓手，深入开展农村精神文明建设，树文明新风尚，向善向上、和谐有序的文明新风，推动和谐发展。团队参与乡村环境美化和植被优化实践行动，推动镇隆镇白梅村的乡村风貌建设，改善当地的人居环境。

从生态保护的高度来看，绿美乡村建设是践行生态文明理念的生动实践。乡村拥有丰富的自然资源和生态系统，是生态保护的重要阵地。通过绿美乡村建设，加强对乡村生态环境的保护和修复，实现人与自然的和谐共生。推广生态农业、绿色能源和循环经济，减少乡村的环境污染和资源浪费。

3. 绿美乡村建设的意义

第一，绿美乡村建设极大程度上改善乡村人居环境。良好的环境是乡村居民生活质量的关键保障。绿美乡村建设大力加强乡村环境卫生整治，完善垃圾处理和污水处理设施，从源头上杜绝垃圾随意丢弃和污水乱排乱放现象。乡村道路干净整洁，村庄布局合理美观，为乡村居民打造出舒适宜居的生活空间。这种优质的人居环境不仅提升了乡村居民的幸福感和满意度，也为他们的身心健康提供了有力保障。

第二，绿美乡村建设有效提升当地乡村形象。一个环境优美、生态良好的乡村具有强大的吸引力。绿美乡村建设让乡村的自然风光与人文景观相得益彰，展现出独特的魅力。游客们被乡村的美丽所吸引，纷至沓来，推动乡村旅游的蓬勃发展。同时，良好的乡村形象也能吸引人才、资金等资源流入，为乡村的发展注入新的活力。乡村居民在美丽的环境中生活，会更加珍惜和爱护自己的家园，形成积极向上的乡村风貌。

第三，绿美乡村建设有力推动生态产业发展。绿美乡村建设为乡村生态产业开拓了广阔的发展空间。生态农业在良好的生态环境下苗壮成长，满足市场对绿色食品的需求，提升农产品的附加值。生态旅游依托乡村的自然美景和独特文化，打造出丰富多彩的旅游产品，如乡村民宿、农事体验、生态观光等，吸引游客前来消费，带动乡村服务业的繁荣。康养产业则充分利用乡村清新的空气、宁静的环境和丰富的自然资源，为人们提供健康养生的理想场所。这些生态产业的兴起，为乡村经济增长注入了强劲动力。

第四，绿美乡村建设助力传承乡村文化。乡村文化是中华民族传统文化的瑰宝，承载着历史记忆和乡愁情感。绿美乡村建设注重保护乡村的历史遗迹、传统建筑和民俗文化，让乡村文化在现代社会中得以延续和传承。古老的村落、古朴的民居、独特的民俗活动与美丽的乡村环境融为一体，展现出乡村文化的深厚底蕴。对乡村文化的保护和挖掘，能够激发乡村居民对本土文化的热爱和自豪感，增强乡村的凝聚力和向心力。

四、广东青年大学生百千万工程突击队行动中的大学生

在广东青年大学生"百千万工程"中，大学生是积极的参与者和践行者。以青春之我、奋斗之我，在"百千万工程"中书写无愧于时代的青春华章。

（一）角色定位

在"百千万工程"活动中，大学生扮演着重要角色。他们是知识的传播者，将先进文化和科学技术带到乡村。也是乡村发展的助力者，为乡村全面振兴出谋划策。同时，大学生是文化的传承者，挖掘和弘扬乡村优秀传统文化，更是沟通的桥梁，可以连接乡村与外界，促进资源的流通与共享。大学生以青春活力和责任担当，为乡村注入新的活力，推动乡村在经济、文化、社会等方面不断进步。大学生在爱国主义教育、心理健康教育、安全教育和视野拓展等方面具有深厚的理论支撑，能够充分发挥引领者、疏导者、守护者和引导者的作用，为乡村学生的全面发展贡献力量。

1. 义教中的角色定位

在大学生"百千万工程"活动的义教领域，大学生肩负着多重使命，在多个层面发挥着关键作用。团队在镇隆镇展开义教开展了三大主题教育课，分别为爱国主义教育课，心理健康教育课，假期安全教育课。在开展这些课的同时穿插美术课、音乐课和视野拓展课，拓展受教育者的兴趣爱好和促进其全面发展。

大学生作为新时代的知识青年，在义教中的爱国主义教育方面担当着引领者的角色。从理论层面来看，大学生具备较为系统的历史观和国家观，能够深入阐释爱国主义的内涵与价值。通过运用马克思主义的国家理论，剖析国家的本质、民族的意义，让乡村学生深刻理解爱国主义不仅仅是一种情感表达，更是一种基于对国家和民族的理性认知的责任担当。在教育方法上，大学生能够将理论与实践相结合，通过多种方式激发学生的爱国情怀。一方面，深入讲解国家的政治制度、经济发展模式等理论知识，让学生了解国家的运行机制和发展战略，增强对国家的认同感；另一方面，组织观看爱国主义题材影片等实践活动，让学生在亲身体验中感受国家的历史底蕴和现代成

就，激发民族自豪感和爱国热情。团队在义教中的爱国主义教育课也是如此，通过给受教育对象讲解青年党员的责任与担当、《中国共产党纪律处分条例》、抗日战争中的故事、介绍国旗和党徽并且在美术课上教导他们正确地进行绘画，音乐课上教他们唱爱国主义歌曲，将爱国爱党的种子种在受教育者心中。

在乡村义教中，大学生作为心理健康教育的疏导者，具有重要的理论支撑。大学生掌握一定的心理学专业知识，如发展心理学、社会心理学等，能够理解乡村受教育者在不同成长阶段的心理特点和需求。运用这些理论，他们可以分析受教育者可能面临的心理问题，如自我认知偏差、情绪管理不善、人际关系紧张等，并制订相应的心理疏导方案。在教育理念上，大学生倡导积极心理学的理念，注重培养受教育者的积极心理品质，引导受教育者树立正确的价值观、人生观，培养受教育者的乐观、自信、坚韧等品质，帮助受教育者建立积极的心理防御机制，提高受教育者应对压力和挫折的能力。团队在心理健康教育课中，不仅在于传授理论，而且通过做游戏、开分享会和设置问题情境等方式，使心理健康知识更容易被受教育者接受。

大学生在义教中的安全教育方面扮演着守护者的角色，有着坚实的理论基础。从安全科学理论出发，大学生善于分析乡村学校及周边环境中可能存在的安全隐患。在教育内容上，能够全面涵盖各类安全知识，包括交通安全、消防安全、防溺水安全、用电安全等。依据不同安全领域的专业理论，向学生讲解安全法规、应注意事项、应急处理方法等，提高学生的安全意识和自我保护能力。团队在开展教育课时，不仅制作了优良的幻灯片，并且还准备了许多视频内容。在此基础上，通过制作安全教育宣传资料的方式，让学生更容易接受和掌握安全知识。

从认知发展理论出发，大学生明白拓展视野有助于认知水平的提升和思维方式的拓展。他们通过介绍国内外的文化、科技、艺术等方面的最新动态，让乡村学生了解不同地区的风土人情和发展成就，拓宽其视野。在教学方法上，大学生运用多媒体教学手段，如播放纪录片、展示图片等，让学生直观地感受外面世界的精彩，激发学生对未知世界的探索欲望。

2. 绿美乡村建设中大学生的角色定位

在广东青年大学生"百千万工程"突击队行动的绿美乡村建设板块，大学生扮演着重要的角色，尤其在卫生整治、乡村风貌提升以及文化传承方面发挥着关键作用。团队参与当地的绿美乡村建设板块中的国道沿线环境净化与文明倡导行动、乡村环境美化与植被优化实践行动，并且对当地的全国卫生文明城市的建设情况进行了调研。

大学生成为卫生整治行动的积极参与者和推动者，具有重要的理论支撑和实践意义。在行动策略上，大学生能够身体力行地参与乡村卫生清理工作。他们带头清理村庄道路、河道、公共场所等区域的垃圾和杂物，以实际行动展示卫生整治的决心和力度。同时，组织乡村居民共同参与卫生整治活动，通过宣传教育和示范引导，激发居民的环保意识和责任感。

在乡村风貌建设中，大学生的角色至关重要。从理论层面来看，大学生是乡村风貌建设的理念传播者。他们接受了先进的教育理念和多元的文化熏陶，能够将可持续发展、生态保护、文化传承等先进理念带入乡村。通过举办讲座、开展宣传活动等方式，向乡村居民传播绿色发展、生态宜居等理念，提升乡村居民对乡村风貌建设的认识和理解，激发他们主动参与乡村风貌建设的积极性。同时，在实践中，大学生可以组织开展乡村环境美化活动。例如，组织绘画、摄影等艺术活动，用艺术的形式展现乡村之美；发动村民参与庭院美化、村庄绿化等活动，提升乡村的整体环境品质。

在文化传承方面，大学生是乡村历史文化的发掘者。他们以对知识的渴望和探索精神，深入乡村进行调研，挖掘乡村的传统文化、民俗风情和历史遗迹。通过整理和记录这些宝贵的文化资源，为乡村文化的传承和发展奠定基础。同时，大学生还可以运用文化创意产业的理念，挖掘乡村的文化资源，开发具有乡村特色的文化产品和旅游项目。通过发展乡村旅游，促进乡村经济发展，提升乡村的知名度和美誉度，进一步推动乡村风貌的改善。大学生也是乡村文化的传播者。他们可以利用各种渠道，如互联网、文化活动等，将乡村文化推向更广阔的舞台。通过举办乡村文化展览、文艺演出等活动，让更多的人了解和认识乡村文化的魅力，增强乡村文化的影响力和吸引力。

（二）突击队行动对于大学生的价值

"三下乡"活动对大学生具有较大价值。它是大学生了解社会现实的窗口，让他们走出校园，亲身体验乡村生活与发展需求。在"三下乡"过程中，大学生提升实践能力，将所学知识应用于实际。同时，培养社会责任感，为乡村发展贡献力量。还能增强团队协作能力，与伙伴共同克服困难。"三下乡"活动也让大学生丰富了人生阅历，拓宽了视野，为未来发展奠定了坚实基础，并激励他们为社会进步持续努力。

1. 知识与能力的拓展

"百千万工程"突击队行动为青年提供了将理论知识与实践相结合的宝贵机会。在学校中，青年主要通过课堂学习获取知识，但"百千万工程"活动让他们走出校园，深入乡村。在义教过程中，青年需要将所学的专业知识以通俗易懂的方式传授给乡村学生，这不仅考验他们对知识的掌握程度，更锻炼他们的表达能力和教学能力。比如，学习师范专业的青年可以通过精心设计课程、运用多样化的教学方法，让乡村学生更好地理解和掌握知识。在这个过程中，他们学会了如何根据学生的特点进行因材施教，如何有效地管理课堂秩序，这些都是在学校课堂上难以获得的实践经验。

在参与绿美乡村建设，尤其是卫生整治和文化传承等工作中，青年接触到实际的乡村问题，运用所学的环保知识、文化理论等解决实际问题，提升了问题解决能力和实践操作能力。在卫生整治方面，大学生志愿者还可以亲自参与到乡村环境清理工作中，学会如何组织和协调团队，提高工作效率。在文化传承方面，学习历史、文化等专业的青年可以通过深入调研乡村的传统文化，挖掘其中的价值和内涵，并运用现代传播手段进行推广和传承。他们可以制作文化宣传手册、举办文化展览等，让更多的人了解乡村文化。通过这些实践活动，青年不仅拓宽了自己的知识面，还提高了自己的实际操作能力和综合素质。

2. 社会责任感的培养

通过参与"百千万工程"活动，青年能够深刻体会到乡村发展的现状和需求，增强对社会的责任感。在义教中，看到乡村学生对知识的渴望，青年会更加意识到教育公平的重要性，激发为改善乡村教育贡献力量的决心。乡村的教育资源相对匮乏，学生缺乏良好的学习环境和优质的教育资源。青年在义教过程中，与乡村学生建立起深厚的感情，了解到他们的梦想和追求。这种亲身经历让青年深刻认识到教育对于改变一个人命运的重要性，也让他们更加珍惜自己所拥有的教育资源。他们会积极思考如何通过自己的努力，为乡村教育带来更多的改变。

在绿美乡村建设中，目睹乡村的环境问题和文化传承困境，青年会认识到作为社会一员的责任，积极参与到乡村的卫生整治和文化传承工作中，为乡村的可持续发展贡献自己的力量。青年在卫生整治工作中，亲身体会到环境问题对乡村居民生活的影响，也认识到自己在环境保护中的责任。他们会积极向乡村居民宣传环保知识，引导他们养成良好的卫生习惯。同时，他们还会参与到实际的环境清理工作中，为改善乡村环境付出努力。在文化传承方面，乡村的传统文化面临着失传的危险。青年通过调研和了解乡村文化，认识到文化传承的重要性。这种对社会问题的关注和参与，让青年的社会责任感得到了极大的提升。

3. 价值观的塑造

"百千万工程"活动有助于青年塑造正确的价值观。深入基层的经历让他们学会珍惜来之不易的生活，培养坚韧不拔的意志品质。乡村的生活条件相对艰苦，交通不便、住宿简陋等问题都需要青年去适应和克服。同时，面对各种困难和挑战，青年需要具备坚韧不拔的意志品质，不轻易放弃。他们会在解决问题的过程中不断成长和进步，培养出勇敢面对困难、积极乐观的人生态度。

此外，在文化传承工作中，青年接触到乡村的传统文化，领略到传统文化的魅力和价值，增强对民族文化的认同感和自豪感，培养爱国主义情怀。乡村传统文化是中华民族传统文化的重要组成部分，蕴含着丰富的智慧和价值。青年在参与文化传承工作中，深入了解乡村传统文化的内涵和魅力，认识到传统文化对于民族精神的传承和发展的重要性。他们会更加珍惜和保护传统文化，增强对民族文化的认同感和自豪感。这种爱国主义情怀将激励青年在未来的学习和工作中，为实现中华民族的伟大复兴贡献自己的力量。

4. 个人成长与发展

"百千万工程"活动对青年的个人成长与发展具有积极的促进作用。活动中，青年需要独立面对各种挑战和问题，学会自我管理和自我决策。这种经历有助于他们提高自我认知和自我管理能力，培养独立思考和创新精神。他们需要学会合理安排时间、管理自己的情绪和行为，提高自我管理能力。同时，在面对各种复杂问题时，青年需要独立思考、分析问题，并提出解决方案。这种独立思考和创新精神的培养将对他们的未来发展产生深远的影响。

同时，"百千万工程"活动也为青年提供了一个广阔的社交平台，他们可以结识来自不同地区、不同专业的同学和乡村居民，拓展人际关系网络，丰富人生阅历。在活动中，青年与来自不同背景的人合作和交流，学会如何与他人沟通、协调和合作。他们可以从他人身上学习到不同的知识和经验，拓宽自己的视野。与乡村居民的交往也让青年更加了解社会的多样性和复杂性，丰富了他们的人生阅历。这些人际关系网络和人生阅历将为青年的未来发展提供宝贵的资源和支持。①

五、广东青年大学生"百千万工程"突击队行动结语

大学生"百千万工程"活动作为一项具有深远意义的社会实践活动，为青年学子与乡村基层发展搭建起了一座坚实的桥梁。

在义教方面，团队以知识的火炬照亮乡村学子的前行之路。团队凭借扎实的专业素养和丰富的学识，激发了乡村学生对知识的渴求和对未来的憧憬。团队成员通过分享自身的大学经历与成长感悟，为乡村学子树立了奋斗的标杆，引领他们勇敢地追逐梦想。弘扬爱国主义精神，给学子心中播下爱党爱国的种子。同时，关注学生心理健康，如温暖的阳光般给予学生关怀与鼓励，助力他们塑造积极乐观的心态，成为他们心灵的守护者。此外，团队成员还通过宣讲安全教育，让学子提高警惕心，更善于保护自己。

在绿美乡村建设中，团队积极投身卫生整治行动，担当起乡村环境的忠诚卫士。团队成员亲力亲为，清理垃圾、整治环境，以实际行动为乡村居民树立榜样，激发村民的环保意识，共同营造整洁美丽的乡村环境。在文化传承方面，团队深入挖掘乡村文化的价值内涵，通过细致的调研，梳理乡村文化脉络。运用现代技术手段记录、整理和传播乡村文化，让更多人领略乡村文化的独特魅力，为乡村文化的传承与发展注入新的活力。

对于青年大学生而言，"百千万工程"活动的价值是巨大的。它极大地拓展了青年的知识与能力边界。在实践中，青年们将理论知识与实际问题相结合，锻炼了表达能力、教学能力、问题解决能力和实践操作能力，实现了知识的升华与能力的提升；同时，培养了强烈的社会责任感。亲身感受乡村的现状与需求，使他们深刻认识到自身作为社会一员的责任与担当，积极为乡村发展贡献力量。此外，活动还塑造了青年们正确的价值观。在乡村艰苦的

---

① 尹晨欢、张冬利：《"百千万工程"背景下大学生志愿服务助力乡村振兴的价值意义、现实困境与优化路径》，《安徽冶金科技职业学院学报》2024 年第 2 期。

环境中，青年们学会珍惜来之不易的生活，磨砺出坚韧不拔的意志品质。从乡村居民的淳朴善良与勤劳勇敢中汲取正能量，树立起正确的人生观和价值观，并且促进了个人的成长与发展。团队成员学会自我管理与决策，培养独立思考和创新精神，拓展人际关系网络，丰富人生阅历，为未来的发展奠定了坚实基础。

然而，团队开展的"百千万工程"活动也并非尽善尽美：活动时间相对较短，影响的持续性有待加强；部分成员专业知识和技能仍有不足，影响服务质量；宣传力度也有待提高。

综上所述，大学生"百千万工程"活动是一场意义非凡的社会实践之旅。它既为乡村发展带来了新的机遇和希望，也为青年学子的成长与发展提供了广阔的舞台。相信在各方的共同努力下，"百千万工程"活动必将不断发展完善，为乡村全面振兴和中华民族伟大复兴的中国梦贡献更多智慧与力量。

改革开放以来农村消费文化变迁研究

——以广东中山崖口村为例

吴智乐　钟　毅　叶　昕　梁振业　曾树森

黎俊豪　李思凡　谢　红　栾欣超

2023 年 1 月，习近平总书记在二十届中央政治局第二次集体学习时强调，要充分发挥乡村作为消费市场和要素市场的重要作用，全面推进乡村振兴。习近平总书记的重要论述为进一步深化改革开放，增强国内外大循环的动力和活力提供了指引。消费是经济增长的主要引擎和压舱石，而几亿农民整体迈入现代化，会释放巨大的创造动能和消费潜能，为经济社会发展注入强大动力。改革开放以来，农村发生了翻天覆地的变化，我国的城乡二元结构矛盾逐步缓解。随着改革进入深水区，我国农村消费结构仍有待优化、农民生活质量及其消费需求有待提高。基于此，如何在改革开放的关键时期激发农村消费活力，不断构建新发展格局，推进乡村全面振兴，成为一个紧迫的现实问题。中山市崖口村作为改革开放先行区的典型农村，凭独特地理与历史背景，守正创新，实现跨越式发展，成为洞察农村消费文化变迁的代表性样本。因此，研究崖口村对剖析我国农村消费文化变迁具重要理论与实践意义。

一、文献综述

我国学界对消费文化的研究比较晚，到 20 世纪 80 年代，一些学者开始关注消费文化问题。但是，真正从学理上提出消费文化概念，并对消费文化理论进行深入研究是从 20 世纪 90 年代开始。

关于消费文化的研究。早期学界聚焦消费文化的概念进行研究，于光远最早于 1992 年在《谈谈消费文化》一文明确了消费文化的概念。后来，尹世杰教授在专著《消费文化学》中对消费文化的各个方面作了详细的论述，为消费文化这个学科的建立奠定了学科基础，认为消费文化的特点是接触面广，影响大。他将消费文化划分为三个类型：物质文化的消费、精神文化的消费、生态文化的消费。《消费文化学》是第一部建构我国消费文化理论体系的专著，该书提出消费文化学研究的对象与方法，分析影响消费文化的诸多因素，对物质、精神、生态消费文化的内涵和特色进行了全面论述，就如何创建有中国特色的消费文化体系提出具体设想，对消费文化研究有较强的借鉴意义。此后，学界开始对消费文化理论进行多个领域的探讨。

关于农村消费文化研究。费孝通在《花篮瑶社会组织》《江村经济》等早期著作中对中国农村消费文化有深入研究。后来学者基于这些作品，进一步阐释其乡土中国消费思想，深化对中国农村消费文化的理解。张小莉在《农村消费文化的现状分析及建议》中总结中国农村消费文化的特征，如注重实用型消费、人情消费普遍、集中性消费突出、存在盲目攀比，以及绿色消费理念匮乏等，认为这些特征受历史文化、现实因素及农民个人素质等多重影响。探讨农村消费文化发展路径，有助于提升农民生活质量、优化消费结构。

由于资本主义不断发展，消费在社会经济和文化生活中的作用日益突出，西方对消费文化的研究也逐渐从学术研究的边缘进入到中心，受到学者广泛关注。最早明确研究消费的是美国经济学家托斯丹·邦德·凡伯伦，他在 1889 年出版的《有闲阶级论——关于制度的经济研究》一书中，首次提出了"炫耀性消费"和"代理消费"的概念，为现代西方消费社会理论奠定了基础。20 世纪初，德国社会学家马克斯·韦伯在《经济与社会》中指出，不同的地位群体有着不同的生活风格与生活圈子，形成不同的生活方式，不同的生活方式形成不同的消费模式和消费。20 世纪中后期，让·鲍德里亚明确地指出，消费已经成为一种"劳动"。

总体而言，学术界对消费文化的研究方法多样，成果丰硕，然而对改革开放后的农村地区关注度有待提高，一些农村地区资料尚需丰富。本研究依托前人理论，受多元视角启发，聚焦广东地区农村消费文化变迁，深入反思中国农村社会转型期的传统消费文化演变过程，旨在为广东农村文化建设和乡村全面振兴提供有价值的参考与启示。

二、研究设计

改革开放以来，我国乡村经历了巨大变革。全球化和城镇化加速消费主义在农村的传播，现代消费文化不断冲击传统农村消费文化，改变农村消费环境，并渗透到农村居民的日常生活中，导致农村消费文化发生显著变迁。本课题旨在探究这一变迁的脉络、具体表现及存在的问题，以期为农村文化建设提供经验和启示。

（一）调研范围

本课题调查范围限定于崖口村，一个位于广东省中山市南朗街道、拥有850户、3421名户籍人口的典型农村社区。崖口村在改革开放中形成独特的"一村两制"模式，实现了跨越式发展。从改革开放初期村民勉强满足基本生存需求，到如今收入大幅增长、消费要求和质量不断提高，崖口村在饮食服饰、家庭用品、住房、交通等方面的消费结构发生了巨大变化，展现出明显的消费文化变迁轨迹。这一特色发展模式下的变迁历程，使崖口村成为本课题探索农村消费文化演变轨迹的范例。因此，本课题选取崖口村作为调查研究的范本。

（二）调研思路

本课题聚焦崖口村，以改革开放以来其消费文化变迁为研究对象，构建消费理念、方式、行为及环境"四位一体"的分析框架，全面展现变迁图景。采用问卷调查、访谈、实地考察及文献分析等方法，从崖口村这一典型范例中，分析中国农村消费文化变迁的历史进程与核心要素。旨在总结基本经验、汲取现实启示，为构建新发展格局、引导农村形成健康合理消费风尚、激发农村消费活力、满足农民美好需求及推动乡村全面振兴贡献力量。

（三）基本调研情况

调研小组于2024年5月3日以及2024年7月11日两次前往中山市崖口村进行实地调研，并对崖口村的居民展开了问卷调查和深度访谈。通过实地调研，调研小组共回收调查问卷有效样本 96 份，访谈记录中典型案例 7 份（4 份有录音）以及一系列通过实地调研获得的关于崖口村消费文化变迁的相关照片材料。

三、调查结果分析

(一) 改革开放以来崖口村消费理念的变迁

消费理念是人们对消费行为的基本观点和价值判断，它是支撑消费行为的重要思维准则。由于消费产品的改变与现代教育的普及，特别是消费的经济基础发生重大提升，崖口村居民的消费理念发生了现代化变迁。对该村居民的消费产生了深刻的影响。

1. 崖口村居民消费理念的现代化变迁

其一，崖口村居民消费理念由确定性趋向感觉性。所谓确定性，就在于消费者在消费过程中有详细的规划，并更为注重作为消费客体的商品物质本身的品质及其实用性；而感觉性就在于消费者更加注重商品能够满足消费主体的感官和情感体验，其消费内容和过程更加贴近消费者的主观感受，没有稳定的计划。

在改革开放前，由于物资匮乏，人们基本以满足生存需求为目标，故呈现出了确定性的消费理念。然而，随着改革开放的全面深化，商品供应逐渐多元化，居民收入也大幅提升，人们在消费过程中逐渐脱离了基本生存的约束。此时，感觉性消费理念逐渐兴起，消费者开始倾向于商品所带来的感官体验和情感体验。

调查发现 (图30)，改革开放以来崖口村居民消费理念呈现了明显的感觉性消费理念的倾向。在食品和生活必需品消费稳步增长 (占比75%) 的基础上，居民在网络产品 (41.67%)、外出旅游 (38.54%)、节日开支 (50%)、社会公益 (15.63%) 以及社会交际 (25%) 等方面的消费均实现了大幅度提升。这说明改革开放以来崖口村居民消费理念满足不仅仅只关注物质层面，更趋向于精神层面和情感体验的获得。与此同时，另一项调查同样印证了此发展趋势 (图31)。数据显示，崖口村部分居民在消费时，在关注价格、品质及预算的确定性基础上，还受感性因素影响，即广告和促销活动的影响（16.67%）、朋友和社会圈子的推荐（31.25%）、个人需求和生活方式的选择（55.21%）。这表明他们倾向于根据个人主观需求消费，存在冲动消费倾向，是居民感觉性消费理念发展的具体体现。在访谈调查中，受访者提到他们在"双十一"活动中会冲动购物，有的还会使用"花呗"等借贷消费，这再度印证了这一发展趋势。

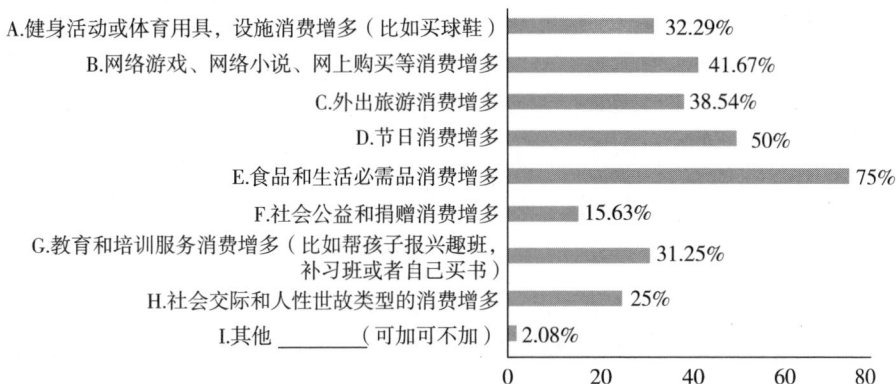

图 30　崖口村居民消费类型统计

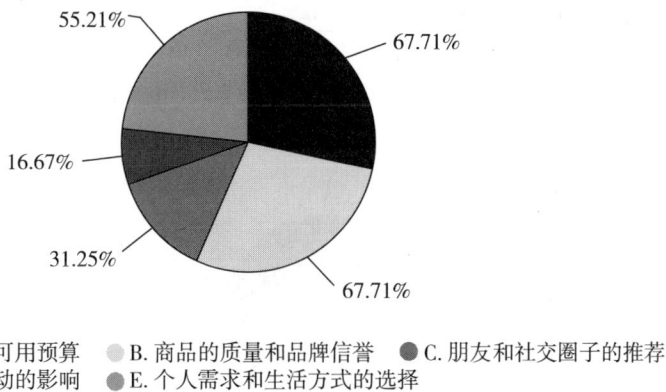

图 31　崖口村居民消费取向统计

其二，崖口村居民消费理念由资源消费趋向于绿色消费。资源消费与绿色消费的区别在于，前者对社会资源的消耗较大，忽略环境后果；后者则在满足需求时兼顾环保关切。改革开放前，村民的消费理念较落后，并且消费产品的质量和耐久性相对较低，假冒伪劣产品较多，因此难免造成消费过程中资源的浪费。而随着改革开放全面深化，商品的质量得到了明显的提升，并且生产生活进入精细化阶段，因此村民更愿意选择购买质量高、耐用性强的消费品，加之绿色环保教育理念的普及，大部分村民在消费时能自觉遵循环境保护的要求，减少资源浪费。

调查发现（图32、图33），有68.75%的人会考虑自己购买的东西是否会影响环境，而31.25%的人则不会考虑。值得注意的是，仅有5.21%的居民认为自己在改革开放以后绿色消费行为没有增加，而绝大多数居民在改革开放以后，在低碳出行（75%）、低碳饮食（66.67%）、低碳出游（42.71%）等绿色消费方面均有大幅增长。这一调查结果直接表明，超过半数的崖口村居民在购物时会考量环境因素，愿意为环保承担额外的费用，而且在改革开放之后绿色消费行为显著增多。因此可以推断崖口村居民的环保意识正在逐步形成、强化，绿色消费理念随之兴起，未来还将取得更大发展。

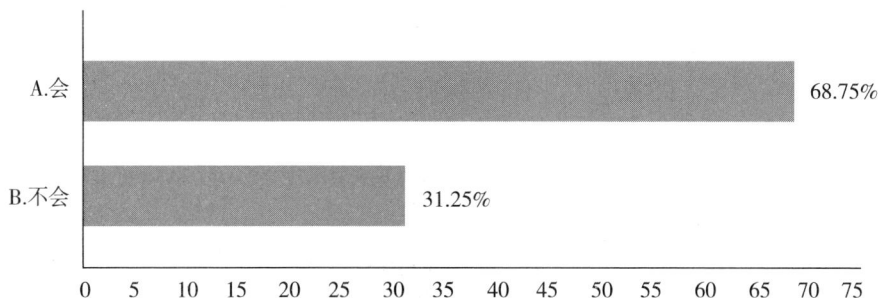

图32　崖口居民在消费中对环境保护的关注度

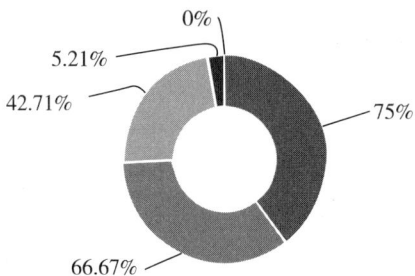

图33　崖口村居民消费环保意识变化

2. 改革开放以来崖口村居民消费理念现代化变迁的动因

全面深化改革开放的经济增长成为消费理念发展升级的根本动因。随着改革开放的全面深化，崖口村充分利用集体经济的优势并辅之以市场机制，在特色发展的道路上实现了卓越的发展。村委会通过引导村民参与集体劳动，享受分红之外，还致力于利用市场机制，发展特色旅游业。例如，2024 年，崖口村升级了海景路面，增设摊位，并融合海景与美食，既增就业、促增收，又壮大村集体经济，更增添乡村旅游魅力，吸引游客如云。

与此同时，崖口村同上级政府积极招商，签约 8 个项目，总投资 19.53 亿元，推动产业升级，促进经济快速高质量增长。数据显示，崖口村集体年收入达两千多万元，人均可支配收入从 2012 年的 27424 元增至 2021 年的 57901 元，年增长率高达 8.7%。经济增长与收入提升为激发村民消费活力、扩大消费奠定了坚实基础。传统消费理念的升级转变，势成必然。

崖口村的教育行为以及政策促进了村民现代消费理念的形成。例如，崖口村属地银行从村民日常微观消费源头普及绿色理念，将低碳生活、绿色出行的理念付诸生活，面向符合龙卡信用卡发卡条件且热爱绿色低碳生活方式、有绿色低碳消费理念的大众客群发行龙卡绿色低碳信用卡。同时，崖口村积极携手当地单位与企业，共同大力推进乡村绿化项目（表 11），并充分利用本地绿色资源，践行"绿水青山就是金山银山"的理念，大力发展绿色旅游业。有力地促进了整个村庄及其周边区域形成并巩固良好的绿色环保意识。在宏观方面，市政府提出《中山市国民经济和社会发展第十四个五年规划和 2035 年远景目标纲要》，助力全市碳中和的实现。通过在全社会、全过程的教育塑造中，崖口村村民在耳濡目染中培养出全新的消费理念。

表 11　崖口村 2024 年乡村绿化计划表

村	序号	子项目名称	绿化类型	绿化面积(亩)	绿化长度(公里)	主要树种配置比例	苗木数量(含灌木株)	实施地点	责任领导	责任人	绿化能手	网格员	"双联双助"单位	政村企村结对帮扶单位
崖口村 1	24	崖口化美公园	村旁	5.52	0.5	火焰木 26% 宫粉紫荆 26% 季桂 17.4% 沉香 13% 小时榄仁 8.7% 秋枫 4.3% 香樟 4.3%	230	崖口化美村			谭康强(党员)	肖庆红(党员)	中山纪念中学综合党支部	中山宏丰针织有限公司

续表

村	序号	子项目名称	绿化类型	绿化面积（亩）	绿化长度（公里）	主要树种配置比例	苗木数量（含灌木株）	实施地点	责任领导	责任人	绿化能手	网格员	"双联双助"单位	政村企村结对帮扶单位
崖口村2	47	崖口平山公园	村旁	1.2	0.5	铁冬青50%宫粉紫荆50%	50	崖口平山村			谭惠源	谭爱群（党员）	中山纪念中学综合党支部	中山宏丰针织有限公司
崖口村3	48	崖口沙头涌食街	村旁	6.72	3.6	香樟20%、火焰木20%、宫粉紫四季桂荆20%10%、沉香10%、小叶榄仁10%、秋枫10%	280	崖口海怡路	罗绮冬（翠亨新区党工委副书记、管委会主任，南朗街道党工委书记）	谭锦鹏（村党委书记、村委会主任）	黄润忠（党员）	杨锦华（党员）	中山纪念中学综合党支部	中山宏丰针织有限公司
崖口村4	50	崖口湿地公园	景区旁	1074.2		宫粉紫荆45%、铁冬青18%、湾羽杉14%、中华楠7%、黄金香柳7%、红车7%、山乌相1%、榕树1%	220	崖口湿地公园			陈锦添（党员）	梁兆源	中山纪念中学综合党支部	中山宏丰针织有限公司
	合计			1087.64	4.6		780							

3. 目前崖口村居民消费理念变化中所存在的问题

首先，消费理念在大龄群体中的转化不足，代际消费差异显著。在实地调研中，我们发现崖口村的中老年人口比例较大，而大多数老年人的消费理念形成于自给自足的小农生产时期，在日常生活生产的支出中，物质上的消费仍旧是他们消费的主要内容，对于精神消费与发展性消费投入明显不足，这种传统思想及其消费结构成为了个人消费理念的更新的桎梏。加之，崖口村中大多数家庭结构为祖孙三代一起生活，家中老一辈更多地保持节俭的消费习惯，而年轻一代更多地受到消费主义、大众传媒的影响，倾向于超前消费、冲动消费等，这种内部的消费差异实际上给不少家庭带来风险。

其次，绿色消费理念在崖口村还需进一步普及深化。在对居民谭先生的采访中，谭先生表示不会为环保塑料袋多花钱，直接丢弃闲置物品。这反映中山市及崖口村的绿色宣传未全面覆盖，教育普及率待提升。同时，崖口村传统农业发展模式导致农业消费资源利用效率提升缓慢，限制了绿色消费理念的发展。谭先生向我们透露，村集体支出多集中于化肥、农药和柴油农机上，佐证了上述问题。因此，崖口村需加强绿色消费宣传和教育，提高资源利用效率，推动绿色消费理念深入发展。

最后，崖口村村民感性消费理念发展迅速，但消费支出利用率不高。在调查和访谈中我们了解到，部分崖口村居民用于人情交往的消费占比仅次于提升生活质量的消费。这是一项阻碍消费能力释放、限制消费活力展现的历史遗留问题，对于形成正确的消费理念造成隐性阻碍。

（二）改革开放以来崖口村消费方式的变迁

消费方式，作为个体或群体在特定自然与社会环境中，为获取并消耗生活资料及劳务所采用的途径、方法与形式，其演变深刻反映了社会变迁的轨迹。改革开放后，崖口村消费方式经历了显著的转变：从依赖传统农业、自给自足与封闭转向开放多元、注重生活质量的现代形态。这不仅说明村民生活质量正在稳步提升，更揭示我国农村经济与社会文化发生结构性变迁。

1. 崖口村消费方式的显著转变

首先，崖口村的消费模式经历了从家庭化到社会化的转变。在改革开放前，受集体小农经济影响，崖口村村民的消费大多以家庭为单位，分散且单一，主要围绕农耕生活展开。然而，改革开放带来了深刻变革，促使居民生活空间集中化，公共设施如雨后春笋般涌现，消费模式与社会结构也随之发生了翻天覆地的变化。

随着村镇中心的商铺、市场及服务设施的完善，原本分散的消费逐渐转向集中，崖口村经济也呈现出多元化的趋势。村民积极参与商业与服务业，成为推动村镇经济发展的重要力量。这一转变不仅显著提升了村民的生活水平，也让他们的生活方式变得更加丰富多彩。

值得注意的是，公共文化活动在促进居民消费社会化过程中，也扮演着重要角色。具体而言，现代社会中，社会化消费与公共文化活动之间的界限日益模糊，许多公共文化活动融入了商业元素，成为了一种新型的消费方式。事实上，崖口村举办文化活动的频率很高（表12），在兴办各种公共文化活动时，随之兴起的一系列社会化消费场所则带来了丰富的文化体验和服务。这些活动不仅丰富了村民的精神生活，也带动了居民的消费，为崖口村的发展注入了新的活力。

表12 2024年5月崖口村文化活动计划表

序号	活动名称	活动时间	活动地点	场次	预计服务人次	活动联系人
1	南朗街道阅读系列活动之"二十四节气"——立夏	5月1日 10：00—12：00	中山纪念图书馆南朗分馆二楼	1	20	李焯恒
2	崖口村"追逐科学梦探索新世界"科普主题活动	5月2日 10：00—12：00	崖口村综合性文化服务中心	1	20	甘丽琼
3	崖口村"描绘青春放飞梦想"手绘风筝活动	5月4日 10：00—12：00	崖口村综合性文化服务中心	1	20	甘丽琼
4	南朗村"艺术润童心"创意美术系列培训活动（第六期）——三色格子画	5月4日 14：30—16：30	亨美村篮球场	1	20	程淑桦
5	冲口村"亲子美食制作"培训活动（第二期）——奶酥DIY烘焙制作	5月5日 14：30—16：00	冲口村综合性文化服务中心	1	40	梁淑燕
6	华照村"缤纷色彩，"垫"缀生活"——手工培训活动（第期）：DIY马赛克杯垫	5月5日 14：30—16：00	华照村党群服务中心	1	30	梁锦欣
7	《神奇飞书》绘本故事阅读分享会	5月5日 9：00—10：00	南朗街道儿童公园香山书房	1	20	梁月华
8	南朗社区"跟着节气读诗词——立夏"阅读活动	5月5日 9：30—11：00	南朗社区综合性文化服务中心	1	30	杨明丽
9	濠涌村"非遗手工·画龙点"金"非遗金箔画活动	5月11日 9：30—11：00	濠涌村党群服务中心	1	15	梁芸
10	与"泥"有约快乐一夏——陶艺DIY亲子活动	5月12日 14：30—17：30	左步村综合性文化服务中心	1	40	李静娜
11	翠亨村"全民健身健康你我"八段锦培训活动	5月10日 9：30—12：00	翠亨村综合性文化服务中心	1	30	蒋婷婷
12	"指尖生花韵，传承好家风"国际家庭日亲子活动	5月11日 14：30—16：30	华照村综合性文化服务中心	1	30	梁锦欣
13	半沙村"母爱如蘭，沁馨人间"花艺香蕉蜡片手工制作活动	5月11日 9：00—11：30	泮沙村综合性文化服务中心	1	15	李子晴
14	海湾社区临"震"不乱 安全"童"行安全科普活动	5月12日 15：00—17：00	海湾社区基层综合性文化服务中心	1	30	张玉

其二，崖口村居民的消费方式经历了由自给自足向市场化的深刻转变。改革开放前，我国商品经济发展滞后，农民生活相对封闭，从某种程度上说，自给自足是无奈之选。因此，农民依靠自家土地和资源，几乎能满足全部生活所需，这正是小农经济的典型特征。随着改革开放的全面深化，我国社会主义市场经济蓬勃发展，为崖口村居民变革消费方式提供了契机。崖口村主动变革，打破制度壁垒，积极融入市场经济大潮。这一转变使得村民们的消费日益多样化，不再局限于自产的产品，而是广泛涉猎各类商品和服务，极大地拓宽了消费视野，带来了前所未有的消费体验，从根本上转变了崖口村居民的消费方式。

据统计（图34），已有超过半数的崖口村居民（57.29%）高度依赖线上购物，这一数据直观反映了居民消费方式的多样化、便捷化。我们在访谈中发现，崖口村居民既可以根据自身需要选择在线上平台购物，也可以继续在线下市场购物。此外，无论线上还是线下，居民都可选购琳琅满目的商品。由此可见，市场化的深入，为崖口村居民现代消费方式转变带来深刻的影响。

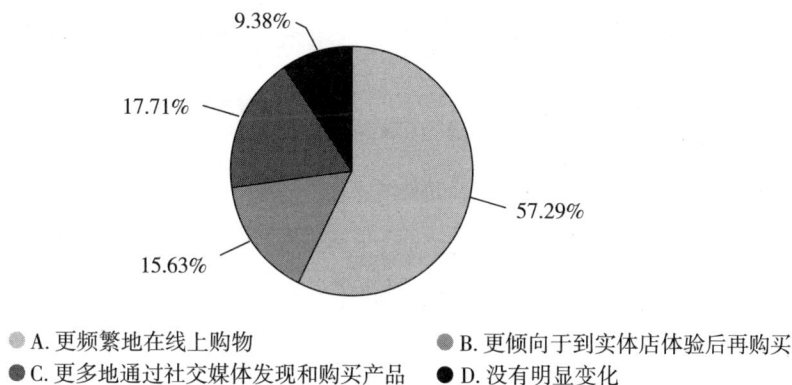

9.38%
17.71%
15.63%
57.29%

● A.更频繁地在线上购物　　　● B.更倾向于到实体店体验后再购买
● C.更多地通过社交媒体发现和购买产品　　● D.没有明显变化

图34　崖口村居民购物方式统计

我们在采访崖口村的居民谭女士时，她告诉我们，如今在网上选择"官方旗舰店"，就能买到既便宜，质量又好的商品。不难看出，从封闭到开放，从自给自足到市场化消费，崖口村居民的生活方式发生了翻天覆地的变化。这一转变不仅标志着崖口村居民生活质量的显著提升，更为他们打开了通往广阔世界的大门。

其三，崖口村居民的消费方式已从生存型转向生活型。生存型消费聚焦于满足基本生活需求，如食物、衣物和日常用品。而生活型消费则追求更高层次的生活质量，涵盖社交、尊重、自我实现和精神文化需求。

改革开放前，崖口村与众多农村一样，受限于生产力水平，消费方式停留在生存型阶段。但改革开放的推进和生活水平的提高，促进了崖口村居民向生活型消费方式的转型。

我们的调查数据显示（图35），超过半数的崖口村居民在饮食、住所、服饰和出行等多个方面追求更高标准。例如，68.75%的居民追求饮食高端化，68.75%追求住所舒适化，66.67%追求服饰多样化，52.08%追求出行便捷化。这些数据清晰地表明，崖口村多数居民已开始体验更高水平的生活方式。此外，通过实地调研，我们发现崖口村的娱乐场所也日益丰富，咖啡店、奶茶店、棋牌室、体育馆等多样化的消费娱乐场所不断涌现，为村民们提供了更多休闲娱乐的选择，进一步推动了消费模式的转型升级。这一转变不仅反映了改革开放和经济发展的成果，也体现了村民们对更高生活质量的热切追求。如今，崖口村居民正步入一个追求更优生活、享受高端消费服务的新阶段。

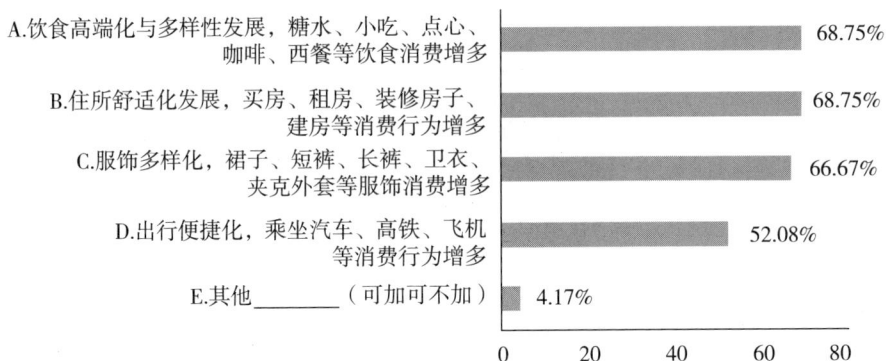

图35 崖口村居民消费新追求

2. 崖口村居民消费方式显著转变的动因

第一，就经济原因而言，主要是由于改革开放的推动，以及村镇经济的发展。改革开放为崖口村带来了巨大发展机遇，村民思想观念开放，积极融入市场经济。商品经济和社会主义市场经济蓬勃发展，为村民提供了更多就业机会和收入来源，推动了消费方式的转变。随着村镇商铺、市场及服务设施的完善，崖口村经济多元化趋势明显，村民积极参与商业与服务业，成为经济发展重要力量。自改革开放以来，崖口村凭借工业化和商业化驱动，经济收入实现飞跃式增长。至 2022 年，村民人均收入已超 31079 元，生活水平显著提升，经济实力增强。2023 年上半年，集体经济收入近 2000 万元，人均收入约 4 万元，同比增长约 20%，成绩斐然。崖口村的成功转型，不仅彰显了农村经济发展的活力，也成为了中国经济发展浪潮中的璀璨明珠，为中国农村经济发展树立了典范。

第二，就文化角度而言，主要是消费观念的转变和消费文化的兴起引起的变革。随着生活水平的提高和观念的开放，村民们开始追求更高层次的生活质量，涵盖社交、尊重、自我实现和精神文化需求。这种消费观念的转变推动了消费方式的升级。同时，随着市场经济的深入发展，市场化消费文化逐渐兴起。崖口村居民开始广泛涉猎各类商品和服务，消费选择日益多样化。市场化消费文化的兴起不仅拓宽了村民的消费视野，也带来了前所未有的消费体验。

第三，在技术因素的驱动下，互联网技术的蓬勃兴起与广泛普及，为崖口村的村民们带来了前所未有的便捷购物体验。他们不再局限于本地市场，而是能够轻松快捷地选购来自全国乃至全球各地的商品，这一变革极大地拓宽了他们的消费边界，使生活方式更加多元化和国际化。

3. 目前崖口村居民消费方式转变中所存在的问题

第一，消费观念滞后于现代发展，崖口村部分中老年村民受传统影响，更倾向于储蓄，对新兴消费模式接受度低。根据实地调查，我们发现崖口村村民中老年群体居多，他们注重实用性和性价比，对品牌、时尚不敏感，限制了消费市场多元化。同时，中老年群体对互联网、智能手机掌握有限，线上消费存在障碍，影响电子商务和数字经济发展。因此，引导中老年村民转变消费观念，提高现代消费方式接受度，成为崖口村的重要课题。

第二，崖口村居民在教育、医疗等方面的消费支出占比较大，成为其消费结构中的沉重负担。我们在调研访谈中发现，崖口村已经没有对村民的医保和社保实施全覆盖，相关费用还是需要村民自费购买。杨女士、谭女士是几个孩子的妈妈，我们问及她们日常消费支出的问题时，她们把孩子的教育支出置于突出的地位。随着教育成本的不断攀升和医疗费用的快速增长，农村居民在这些领域的支出持续增加，对其他消费构成了明显的挤压效应。这不仅影响了农村居民的生活质量和消费水平，也制约了其消费结构的优化和升级。

第三，崖口村居民传统消费习惯的惯性仍在，对新技术的接受度仍需提高。采访时受访者提到"一般来说家里如果没车的话第一辆车都是油车"，这显示了消费者在面对新选择时，往往会受到传统习惯的影响，倾向于选择已知、熟悉的产品。尽管电车在环保、节能等方面具有优势，但人们倾向于选择油车，这也反映出部分消费者对新技术、新产品的接受度有限，或者对电车的性能、续航、充电设施等存在疑虑。

(三) 改革开放以来崖口村消费行为的变迁

消费行为是消费者为满足需求和欲望，选择、购买、使用及处置产品或服务的过程和活动。随着改革开放全面深化，崖口村村民的消费行为发生了显著变化，仿佛从"旧棉袄"转变为"新外衣"，标志着消费行为的转型升级。这一变革不仅使村民日益增长的需求逐步得到满足，也推动了崖口村全面实现乡村振兴的步伐，展现了新时代农村消费的新风貌。

1. 崖口村消费行为逐步转型

首先，崖口村村民转向高层次的消费选择。改革开放前，崖口村村民穿着朴素，饮食单调，这主要是受经济体制和物质匮乏所限。但改革开放后，其消费能力和空间显著增强。据我们调查 (图36)，"更注重产品质量和口碑"的村民占比23.96%，显示村民开始关注产品设计与品牌，而非仅价格或数量。同时，"更倾向于购买环保和可持续产品"的比例高达48.96%，体现村民对环保和可持续发展的重视，偏好现代特征的环保、安全、可持续产品。此外，"更倾向于提高生活质量的消费"的比例也为23.96%，表明村民在满足基本生活需求后，开始注重提升生活质量，愿意在家电、汽车、旅游等非基本生活需求上消费。这一系列消费行为的选择，不仅反映了村民生活水平的提高，更彰显了其消费行为向更高层次的转变，是生活水平提高和消费升级的重要体现。

换言之，改革开放以来，崖口村村民的服饰与饮食已不再局限于满足温饱，而是成为追求高层次生活的自主选择。村民对于高品质、多样化、个性化的消费需求日益增长，这正是崖口村高质量、高层次消费发展趋势的重要体现。

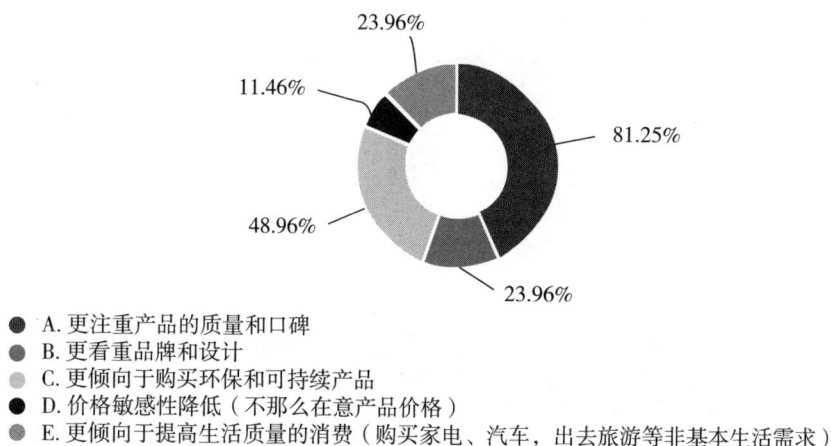

A. 更注重产品的质量和口碑
B. 更看重品牌和设计
C. 更倾向于购买环保和可持续产品
D. 价格敏感性降低（不那么在意产品价格）
E. 更倾向于提高生活质量的消费（购买家电、汽车，出去旅游等非基本生活需求）

图 36　崖口村居民消费倾向

其二，崖口村村民转向更个性化、服务化的消费选择。在 20 世纪 80 年代之前，受限于社会生产力的不足，崖口村的经济活动主要围绕传统农业展开，村民投入大量时间于耕作之中，消费也主要集中在低质的农产品上。这样的生活模式使得村民既缺乏创造和享受文娱产品的能力，也缺乏足够的时间去深入体验文娱产品。

改革开放后，崖口村成功融合集体生产与市场经济，为居民提供了稳定收入和社会保障，进而为他们赢得了更多自由时间。我们的调查显示（图37)，购买衣物和鞋类是崖口村村民的主要消费选择，占比高达 64.58%。这一数据揭示了村民在服饰消费上的个性化需求显著增长，他们更倾向于购买现成的、符合个人喜好的商品，而非自制或修补，满足了超越基本功能性的审美需求。此外，选择"使用专业服务"的村民比例也相当高，显示出他们在消费时愈发重视服务质量和个性化体验，如选择专业医疗、教育和维修服务，体现了对高品质生活和健康、个性化需求的追求。另有 30.21% 的居民选择"参加商业娱乐和文化活动"，这一比例反映了村民消费选择的服务化。通过参与电影、音乐会、体育赛事等活动，他们不仅丰富了精神生活，还锻炼了身体、释放了压力、增强了社交能力。

可见，崖口村村民的消费行为呈现出个性化、服务化趋势，这既是他们生活质量提升的体现，也是追求更高品质生活的必然结果。

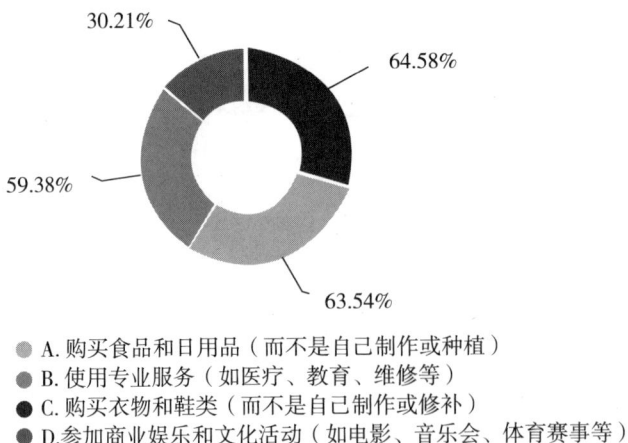

30.21%

64.58%

59.38%

63.54%

● A. 购买食品和日用品（而不是自己制作或种植）
● B. 使用专业服务（如医疗、教育、维修等）
● C. 购买衣物和鞋类（而不是自己制作或修补）
● D. 参加商业娱乐和文化活动（如电影、音乐会、体育赛事等）

图 37　崖口村居民消费喜好

2. 崖口村村民消费行为逐步实现转型升级的动因

其一，崖口村特色的农旅发展道路推动村民消费行为完成迭代形变。崖口村村民消费行为转型升级的动因在于其特色的农旅发展道路。崖口村紧抓"百千万工程"机遇，以乡村旅游为核心，农民增收为目标，推动农旅产业深度融合发展。这一道路不仅致力于创造稳定有力的自然环境，促进农业良性循环，平稳实现农民增收，还注重为旅游业提供更多样化、高端化、本土化的消费品。通过精心打造特色旅游线路、发展"夜经济"、建设电商平台等措施，崖口村成功吸引了大量游客，推动了村民消费行为的迭代形变，为乡村振兴注入了新的活力。

其二，城乡融合与社交媒体的影响加速村民消费行为的更新换代。城乡的融合发展以及社交媒体的盛行，进一步推动了崖口村消费行为的转型。社交媒体作为现代信息传播的重要渠道，不仅拉近了城乡居民的生活距离，还为村民们提供了丰富的消费信息和产品评测。通过这些平台，村民们可以了解到最新的消费趋势、潮流单品以及各类产品的真实评价，从而更加理性地进行消费选择。与此同时，城乡融合发展使得乡村生活的舒适性与城市生活的便利性相结合成为可能。崖口村村民们既可以享受到乡村的宁静和优美环境，又能接触到城市的现代化设施和服务。这种融合不仅提升了村民的生活质量，也促进了消费行为的优化和升级。

3. 目前崖口村村民消费行为转变面临的问题

就主观原因方面，人情消费导致的不合理消费行为依旧存在。实地采访时，我们发现当地居民普遍承认，高消费不一定有，但是人情消费必不可少，就如同家常便饭一般。事实上，崖口村经常会在各种传统节日举办公共的祭祀、庆祝活动。传统的乡土人情观念深入人心，因此，村民在婚丧嫁娶、节日庆典等场合往往需要进行人情往来，这在一定程度上增加了他们的消费负担。有时，为了维护面子和关系网，村民时常会进行超出自己经济承受能力的消费，导致资源浪费和不合理消费行为的产生。

就客观原因方面，农村居民收入存在不确定的问题。崖口村村民的收入一部分来源于农业生产，而农业生产受到自然气候、市场需求等多种因素的影响；另一部分来自旅游业，还有集体经营的分红，这些也受到旅游的淡热季的影响。集体分红由于居民基数大，实际分到村民手中的红利并不多，导致村民的收入水平波动较大。从全局来看，崖口村尽管发展快速，居民收入显著提高，但与城市居民平均收入相比，仍有较大差距。这使得崖口村村民的收入存在不确定性，而这种不确定性又导致村民在消费时更加谨慎，难以进行长期、稳定的消费规划。同时，由于收入水平有限，村民在消费时往往更加注重价格因素，而忽视了商品或服务的品质和价值，这也限制了他们消费结构的升级和消费质量的提升。

（四）改革开放以来崖口村消费环境的变迁

消费环境指的是影响消费者在进行消费活动时所处的各种外部条件和因素的总和，包括但不限于区域交通基础设施和消费渠道，深刻影响着个体的消费选择和消费行为。改革开放以来，崖口村的消费环境从往昔的保守与滞后状态，逐步迈向现代化与完善的轨道。这一变迁极大地促进了崖口村居民消费习惯的演进与消费市场的繁荣。

1. 崖口村消费环境日益完善优化

首先，崖口村区域交通基础设施建设向全面、高效转型升级。改革开放之初，崖口村经济基础相对薄弱，道路规划传统，桥梁数量有限，交通方式较为单一。随着改革开放政策的深入，崖口村积极把握对外开放机遇，不断改善和发展本村交通基础设施。

通过实地调查，我们发现如今崖口村地理位置优越，紧邻高速路口及高铁站，交通条件显著优化。具体而言，崖口村距离广澳高速收费站仅数百米，距离广珠城轨南朗站仅3公里。如今，崖口距离中山市中心、珠海和广州的来往时间不超过 1 小时。此外，崖口村新建了配备绿色充电桩的停车场，满足多元停车需求。村内开通观光旅游专线，连接多个热门景点，既为村民和游客提供交通便利，又极大促进了本地商业繁荣。

在此基础上，我们进一步通过问卷调查（图 38）发现，绝大多数崖口村村民都认为改革开放以来村子交通基础设施的升级成就极其显著，无论是公共交通系统的拓展和升级（72.92%），还是更多的桥梁和公路设施（43.75%）等。因此，实地调研和问卷调查，均充分验证了崖口村在多个交通建设领域取得的显著成就，以及基础设施不断迈向完善的趋势。这为当地居民消费的变迁和发展奠定了厚实基础。

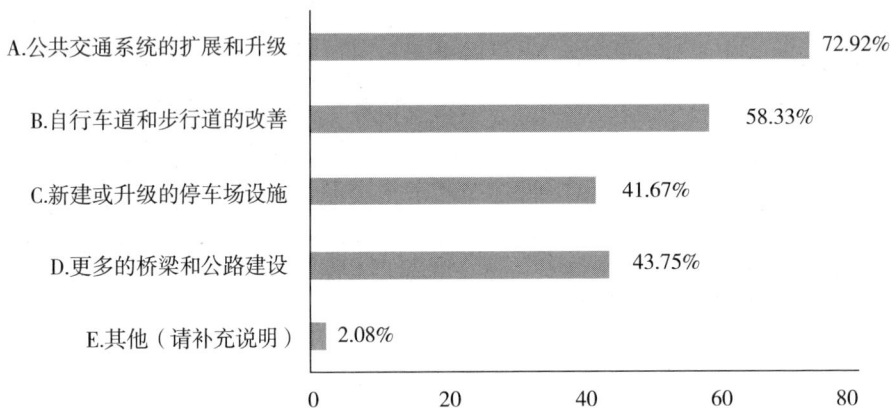

图 38　崖口村交通基础设施升级成就

其次，消费渠道从传统向现代化转变。改革开放前，农村消费主要依赖传统的供销社和实体商店。但随着改革开放全面深化，崖口村的消费渠道不断拓展，现已形成线上线下融合的经营模式，并配备了高效的快递服务。

根据调查得知（图 39、图 40），在商品信息获取上，电商平台（79.17%）和社交媒体（41.67%）已成为崖口村村民了解商品的主要渠道，而实体店铺（36%）和朋友推荐（35.42%）等传统渠道仍占一定比重。在购物习惯上，57.29%的村民倾向于线上购物，16.67%选择利用非传统线上购物平台的现代化媒体消费，实体店的吸引力已下降至 15.63%，仅 9.38%的村民表示消费习惯未受变革影响。

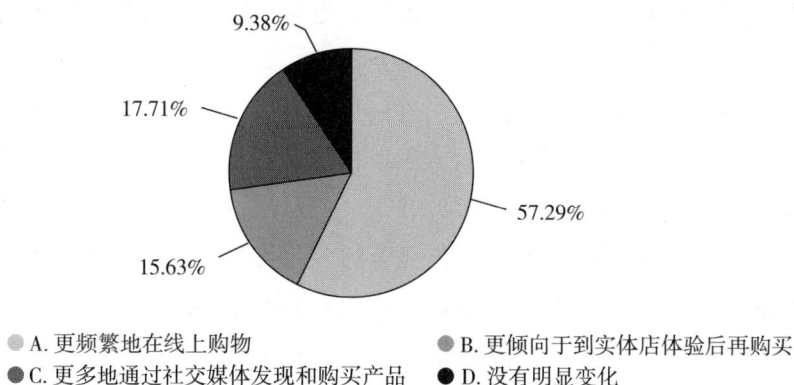

9.38%

17.71%

15.63%

57.29%

- A. 更频繁地在线上购物
- B. 更倾向于到实体店体验后再购买
- C. 更多地通过社交媒体发现和购买产品
- D. 没有明显变化

图39　崖口村居民消费渠道变化

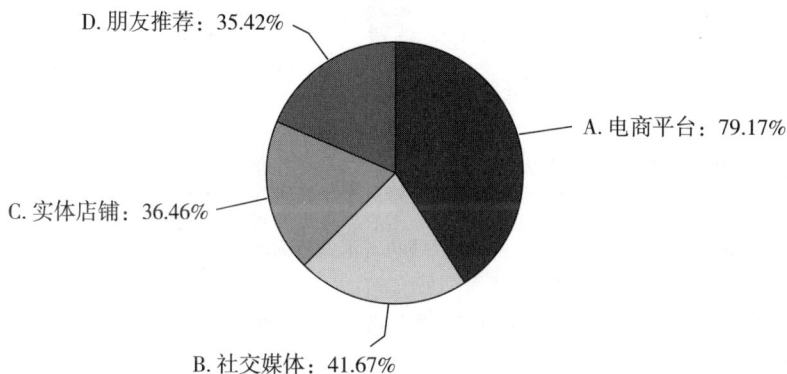

D. 朋友推荐：35.42%

A. 电商平台：79.17%

C. 实体店铺：36.46%

B. 社交媒体：41.67%

图40　崖口村居民消费信息获取

　　由此可见，消费渠道的现代化变迁在崖口村已成为不争的事实，它极大地丰富和改变了村民的消费行为。线上线下融合的经营模式不仅提升了村民的线上消费体验，还为他们提供了更多元化的消费选择。这一转变不仅反映了科技进步和经济发展的成果，也体现了崖口村村民对现代化消费方式的积极拥抱。

　　最后，消费选择由单一趋向多样。消费选择指的是消费者在面对众多商品和服务时根据自身的需求、偏好等因素决定购买某一产品和服务的过程。

　　在计划经济体制下，崖口居民的消费集中于生存必需品，消费选择较为稀缺。改革开放以来，崖口村结合集体经济与市场机制的优势，利用自身自然资源，将乡村旅游作为发展动力，并积极响应翠亨新区的市场化改革，通过招商引资为崖口村注入了必要的资金，进一步促进了当地产业以及配套消费场所的多样化与繁荣发展，为村民提供了更为丰富多样以及个性化的消费选择。

为了直观地了解这一变化，我们进一步对崖口村村民消费选择方面进行问卷调查（图41）。调研结果显示，崖口村居民在多个生活领域——包括餐饮（68.75%）、居住（占比 68.75%）、服饰（68.75%）以及出行（52.08%）——的消费行为均展现出显著的多元化与高端化趋势。这一发现有力地佐证了消费选择正由单一模式向多样化方向深刻转变。

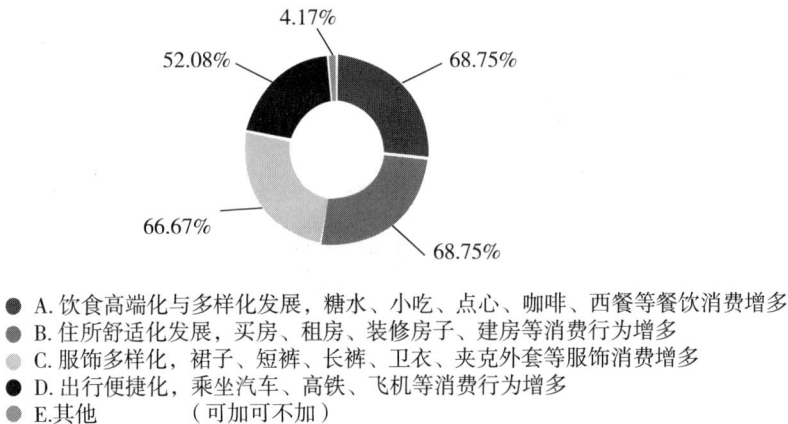

- A. 饮食高端化与多样化发展，糖水、小吃、点心、咖啡、西餐等餐饮消费增多
- B. 住所舒适化发展，买房、租房、装修房子、建房等消费行为增多
- C. 服饰多样化，裙子、短裤、长裤、卫衣、夹克外套等服饰消费增多
- D. 出行便捷化，乘坐汽车、高铁、飞机等消费行为增多
- E. 其他＿＿＿＿＿（可加可不加）

图 41　崖口村居民消费高端化趋势

2. 改革开放以来崖口村消费环境日益完善优化的动因

从内部因素来看，崖口村消费环境的日益完善优化的原因在于其充分利用了自身发展优势，成功走上了乡村旅游的特色发展道路。在乡村振兴战略实施的背景下，崖口村深入实施"百千万工程"，积极发掘本村旅游资源，大力发展特色旅游业，以农文旅融合发展为导向，打造了一批"休闲农业＋乡村旅游"新业态，成功探索出了一条独具特色的"美丽乡村"旅游经济发展路径。

当地居民谭先生指出，深中通道通车后，深圳游客增多，崖口海鲜消费提高，村民收入也随之增加。随着村民收入提高和现代交通工具普及，外出消费需求增长，交通基础设施建设优化成为必然趋势。同时，崖口村利用电商平台推广特色农产品和手工艺品，拓宽销售渠道，注册"崖口大米"商标，建立专卖店和网上商城，线上线下共同发力。此外，崖口村旅游业促进了市场机制的完善，吸引商家入驻和投资，建成现代化商业区，提供多元化消费选择和推动线上消费、支付普及。这些举措极大地推动了崖口村消费环境的现代化优化，为村民和游客创造了更加便捷、多元的消费体验。崖口村的发展模式，展现了旅游业与电商结合带动乡村消费现代化的成功案例。

从外部因素来看，崖口村消费环境的日益完善优化的原因在于其积极融入粤港澳大湾区的发展大潮，聚焦"千百万工程"，充分利用地区优势和优惠政策来实现消费环境的优化发展。粤港澳大湾区的发展为崖口村带来了前所未有的机遇。作为湾区的重要组成部分，崖口村充分利用区位优势，积极把握湾区和"千百万工程"的建设机遇，为消费环境的优化奠定了坚实基础。更重要的是，崖口村搭上湾区发展快车，交通基础设施不断完善，与外界实现深层次互联互通。深中通道、南朗快线等交通要道为崖口村带来了大量配套设施建设资金，为消费环境优化提供了有力支持。

同时，崖口村聚焦"千百万工程"，成立"强村公司"和"崖口村乡村经济促进会"，深入贯彻国家战略，全面推进乡村振兴。这些举措不仅营造了良好的营商环境，吸引了更多投资和创业者，还显著优化了消费环境。村里的基础设施更加完善，商业设施更加丰富多样，为村民和游客提供了更加便捷、舒适的消费体验。

总之，崖口村的发展模式实现了创业者、村民以及游客的互利共赢，展现了乡村振兴战略在推动乡村消费环境优化方面的积极作用。

3. 目前崖口村消费环境完善发展中所存在的问题

第一，崖口村交通及基础设施目前依然面临挑战。在访谈过程中，谭先生认为，旅游业兴旺，游客激增，但村子仅有两个主要出入口且停车位日益短缺，导致节假日交通拥堵。这不仅影响了游客的旅游体验，还会对崖口村居民本身的消费出行造成消极影响。此外，我们通过实地调研还发现，村内部分道路狭窄且维护不善，严重阻碍了快递服务的运行，特别是菜鸟驿站位于村庄南部，对于北部居民而言，取件极为不便，这在一定程度上抑制了村民的线上消费热情。上述问题已成为制约崖口村消费环境进一步发展的瓶颈，亟待解决。

第二，崖口村存在着无法正确认识消费渠道现代化的利与弊的现象。村中老人占比较大，他们对网络购物平台和电子商务的了解相对有限，因此较少采用线上购物方式。更为关键的是，部分村民对电子商务持保守态度，不仅认为同村的绝大多数居民不会使用线上购物平台，而且担心其会对本地实体商家构成威胁，这种对消费渠道现代化利弊的片面认识，限制了村民利用新兴消费渠道提升生活质量和增加收入的潜力。

四、经验与启示

通过对崖口村自改革开放以来消费文化变迁的全面审视与实地调研，我们深刻洞察到，崖口村以其独特的发展历程，为我们展现了一系列激发消费活力、推动乡村振兴的成功范例与深刻启示。中国四十余载的改革开放历程，也是中国农村迈向现代化的壮丽史诗。从崖口村这一微观而生动的个案出发，到众多名村名镇消费活力稳步提升的中观实践，直至全国农村居民消费水平整体跃升的宏观视角，均为我国农村消费高质量发展绘制生动图景。

（一）消费增长的崖口案例

1. 走特色发展模式是乡村振兴的核心策略

崖口村以其独特的"一村两制"模式，在推动农村现代化进程中树立了典范。面对改革开放初期的重重挑战，崖口村没有随波逐流，而是坚定地走上了结合集体经济与市场机制的特色发展之路。它坚守集体经济基石，实行按劳分配，确保村民共享成果，同时勇于创新，将市场机制引入集体经济，通过开垦滩涂、转租水田等措施，盘活了土地资源，促进了农业、旅游业的融合发展，为村庄带来了多元化经济收入来源。崖口村的成功，在于其智慧地保留了集体经济的稳定性与凝聚力，同时巧妙引入市场机制，实现了生产力与生产关系的有机统一。这种基于本土实际的发展路径，不仅促进了产业多元化发展，还显著提升了农村经济活力与韧性。

2. 需强化消费教育，帮助村民培育正确的消费意识

坚持"绿水青山就是金山银山"的发展理念至关重要。崖口村依托自然风光，打造生态旅游项目，实现了绿色生态与经济增长的和谐共生。同时，崖口村在推广绿色消费方面也作出了努力，但成效有限。这是由于部分村民对绿色消费理解浅显，绿色产品供应不足且价格高昂，限制了其实践。因此，要持续推进消费文化的发展，就必须开展针对性教育与培训，引导村民树立正确的消费观念，促进消费行为的绿色转型。

3. 打破区域壁垒，推动城乡经济融合发展

打破区域壁垒，推动城乡经济融合发展也是崖口村成功的关键。交通基础设施的完善，直接促进了崖口村村民出行方式的多样化与现代化，打破了区域限制。崖口村还开通了观光旅游专线，与周边热门景点紧密相连，形成了集旅游、观光、购物于一体的消费链条，促进了商业繁荣，提升了村民收入水平，激发了消费活力。总体而言，乡村发展不能与城市割裂开来，要打破区域壁垒，完善交通，促进城乡融合，打造旅游消费链，方可提升村民收入，激发消费活力。

（二）消费活力稳步提升的名村实践

1. 发展特色产业与经济转型相结合——横坑经验

横坑通过试种柑橘等特色产业，成功迈出脱贫致富第一步，激活了当地消费市场。此外，紧跟国家政策导向，地方政府积极实施经济转型战略，如"工业优先"政策，吸引外资投资办厂，促进了当地经济的快速增长和村民收入的大幅提升。这些举措不仅增强了村民的消费能力，还提升了当地的消费活力。横坑的发展经验表明，国家政策的引导与地方政府的积极配合是推动农村发展的关键，特色产业与经济转型相结合能有效促进农村经济的全面发展。

2. 着力改善基础设施，激发消费潜力——郴州经验

郴州市政府大力投入基础设施建设，改善农村居民生活环境，实现经济与环境协调发展。通过普及自来水、深井水，完善公路、电网等设施，提升农民生活质量。同时，加强农村合作医疗体系建设，提高农民健康水平。这些举措增强了农村可持续发展能力和人与自然和谐发展能力，为郴州农村发展提供了宝贵经验。

3. 深入拓展产业链，农产品提质又增收——袁家村经验

袁家村是一个以乡村旅游和休闲农业为特色的村子。他们通过发展乡村旅游，吸引了大量游客前来观光、休闲和度假，从而带动了当地餐饮、住宿、购物等产业的发展。同时，袁家村还注重农产品的深加工和销售，通过电商平台将农产品销往全国各地，进一步拓宽了销售渠道。不难看出，乡村旅游和休闲农业是促进农村居民消费增长的有效途径。通过发展乡村旅游，可以吸引游客前来消费，带动当地产业的发展。同时，注重农产品的深加工和销

售也是提升农村居民收入的重要手段。

(三) 我国农村居民消费整体跃升的改革发展经验

1. 畅通经济双循环，促进农村消费增长

通过国内大循环，政府实施惠农政策提高农民收入，完善基础设施建设，推动农业产业化、现代化，并培育新型农业经营主体；同时，通过国内国际双循环，完善农村市场体系，利用电商、直播带货等拓宽农产品销售渠道。这些举措共同促进了农民消费观念的转变，提升了农村消费水平，实现了农村消费市场的持续健康发展。由此可见，我们应持续加大农村扶持力度，推进产业升级，完善市场体系，引导农民转变消费观念，以经济双循环为动力，推动农村消费市场持续健康发展。

2. 发展数字经济，深挖农村居民消费潜力

我国通过数字经济深入挖掘农村居民消费潜力。通过搭建电子商务平台拓宽农产品销售渠道，利用农业大数据平台提供科学指导，以及发展数字金融降低金融服务门槛等一系列举措，不仅增加了农民收入，还提升了农村消费能力。这证明，数字技术能有效促进信息流通和资源优化，为农村经济注入新活力。因此，我国应持续推动数字经济与乡村发展深度融合，以实现乡村全面振兴和农村经济的可持续发展。

3. 构建橄榄型分配结构，追求共同富裕

我国政府通过实施一系列惠农政策，提高农民收入，为农村消费市场的拓展提供了有力保障；通过深化收入分配体制改革，建立健全激励机制，增加中等收入者数量，为形成橄榄型居民收入结构奠定基础；还通过发展职业教育、提供职业培训等方式，提升农村劳动力的技能水平，使其更好地适应市场需求，从而增加收入来源。总的来说，我国还应持续出台惠农政策、改革收入分配体制，不断增加尤其是在农村地区的中等收入群体的规模，最终实现共同富裕。

五、结语

随着改革开放不断向历史深处前进，我们可以看到不仅仅是中山崖口村，

全国的农村社会都面临着更加深刻的变革。现如今，农村人口仍旧占我国总人口的33%左右，这意味着还有大约4.62亿的农村居民。我国自古就十分重视农业发展，而今"三农"问题长期是我国推进全面治理的重中之重。这么大的人口基数，仍有巨大的消费潜力等待挖掘；如此重大的战略问题，仍有空间找寻策略；这般宏大的议题，恰恰要落到细微之处考察，而中山崖口村是探知我国改革开放以来农村居民消费文化变迁的优质样本。从中山崖口村居民消费文化变迁的历史中把握经验，明确得失，获取启示，从而刺激农村居民消费需求，开拓农村消费市场，助力乡村全面振兴，这正是本项调研的旨趣所在。

城市无障碍设施空间治理的策略优化组合探究

——以广州市为例

张立峰 刘嘉滢 唐鲜妹 陈 曦 蔡树德

一、广州市城市无障碍设施空间治理应然性规范的建构

(一) 无障碍设施内涵

目前,学界对无障碍设施概念的研究主要有以下三种立场。第一是障碍经验社会模型。该观点认为无障碍设施是为占社会少部分的障碍经验者服务的便利性设计,强调使用者的"特殊性"。第二是障碍经验普同主义。该观点认为无障碍设施注重的是以社会最大多数人的可用性为考量的便利性设计,不特别强调使用者的特殊问题。第三,部分学者从无障碍概念的方法论、历史和哲学方面进行考量,认为无障碍对这一概念的定义并没有达成共识,需要联合起来达成一个共同的概念框架。综上,本文认为无障碍设施是为全体社会成员共用的、可为障碍经验者服务的便利性设计。这一定义既强调使用者的"特殊性",又兼顾了潜在使用者的"普遍性"。

(二) 城市无障碍设施建设的理论阐发

1. 社会性是人的本质属性

人具有社会性,且就其本质而言,社会性是人的本质属性。根据马斯洛需要层次理论,具有社会性的人有较高级的需要,即生理需求之上的安全需求与爱与归属需求。生活在城市空间中的具有社会属性的人,其安全需要、爱与归属的满足与否与城市无障碍设施的建设息息相关。

2. 空间正义理论

空间正义理论虽然是在对城市空间中的不正义问题的讨论中形成和发展

起来的，但是作为一种批判空间视角下的正义讨论，在公共空间、公共服务、城市化过程中的空间问题等议题仍然具有同样的解释力。①

空间正义理论要求具有社会价值的资源和机会在空间的合理分配是公正的，以满足不同空间群体的基本需求，这种公正并不是将资源平均分给每一个社会成员或群体，而是要将资源对弱势群体做有利的不平等安排，以实现大卫·哈维所说的"最少的优势领地"和最穷居民的财富最大化。② 这意味着，实质的空间正义的实现要避免弱势群体的空间边缘化。城市系统的正常运转和城市功能的正常活动离不开每一个社会群体与社会空间的和谐共处，因此，城市无障碍设施这一城市空间的设置应在为障碍经验者服务的同时，照顾到社会其他群体的需求，做到满足特殊性与普遍性相统一的设计。

除此之外，空间正义理论还要求增加公众参与关于空间分配的机会，尤其是弱势群体意见表达的机会和能力，使其平等地进入公共空间，参与社会生活。

3. 新公共服务理论

新公共服务理论主张的是基于民主、人性和公共利益至上的新公共服务模式。强调公共管理者是公共服务中的参与者，而不是企业家，应对公民权利和公共服务引起重视。公共管理者同时扮演着多个角色，他们既是公民权利的保障者和公共资源的管理者，还是监督者和促进者，进而为公民提供更全面的服务。③ 城市无障碍设施的完善需要多方的参与，新公共服务理论主张的公共利益至上原则将对无障碍设施的完善提供新思路。

(三) 应然性规范的建构

本文参考上述理论，为城市无障碍设施空间治理建构应然性规范，即广州市无障碍设施空间应该呈现什么状态、达到什么效果。本文认为城市无障碍设施空间应然性规范的标准应该有：一是切实满足特殊人群出行需要，提供适宜活动的社会大环境；二是彰显人文关怀和人性光辉，让无障碍设施适

---

① 曹现强、张福磊：《空间正义：形成、内涵及意义》，《城市发展研究》2011 年第 4 期。

② 索亚，著，李钧，等译：《后大都市：城市和区域的批判性研究》，上海教育出版社 2006 年版。

③ 王博：《北京市无障碍环境建设问题调研及对策研究》，硕士毕业论文，北京建筑大学，2017 年。

用人群真实感受到爱和社会关怀；三是保障无障碍设施空间成为特殊人群的"最优领域"，尊重他们主体地位和给予他们表达的机会；四是摆脱私利心理，维护公共利益，发挥多主体共同参与无障碍设施空间内所有工作。以上是本文对无障碍设施应然性规范的建构，可作为后续调查的对照指标。

二、广州市无障碍设施空间治理的调查和分析

（一）调查方法

问卷调查法：线下邀请同学填写问卷，线上通过转发问卷链接给好友填写。累计发放问卷200份，回收194份。此外，借用SPSS统计分析软件对回收的问卷数据进行统计和分析。

访谈法：选择一位符合无障碍环境建设适用人群的残障人士，了解她对无障碍设施建设的想法和建议。

实践观察法：实地踩点广州市部分地区，观察无障碍设施空间的现状以及公众面对无障碍设施空间的行为。

网络查询：小组在官方网站查询广州市关于无障碍设施的相关政策或报道等。

（二）问卷设计和分析

1. 问卷的发放和回收

调查问卷发放的覆盖面主要是学生群体，同时尽量将发放范围扩大到其他各类群体上。问卷共设置7道问题，通过线上和线下发放和回收的方式，共发放200份问卷，收回有效问卷194份。

2. 运用SPSS进行信度分析

信度分析主要反映被调查者填写问卷的真实程度，能用于检验所得数据是否具备可靠性。本文采用克朗巴哈（Cronbach）α信度系数对问卷数据进行可靠性分析。α系数值高于0.8，则说明信度高；介于0.7~0.8之间，则说明信度较好。本文通过SPSS的具体操作命令后，输出信度系数为0.726（表13），可见该问卷信度较好，能为后续研究提供数据支撑。

表 13　问卷内容信度分析

问题	删除项后的标度平均值	删除项后的标度方差	修正后的项与总计相关性	删除项后的克隆巴赫 Alpha	标准化后的 α
您是否认同广州城市化发展过程中，人与人之间关系变得更冷漠？	5.74	0.897	−0.143	0.687	
您是否注意到广州的无障碍设计？	5.75	0.633	0.195	0.691	0.726
假如您看到广州无障碍设施存在不合理现象，您会怎么样？	5.87	0.645	0.086	0.705	

3. 运用 SPSS 进行效度分析

效度分析主要反映问卷所出选题是否能反映所测的主题，能体现所收集的变量是否适合用于分析。取值范围为 0~1，越接近 1，说明问卷的效度越好。根据 SPSS 效度分析，可得到 KMO 值为 0.753（表 14），效度可达到要求水平。

表 14　问卷内容效度分析

KMO 和巴特利特检验		
KMO 取样适切性量数		0.753
巴特利特球形度检验	近似卡方	24.751
	自由度	3
	显著性	0

（三）访谈调查和分析

从小患有小儿麻痹症、双腿肌肉萎缩的林同学在访谈中提到其外出频率很少，基本不出门。她还反映自己所在的社区、就读学校基本没有无障碍设施，自己也没有使用过，所以也不清楚无障碍环境建设是否对残障人士有用，但她仍然希望国家能扩大无障碍设施的分布范围，让无障碍设施能满足各种情况的残障人士的需求。她表示倘若有一天身边的无障碍环境建设足够成熟，她会愿意尝试使用和增加外出频率。

（四）广州市无障碍设施空间治理的经验和不足

1. 广州市无障碍设施空间治理的经验

（1）广州城市无障碍设施覆盖率高

2020年10月，广州市印发《建筑与市政工程无障碍通用规范》国家标准，提到任何设施不得占用盲道。2021年，全市新建道路、公共交通设施的无障碍设施建设率达到100%。全市公共厕所无障碍设施覆盖率达90%以上。最新的《广州市无障碍环境发展规划》中的措施重点包括推进城中村等城市空间场域的无障碍设施覆盖，克服广州城区与城中村无障碍设施资源分布不对等的缺陷，实现真正的城市无障碍设施高覆盖率。本文利用SPSS对问卷中"您是否注意到广州的无障碍设计"一题进行分析（图42），数值1至4分别表示：完全不注意、基本不注意、偶尔注意、非常注意。分析得到平均值为2.93，绝大多数被调查对象选择了偶尔注意，由此可见广州市当前的无障碍设施建设覆盖率较高，能引起民众的注意。

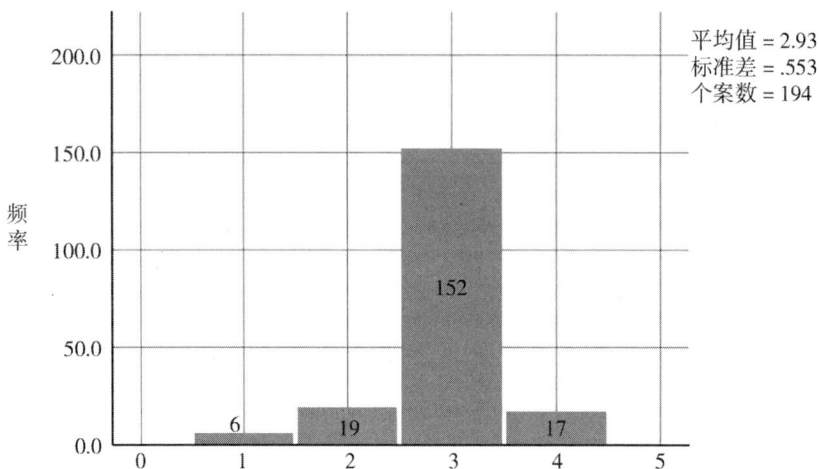

图42　您是否经常注意到广州的无障碍设计?

（2）广州城市无障碍设施设计多样

本文利用SPSS对问卷题进行描述行分析（表15），A、B、C、D在问卷中分别代表四张不同类型的无障碍设施图片，根据结果显示，被调查对象能认识广州市多样化的无障碍设施。其实，广州市在提高无障碍设施覆盖率的同时也在无障碍设施的多样化中作出努力。以地铁为例，广州地铁绝大部分均设有无障碍出入口、无障碍坡道、无障碍电梯、宽闸道出入口、盲文导向牌、地铁踏板、第三卫生间、站内呼叫机、车厢内轮椅专用位置等设施。从近期广州市无障碍设施建设发展各类规划中可以看到，多样化依旧是广州市的一个发展方向。如持续增加场所语音提示、盲文提示等信息服务，同时注重建筑公共空间中的低位前台、低位电梯按钮以及乘车空间中轮椅固定装置、婴儿车固定装置等设施。

表15　问卷问题3描述行分析

Q3 频率				
		响应		个案百分比
		个案数	百分比	
Q3ᵃ	3、(A) 图片	159	26.4%	82.0%
	3、(B) 图片	140	23.2%	72.2%
	3、(C) 图片	167	27.7%	86.1%
	3、(D) 图片	137	22.7%	70.6%
总计		603	100.0%	310.8%

注：a. 使用了值1对二分组进行制表。

（3）广州城市无障碍设施数字化宣传力度充足

广州地铁修建年份较早，大部分建设于无障碍设施相对不完善的时候。为解决这一问题，广州市推动了地铁数字化发展。尤其强调用数字化媒体渠道实现数字化宣传。通过 SPSS 对问卷中公众了解广州无障碍设施的渠道进行汇总和分析（表16），能发现几种渠道中，网络媒体所占百分比最高，成为公众认识广州无障碍设施的主要来源。例如在广州地铁 App 上，明确展示服务热线，同时在"出行关爱"的页面有乘车时间、进站出站时间的信息登记；再如时常在《广州日报》《南方晚报》等刊物及其官网上有无障碍空间设施进展、发展。

表 16　问卷问题 5 描述行分析

Q5 频率				
		响应		个案百分比
		个案数	百分比	
Q5[a]	5、（书刊）	72	20.0%	37.1%
	5、（课堂）	75	20.8%	38.7%
	5、（网络媒体）	164	45.6%	84.5%
	5、（长辈朋友）	35	9.7%	18.0%
	5、（其他）	14	3.9%	7.2%
总计		360	100.0%	185.6%
注：a. 使用了值 1 对二分组进行制表。				

2. 广州市无障碍设施空间治理的不足

（1）广州市城市无障碍设施存在不当，设计人性化不足

广州城市化发展过程中引发了主观和客观上的问题。于主观而言，快节奏的城市生活改变了乡土社会中的温情，人与人之间的冷漠感上升。在 SPSS 建构的数据模型图中（图 43），1 至 4 分别代表：非常不认同、比较不认同、比较认同、非常认同。绝大多数被试者选择了比较认同，认为广州城市化确实使得人与人之间更冷漠了。于客观而言，广州城市化发展带来了许多社会难题，通过建构的数据行分析可发现（表 17），其中交通和住房用地所占百分比更高。由于主客观的综合原因，人们在建设和维护无障碍设施上对特殊人群的人文关怀不够浓烈，且受限于城市化发展需要，留给无障碍设施建设的空间有限。这导致了广州市无障碍设施覆盖率虽高，但是存在设计不合理的问题。广州市城市人行道路、社区或校园内人行道路大部分都铺设有盲道。视障者需要借助盲道行进，盲道的拐弯处会有凸点提示，以帮助视障者识别。但在广州市的大部分盲道设计中，常有乱停单车、乱摆摊位等问题出现。在建设时也没有为盲道周边留出足够的空间。从一些盲道被沙井盖、垃圾桶截断的现象来看，也可以得知设计不合理的问题存在。

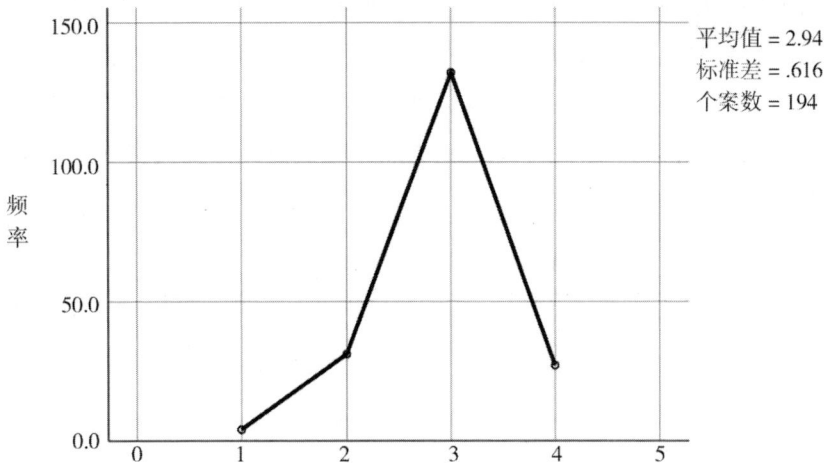

图 43　您是否认同城市化发展过程中，人与人之间的关系变得更冷漠?

表 17　问卷问题 1 描述行分析

Q1 频率				
		响应		个案百分比
		个案数	百分比	
Q1ª	1、（交通拥挤）	164	25.2%	84.5%
	1、（住房紧张）	163	25.0%	84.0%
	1、（土地占用）	119	18.3%	61.3%
	1、（就业困难）	126	19.3%	64.9%
	1、（社会秩序混乱）	76	11.7%	39.2%
	1、（其他）	4	0.6%	2.1%
总计		652	100.0%	336.1%
注：a. 使用了值 1 对二分组进行制表。				

（2）广州市无障碍设施利用率低、发挥实效不足

广州市无障碍设施存在的另一问题在于低利用率，发挥的实效不足。SPSS 显示的问卷中"您认为广州无障碍设施存在哪些问题？"的描述行分析中能看出（表 18），广州市无障碍设施存在许多不足，尤其是设备老旧和效力有限。盲道瓷砖破裂甚至滑脱，让设施直接失去可利用性。除了盲道之外，无论是城市中设置的第三卫生间、无障碍卫生间，有的会被当作杂物房利用，甚至处于常年闭门状态，完全无法发挥实效性。广州的绝大部分天桥都设有

无障碍电梯，经调查发现也存在少量电梯常年停电的现象，对于广泛设置的地铁无障碍电梯也存在被普通乘客占用的现象，许多站点虽然设置了进站升降机，但是其操作必须要由工作人员进行，在客流高峰时极难调动人力进行使用。由此可见，广州市无障碍设施虽然广泛设置，但是其实际利用率较低的问题难以解决。

表 18　问卷问题 7 描述行分析

		响应		个案百分比
Q7 频率				
		个案数	百分比	
Q7ª	7、（规划不合理）	108	18.1%	55.7%
	7、（非法占用）	110	18.5%	56.7%
	7、（设施老旧）	140	23.5%	72.2%
	7、（效力有限）	125	21.0%	64.4%
	7、（形式工程）	110	18.5%	56.7%
	7、（其他）	3	0.5%	1.5%
总计		596	100.0%	307.2%
注：a. 使用了值 1 对二分组进行制表。				

（3）广州市无障碍设施某些常见场域普及少

广州市无障碍设施建设主要集中在城市道路、公共卫生间、地铁中，但是对于路口、公交车却少有建设。除中心城区外，带导盲声音和触感提示的红绿灯非常罕见，也没有替代的振动传感器，这给视障者出行带来了巨大的困难。公交车一般在前门与后门处均设有两层阶梯，并未加设移动坡道等设施优化公共交通无障碍出行，这对于身体残障及老年人群增加了一层上车的困难与危险，除了红绿灯与公交车此类社会中常见的场域外，还有众多应该被普及却未普及、覆盖到的场域。

三、广州市城市无障碍设施空间治理的策略优化组合

(一) 健全无障碍设施空间法律体系，打造管护新格局

1. 深入开展立法调研和法典汇编，赋予建设标准法律效能

我国有关无障碍环境建设的法规条文不少，但缺乏实效性与法律体系内部的协调性。为应对无障碍环境建设的推进情况，应加强立法的研究论证工作，排查无障碍环境建设与使用存在的问题，遵循问题导向和需求导向，切实提高无障碍环境立法的科学性与系统性，进而推进法规清理与汇编工作，解决无障碍环境建设领域中不同层级的法规的相互冲突与重叠的问题。"纵向没有断裂带，横向没有空白点"①，实现中央与地方法律法规的协调统一，为无障碍环境建设提供法治治理保障，真正使无障碍环境建设有法可依、有法必依。

2. 明确细化主体责任与职权范围，构建多主体联动新机制

通过相关法律条文规范，明确无障碍空间治理各主体责任与职权，整改管理缺位问题。构建多主体联动新机制，加强政府及有关部门的政策协同，形成多部门并联执法；实行包括地方政府及残联、发展改革等15个部门在内的联席会议制度，统筹协调建设与改造工作，联合办公提高效率；吸纳热心无障碍环境建设、具备一定专业知识或无障碍环境使用人群参与监管工作，并与政府部门搭建联系，形成中央与地方、政府与社会多主体联动新机制。

3. 切实推行无障碍环境认证评估，完善专业人才培养体系

无障碍环境认证评估是促成无障碍环境长效运行不可或缺的环节。各地应推行无障碍环境认证，构建无障碍环境体检评估机制及配套体检评估方法，以实时监测无障碍环境使用情况，定期维护与更新无障碍设施，杜绝"重建设、轻维护"的问题出现。建议将无障碍环境建设实效纳入省市县发展综合考核评价体系，设立相应奖惩机制，并将认证与评估结果定期向社会公布，引导大众积极参与监督，形成监督合力。完善专业人才培养体系，开展无障碍专业职业资格和机构认证，为无障碍环境建设、服务与咨询等方面提供坚

---

① 赵树坤：《老年人便利出行制度保障的三维建构》，《人权》2022年第4期。

实的人才基础，从而进一步形成政府有关部门、社会组织与机构、普通大众等多主体联动管护新格局。

(二) 加强伦理道德建设，重视人文关怀

1. 重构社会公序良俗，设身处地换位思考

城市无障碍设施的空间治理单独依靠法律法规的完善不能解决现存问题，还需要社会成员主体建立相关伦理道德来实现。功利主义、利己主义、个人主义等思想与扬义抑利、集体主义之间存在矛盾冲突，对我国原有的社会公序良俗产生冲击。社会公序良俗的重构就是对扬义抑利、集体主义思想的呼唤和复归，唤醒民众心中的良善之心。

让每位健全的人都能设身处地地为特殊人群思考。天美工作室曾出品一款游戏——《见》，玩家以视障人士的视角去体验出行，在这一过程中，玩家能够切身体会视障人士因社会公共设施不足、人们重视程度不够而导致的出行困难，呼吁大众对于视障人士给予更多的理解和关注。这样一款游戏，给很多健全人士一个了解到残障人士真实的生活环境的机会，增强了情感共鸣。

2. 加大媒体宣传力度，关注特殊群体

充分、合理发挥大众传媒和社会舆论的宣传功能，加大宣传力度，加强宣传，丰富宣传的方式和渠道，通过有目的的引导，不断提升公众对于无障碍设施建设的认可程度，逐步营造出全社会关注和关爱弱势群体和无障碍环境建设的良好氛围，这也是在帮助弱势群体实现参与社会生活的愿望。[1]

中国残障人士数量不少，社会却难以提供适宜他们出行的大环境。不完善的无障碍设施、异样的眼光……对他们的生理和心理都造成不同程度的伤害。因此，需要发挥媒体的宣传作用，提升对城市无障碍设施建设的认知，加强对残障人士理解和爱护，营造适合特殊人群出行的大环境。

3. 发挥教育在提升社会成员道德修养的作用

实现真正无障碍的生活，仅仅依靠相关人员的努力远远不够，还需要社会成员承担起义务，为了更好地让公众认识到无障碍设施对于残障人士的重要性，从而有保护无障碍设施的自觉行为，这需要发挥教育的功能。

教育作为提升人的综合素质的实践活动，应培养学生以平常心态对待残

---

① 戴孟勇:《法律行为与公序良俗》,《法学家》2020 年第 1 期。

障人士，并且能够在他们需要帮助的时候伸出援手；让公众在教育过程中了解无障碍设施及其对特殊人群的重要性，教导他们保护好无障碍设施和维护好特殊人群合法权益，并勇于同占用和损害无障碍设施的行为作斗争。

（三）推动伦理道德渗透法律制度体系，彰显人文关怀

1. 无障碍设施空间治理的法律建设需强调人文关怀

法律具有强制性，保障无障碍设施空间正义的前提是要做到依法。但无障碍设施空间乱象涉及多元主体活动，在不特定空间内责任具有难以分辨性，其治理和保护的是特定人群的合法权益。很多时刻我们不能分辨出谁是造成乱象的责任方。但我们能肯定，一大批的残障人士、老年人是该空间治理的保护对象。因此在该空间治理中更应该做到遵从公平和严谨法理逻辑的基础上，不失人文关怀。避免让无障碍设施空间治理的法律制度体系悬置，杜绝法律的人文关怀形式化，强调让人文关怀渗透法律建设，让这一大批特殊人群感受到切实的人性温暖。

2. 无障碍设施空间治理的管理和执法过程需做到以人为本

随着国家法律制度体系的健全发展，关于无障碍设施空间的法律也不断被完善，基本可以让保障该空间治理有法可依，但实际的管理和执法过程应该切实做到以人为本。尊重特殊人群在无障碍设施空间法律中的主体地位，理解和关心他们，始终维护好该类特殊人群的合法权益。杜绝抱着因为也不会有什么人群使用，就不在乎、不作为的态度，认为管理好无障碍设施空间无关紧要。这种心态颠倒了因果关系，并不是没有特殊人群使用，所以管理和执法不重要，而是长期对于城市无障碍设施空间的治理都不尽如人意，成为了阻碍特殊人群出行的因素。因此，在该空间的管理和执法中，应将以人为本落到实处。

四、结语

城市无障碍空间应该对照建构的应然性规范进行治理，广州市在城市无障碍空间领域长期发展中积累了一定的经验，但也存在不足。因此应该采取综合的策略优化组合来弥补缺漏，以开创无障碍设施空间治理新格局，切实

保障特殊人群的合法权益,彰显人性光辉。本项目成果通过反思广州市城市无障碍空间治理中的不足,并在应然性规范的基础上组合起新型策略,为城市无障碍空间治理提供新思路,推动城市无障碍空间治理的人性化、现代化发展。

学史述史践初心，知行合一砺征程

——广州大学马克思主义学院学生讲党史的探索与实践

梅淑宁　马　娟　宋学来

2021 年是中国共产党成立一百周年，也是全党开展党史学习教育之年。马克思主义学院学生工作队伍充分利用学科专业优势，以"学生讲党史"为核心，组织青年大学生面向校内外开展了形式多样、覆盖面广的党史宣讲活动，让学生在讲述中感悟初心使命，收获专业成长，也把红色基因撒播到羊城各地。学生讲党史不仅在广东省高校大学生讲党史公开课展示活动中喜获佳绩，还获得省内外多家主流媒体报道。

一、背景介绍

自党中央决定在全党开展党史学习教育之日起，广州大学马克思主义学院的学工队伍就陷入了深深的思考。怎么以此为契机、载体和途径，更好地发挥马院的学科优势，引领马院学子结合专业学习，更深入地学习党史，并服务于党史学习教育大局，成为摆在学工队伍面前的一项课题。

（一）学院拥有深厚的专业底蕴

广州大学马克思主义学院是首批广东省重点马克思主义学院。学院拥有国家一流本科专业思想政治教育，广东省优势重点学科马克思主义理论。学院承担了全校的思想政治理论课教学，中国近现代史纲要是国家一流课程，教师中也拥有多位党史领域的专家教授。学院在国内主要慕课平台最早上线了《中国共产党历史 1921—2021》在线开放课程，为全校党史学习教育制作

《学百年党史　做世纪新人》《中国共产党人的精神谱系》《中国共产党人为什么能》等多个讲稿和课件。2021 年，学院 16 名骨干教师参加广东省、广州市及广州大学党史学习教育宣讲团，在校内外作党史宣讲 80 余场。

（二）学生具备扎实的党史基础

马克思主义学院拥有本研在校生五百余人。《中共党史》《毛泽东思想概论》《中国特色社会主义理论》等党史相关课程是本科生的专业核心课程；研究生中也有马克思主义中国化研究、党的建设、学科教学（思政）等专业方向。在长期的专业教育下，学生普遍关注党情国情，政治素质和思想觉悟高，党史基础较为扎实。2021 年，马院师生共同收看了庆祝中国共产党成立 100 周年大会直播、纪念辛亥革命 110 周年大会直播、党的十九届六中全会新闻发布会直播等，并组织了学习研讨，专业知识进一步得到更新巩固。学生在教师的带领下，为全校党史学习教育找资料、做课件。学院团学公众号还推出了每期一题的"党史知识小测试"，帮助学生在碎片化的时间中学习党史，让党史学习在学生中蔚然成风。在学校党史红色长廊的建设中，学生承担了约 12 万字党史史料的审校。在全校学党史知识竞赛中，学生参赛队伍夺得了第一名；并在第十七届"挑战杯"竞赛红色专项赛道中，获校赛一等奖 1 项、二等奖 1 项。

二、实践过程

在全校师生积极开展党史学习的热潮下，马院以专业"讲党史"为核心，以学生党支部、院团委为组织力量，通过举行党史说课比赛选拔骨干、校内外宣讲党史锤炼本领、组建党史讲解队形成长效，打造了一支知史爱党、凝聚力强、长期稳定的学生宣讲团队，促使学生在党史学习教育中收获了全方位的成长。

（一）以"百年党史听我说"党史说课比赛为平台，选拔骨干团队

1. 活动整体概述

在学院党委的指导支持下，马院学生党支部于 2021 年 3 月筹办主题为

"百年党史听我说"的党史说课比赛。比赛分为预赛和决赛两个阶段。首先在各班内部进行预赛选拔，并安排专任教师、学生党支部党员前去观赛，然后综合教师和学生党员的意见，对各班作品进行排序。决赛中邀请教研经验丰富的教师担任评委。学院在获胜队伍中推荐 2 支优秀队伍参加 2021 年广东省高校大学生讲党史公开课展示活动，获得本科组二等奖 1 项、三等奖 1 项。

2. 活动开展情况

（1）前期做好宣传动员。学生党支部积极做好比赛的宣传工作，将比赛通知下达至马院各班级，动员各学生党员发挥先锋模范作用、主动讲好党史。马克思主义学院报名组成了 20 组参赛队伍，涵盖了 2018 级、2019 级、2020 级本科生和 2020 级研究生，共 53 人参赛。参赛学生占全院学生 14.5%。

（2）开展过程井然有序。在预赛阶段，学生党支部选派学生党员去各班观摩选拔情况，并根据参赛队伍的排名情况，遴选了 12 支队伍进入决赛阶段。5 月 11 日下午，学生党支部组织了党史说课决赛。比赛邀请了中国近现代史纲要教研部资深教师担任评委，全院超过 130 名同学到场观摩。在题材内容上，参赛选手以中国共产党百年历史为主线，讲述红色故事、红色人物、分享家国情怀、成长感悟，以小见大、寓理于情、贴近实际，展现了马院学子扎实的党史知识和突出的讲授能力。最终，梁同学等人讲述的《青春似火可以燎原——追忆陈延年烈士》、卢同学等人讲述的《木棉花开忆英雄——广州起义纪实》以出色的表现获得一等奖。

3. 活动总结提升

比赛结束后，马克思主义学院通过微信公众号、官方网页等进行了活动的宣传报道。同时，参赛同学根据指导老师的专业意见和建议，在关键事实、关键理论上进一步打磨，把所选的党史故事讲透讲准确。经学院评审推荐，两支优秀队伍于 5 月 24 日进行了党史说课作品的视频录制，完成了"广东省高校大学生讲党史公开课展示活动"参赛作品并如期提交。2021 年 10 月，广东省教育厅公布了评审结果，我院学生团队喜获佳绩。其中，梁同学等人、卢同学等人的作品分别获本科组二等奖、三等奖。

（二）以"知史爱党"南沙四镇街宣讲实践为抓手，锤炼宣讲本领

1. 宣讲整体概述

广州大学马克思主义学院联合广州市南沙区委宣传部、南沙区新时代文

明实践中心，组织遴选 6 名研究生和 10 名本科生，成立了"广大马院党史青年宣讲团"，于 2021 年 7 月 19 日—20 日先后来到南沙区大岗镇、榄核镇、南沙街和东涌镇，为广大党员群众讲述习近平总书记"七一"重要讲话精神，讲述中国共产党人的精神谱系，讲述发生在南粤大地的党史故事。广大马院党史青年宣讲团荣获广州大学 2021—2022 学年"厚植爱国主义情怀"工作先进集体。宣讲团还通过学校选拔推荐，角逐由中国青年报主办的 2021 年第七届寻找全国大学生百强暑期实践团队评选。

2. 宣讲开展情况

（1）宣讲背景和前期准备。2021 年 7 月 1 日上午，习近平总书记在庆祝中国共产党成立 100 周年大会上发表重要讲话。深入学习"七一"重要讲话精神，进一步推动党史学习教育走深走实，成为一项首要政治任务。学院举办"深入学习习近平总书记'七一'重要讲话精神 推进新时代党的理论建设"论坛，举办"伟大建党精神与中国共产党人精神谱系"研讨会，引领师生深入学习"七一"重要讲话精神。

同时，随着暑假的到来，暑期社会实践安排也提上日程。同学在说课比赛的打磨下，已经有了丰富的授课储备。同时，成立了党史青年宣讲团，组织专家集体备课，宣讲的条件已相对成熟。于是，学院学工队伍主动联系了广州市南沙区委宣传部，沟通就近安排义务宣讲。南沙区委宣传部对学生宣讲团队表示热烈欢迎，双方达成了一致安排。

（2）宣讲活动顺利开展。本次宣讲历时 2 天，共计 4 场，覆盖了南沙区大岗镇、榄核镇、南沙街和东涌镇三百余位党员群众。听众既有各村社的党员代表，也有来自当地机关、企事业单位的预备党员和入党积极分子，还有社区群众、初高中生等。为了让宣讲更加生动鲜活，贴合不同年龄、不同身份观众的需要，宣讲队伍在专业老师的指导下团结合作，串联宣讲内容，认真推敲语句，创新宣讲形式。在宣讲内容上，队员们选择了习近平总书记"七一"重要讲话精神、陈延年烈士、广州起义、井冈山精神、"两弹一星"精神这 5 个篇章，搭配成从建党之初到社会主义建设，再到党的百年华诞的党史知识套餐，每个篇章讲 15 分钟，从小切口讲述大故事，听起来丝毫不觉得冗长。在宣讲语言上，队员们尽量把"书面语"变为"大白话"，部分段落采取粤语讲述，让党史故事更接地气。在宣讲形式上，队员们巧妙穿插了如李大钊《青春》朗诵、情景小剧场、《刑场上的婚礼》电影配音、互动问答等环节，将一个个鲜活的形象、一幕幕感人的场景、一段段不朽的历史展现在观众面前，让党史故事更有温度。

3. 宣讲社会反响好

广大马院党史青年宣讲团通过"沉浸式"讲述建党百年的光辉历史，不仅展现了马院学子"学马信马用马"的良好素质，也赢得了南沙区各镇街父老乡亲的广泛好评。中国青年报、广州日报、南方都市报、羊城晚报、新快报、搜狐、网易等媒体以《广州大学"三下乡"深入乡镇宣讲党史》《2 天 4 场，覆盖 300 余位群众！广大马院学生进基层宣讲党史》《一支由青年学生组成的宣讲团来到南沙，"沉浸式"讲述党史故事》《从小切口讲述大故事 大学生宣讲团走进南沙镇街》等为题作了专门报道。此外，宣讲团还继续在学校青马班、学生党课团课开展宣讲，影响力和覆盖面日益扩大。

（三）以党史红色长廊讲解队为载体，形成长效机制

1. 讲解队整体概述

为进一步贯彻党中央关于党史学习教育活动的要求，以实际行动庆祝建党一百周年，广州大学建设了党建红色文化长廊（以下简称"红色长廊"）。红色长廊拥有 228 根柱子、11 万字组成的百年党史展示区，完整展现党的百年光辉历程，是一本立体的党史教科书。马克思主义学院以党史青年宣讲团成员为基础，把党史讲述队伍扩大到全校青年学生群体，牵头组建了一支知史爱党、又红又专的红色长廊讲解团队。

2. 讲解队组建过程

广州大学党建红色文化长廊长 1000 米，宽 6 米，包括 1 个主题雕塑、4 个主题展览厅、13 面主题景观墙和 228 根柱子，全面展现了党的百年奋斗史，是广州大学坚守为党育人、为国育才初心，打造的红色主题教育新阵地、校园文化新景观、党建文化新品牌、党建育人新标杆。而红色长廊学生讲解队是联系参观者与党建红色文化长廊之间的桥梁和纽带，担负着宣传、教育、组织、协调、引导和疏导等多项义务和职能。讲解的水平和服务的质量，直接影响着参观者的感受和体验，也关乎着红色长廊的专业形象和建设水平。

在学校组织部门的直接指导下，由马克思主义学院牵头，以广大马院党史青年宣讲团为核心成员，由各学院党委精心选拔推荐优秀学生，组建了一支 23 人的红色长廊讲解队伍。马院对讲解队伍进行了全方位的培训指导。一

是完善组织结构。在讲解队中设置了秘书组、宣传组、培训组。秘书组负责讲解队日常事务及活动组织;宣传组负责活动记录和宣传报道;培训组负责对队员进行党史知识、仪容仪表、语言和发声等方面的培训。二是开展专业培训。为讲解队每人赠送 1 本《中国共产党简史》,并从马克思主义学院邀请党史领域专家开展党史专题讲座,从新闻与传播学院邀请专业老师进行语言表达、仪容仪表培训,从党史相关展馆中邀请资深讲解员进行讲解必备技能培训。三是组织参观学习。组织讲解队到红色景点进行参观学习,一方面进一步学习党史知识;另一方面也从中提升讲解能力。

3. 讲解队建设成效

通过扎实的培训,讲解队伍的思想政治觉悟、党史知识储备、语言表达能力等都有了明显提升,形成了一支从学生中来,到学生中去的专业党史讲解团队。党史讲解深深融入了同学的日常学习生活,学校的党史学习教育氛围日益浓厚。师生和来宾们行走在党史红色长廊,伴随着青年学生的生动讲解,充分感受到青年大学生的使命与担当。

三、经验启示

(一) 以"学史"入心,筑牢思想根基

历史是最好的教科书。广大马院学工队伍以开展党史学习教育为契机,引领青年学生进一步学深悟透党史、增强政治定力、深化能力淬炼,在"学、研、用"中深刻体会到中国共产党为什么能、中国特色社会主义为什么好、马克思主义为什么行,从而实现专业知识和思想觉悟的同步提升。

(二) 以"讲史"见效,坚守初心使命

广大马院学工队伍鼓励学生把所学专业知识活化,通过党史说课、校内外宣讲、组建党史讲解队伍等多种形式,在学生中挖掘出了许多优秀的党史讲述达人,学史明理、学史增信、学史崇德、学史力行,进一步增强"四个意识",坚定"两个自信",做到"两个维护",自觉把自己的志向和国家民族复兴紧密联系起来,为实现中华民族伟大复兴的中国梦奉献青春力量。

（三）以"践史"化行，传递红色力量

质胜于华，行胜于言。广大马院学工队伍充分利用专业特色，多渠道搭建育人平台，发挥学生骨干的"导向、示范、激励、矫正"功能，并辐射到全校青年学生群体中，让青年带动青年、帮助青年，引导更广大的学生在学习领悟中坚定理想信念，练就专业本领，传承红色基因，把学习的成效转化为实践的动力和成效，于奋发有为中践行初心使命。

追光者说：

思想政治教育的青春之思

坚定的 "鑫" *

李卓欣　黄梅鑫

　　我想我们是见过面的，在广州大学马克思主义学院。我想我们是见过面的，在西藏支教的路上。

　　你说，"在部队，我没有实现到边疆去的诺言，现在有机会，我无论如何都要去"。

　　黄梅鑫，广州大学马克思主义学院的一名"00后"大学生，从2023年3月至7月远赴西藏波密县古乡武警爱民小学支教。支教伊始，一位学生问"老师，您当过兵吗?"，这让他不由得想起在南部战区空军某部的两年时光。

　　2020年，他怀着对军营的向往，从广州大学入伍南部战区空军航空兵某部，成为一名光荣的警卫战士，努力实现自己的军旅梦。

　　2021年7月，在一次训练任务中，他不幸从高处摔下，后来被诊断为"右膝前交叉韧带断裂+外侧半月板撕裂"。"这两个伤对于普通人来说是一个毁灭性的打击，依稀记得当时做手术做了6个小时……"提起那段复健的时光，他不禁心情沉重。从那以后，在长达一年的时间内，他都在和伤病作斗争，被评为"八级伤残军人"，可尽管如此，他还坚持和战友们一起训练，在他看来，军人的字典里没有"放弃"二字。

　　因为伤病，在报名援藏支教的通知公布时，他第一时刻递交了报名表。妈妈担心他受伤的膝盖受不了高原恶劣的环境，他却坚定地说："在部队，我没有实现到边疆去的诺言，现在有机会，我无论如何都要去。"

　　这是他第一次支教经历，第一次备课的无助感，第一次站上讲台的紧张感，都慢慢消融于学生真挚的眼神中。在支教过程中，他充分发挥退伍军人

---

* 2024年广东省"立志、修身、博学、报国"主题教育活动讲述诵读类省一等奖。

的优势，在学校领导的支持下，组建了学校国旗队并担任教官。在训练中，他发现孩子们骨子里都有一股韧劲，便暗暗下定决心："一定要让爱国主义的种子在孩子们心中生根发芽，要让国防特色在古乡小学擦的更亮。"

习近平总书记在党的二十大报告中指出："青年强，则国家强。当代中国青年生逢其时，施展才干的舞台无比广阔，实现梦想的前景无比光明。"作为新时代的青年大学生，他把小我融入祖国的大我之中。

因为参军入伍，他懂得了使命的光荣和坚守的分量！因为援藏支教，他领略了祖国山河的壮美和民族文化的多彩，收获了生命的感悟和成长的滋养！

他的每一次选择，初心如磐，坚定无悔。

星海淬炼绽芳华

——从军旅熔炉到广大殿堂的青春答卷

黄梅鑫

星海横流，岁月成章。与大多数同学不同的是，我的本科生涯共计六年——两年军营荣光，四年校园韶华。六年来，我与广大的故事在一个校区，一个学院，两个班级，三批舍友，许多挚友之间展开，数不清的相遇、相识，诉不完的真情、厚意，点滴岁月见证了我在广大成长的每分每秒。

博学笃行，臻于至善，入学以知识强国。六年前的入学仿佛还在昨天，从拿到录取通知书的那一刻，"博学笃行、与时俱进"的校训激励我拼搏奋进、鞭策我无畏前行；"尊德性、道问学"的院训指明了我前行的方向；"德才兼备、家国情怀、视野开阔、爱体育、懂艺术、能力发展性强"的培养目标赋予我们共同的使命担当。感谢学院领导、老师、辅导员倾囊相授，在学习和生活上给予我的支持和帮助，让我在马克思主义理论的海洋中尽情遨游。盛行千里，钻心求索，定不负师恩！

火热青春，不负韶华，入伍以热血报国。广大教会我家国情怀，忠诚热忱。我积极响应党和国家的号召，参军入伍，立志成为"武能战疆场、文能立讲台"的优秀马院人！带着这样的信念，奔赴绿色军营，书写有灵魂、有本事、有血性、有品德的无悔青春，让刻有广大马院名字的青春之花在祖国最需要的地方绚丽绽放。感谢挚爱的军营、同行的战友，教会我心怀大局、心有大我，敢打必胜、时代担当，让我看到了拼命的自己。

永葆初心，再创辉煌，复学以青春许国。退役复学的我，坚定行走在爱国荣校、追求卓越的路上。文清文新楼的课堂里，我努力学习，大学绩点3.88成功保研；雪域高原冰川之上，我用援藏支教践行"到祖国最需要的地方去"的誓言；抗击疫情和紧急任务面前，我时刻"召之即来、敢打必胜"。

从广东省征兵宣讲团成员到广州大学退役学生应急处突先锋队队长，从广州市优秀共青团员到优秀援藏支教教师，从奋力重拾学业到顺利保研华中师大，积极传递新时代马院青年的正能量。

惊涛骇浪从容渡，越是艰险越向前。一路走来，感谢摸爬滚打、奋力拼搏的自己，未来我会继续传承好广大精神、马院精神，在青春的赛道上奋力奔跑，跑出属于新时代广大马院人的最美模样、最好成绩！

回眸望，盛夏永驻

——我与广大马院的四年

许嘉炜

　　本科四年的时光流逝于指尖，此刻的我正坐在新的学校的图书馆，望着窗外青葱而繁茂的树木，不经意间被斑驳迷离于绿荫间的阳光而吸引。我的思绪一下子回到了那年夏天，那个刚刚结束了高考而对未来充满着无限期待的夏天。

　　众里寻他千百度，蓦然回首，那人却在灯火阑珊处。四年前的我，在结束高考后踏上了人生的新征程，即将步入大学求知。大学是人生发展的又一新阶段，面临择校和择专业，我不免感到困惑和纠结。在中学的时候，我就非常喜欢政治这个科目，起初是因为考试而接触它，但是在学习的过程中，我慢慢地喜欢上了这个学科，喜欢去感受里面讲述的东西，包括人的成长所需、国家发展所需，国家经济、政治、文化运转，以及哲学知识，我慢慢发现它并不单单只是一个学科如此简单，它教会我如何去认识自我、认识社会、认识国家、认识这个你我共同身处的世界。于是我便坚持了自己内心的选择，将广州大学思想政治教育师范专业作为了我的志愿首选。在这个过程中，我的父母曾非常担心专业的就业情况而阻止过我，但是我还是遵循了自己内心的选择。现在回过头来看，这四年在广大马院求学的经历告诉我，我当初的选择是正确的。

　　操觚千篇诗酒，谁继赤壁坡仙？进入广大马院后，起初我对大学的生活懵懂无知，但是好在学院的老师给予我们大学生活的指导，正是因为他们热心而亲切的帮助，让我对自己未来的四年有了较为完善的规划，并且明白了自己内心是真正热爱这个学科，所以从入校之初我就立志努力学习，希望未来能够通过考研来进一步提升自己。这四年的履历特别多，几乎每一帧画面都清晰地印刻在我的脑海当中。当我提笔在写这份随笔的时候，我竟不知该从何说起。大一在认真上课的同时，担任了学院团委和学校社管的职务，常常忙到不知所措，让我感慨生活虽忙碌但却充实。大二担任学院的导生，帮助新生进入大学，在学院青马班进修学习，提高自己的理论修养，参与学院南沙党史下基层的社会宣讲实践活动，将党的历史带到社会基层中去。大三参加了学院的党的二十大精神宣讲大赛，提高了自己的调研和宣讲能力；还参加了学院的师范技能大赛，提高了自己的师范教学能力。大四到中学实习，学习锻炼成为一名真正的人民教师，获得了学院优秀实习生的荣誉称号，代表学院参加广东省的师范技能比赛，同时在为考研做准备。这四年的时光如此漫长而难忘，我难以用简单的几句话，将这四年的履历一一向你诉说，但我希望你能在阅读我所写的文字的过程中，对我四年走过的路略有所闻。

桃李春风一杯酒，江湖夜雨十年灯。让我最难忘的还是大三暑假和大四期间准备考研的那段日子。考研这年，熬过了很多很多的不快乐，背书背不进脑子、在图书馆复习时突发胃痛、发烧感冒怕耽误进度也要复习、一边咳嗽一边背书、压力大到失眠落泪，还要同时准备省赛、实习、毕业论文、教资考试，那些日子现在仍然历历在目。庆幸的是我通过努力，获得了硕士研究生的入学资格，拿到了自己的硕士录取通知书。这份录取通知书的背后，不单只有我自己的努力，还凝结了很多人的帮助，包括指导我的学院老师和师兄师姐、包容我支持我的父母和舍友、鼓励我追逐自己梦想的挚友。在这里还想要特别感谢我的舍友，因为图书馆不能出声，通常我都是在晚上十点多回到宿舍后练习英语口语，感谢我的舍友对我的包容和支持。诚然大学四年，我并没有做到百分之百的努力，没有做到每件事称心如意，还有许多未竭尽全力而带来的遗憾，但我幸运地通过了最后一年的努力，摘取到了自己想要的那颗星星。

欲买桂花同载酒，终不似，少年游。我时常会想念在广大四年求学的日子，想念广大的图书馆和商中，想念广大马院教会我读书和人生道理的老师，想念广大马院一同求学的同学和朋友。如果说我来时没有爱，走的时候却满是情。虽然时间永远在流逝，但我总有那么一瞬间，希望时间永远定格在毕业那年的盛夏，与相遇于夏天的同学和挚友，带着鲜花和掌声，奔赴各自未来的远方，走向各自憧憬的夏天。希望再度归来时，仍然是当初那个永葆初心、满怀热情和梦想的少年。

　　这就是我的故事，与广大马院四年的故事。这一页故事的终点，是下一页篇章的起点。且将新火试新茶，诗酒趁年华。未来我将继续谨记老师们的教诲，继续安定地努力，不断通过阅读和学习充实自己，迎接人生更多未知的境遇和惊喜。

　　这夏日迟迟，迟的是少年未诉说完的故事和未忘却的理想。

　　打开命运的下一页，书写我们未完结的篇章。

思想政治教育专业学习的
"祛魅"与"返魅"

李华英

一、初识迷思

六月末，晚风裹挟凉意，却吹不寒燥热焦灼的年轻心灵。一手志愿填报参考书、一手人工智能，微微颤抖的手在键盘上谨慎又热切地输入，于是电脑显示屏上赫然出现了几个既微渺又醒目的字——怎么能说这样的字大呢，一行行方方正正的宋体字目测不过只有四号大，但是它却沉甸甸的，需要每一个学习者用数载青春去承托。俨然一幅冠冕的工笔画像描摹时代的风云变幻，又或者是一部厚重的当代经典续写学术的精神谱系。它是光芒灼灼的，刺人眼目的，生人莫近的，熟人免谈的。因为它似乎实在太过崇高，似乎一不小心就要让试图攀爬它、靠近它的人从高处坠落，粉身碎骨——思想政治教育专业。

"生产力决定生产关系，经济基础决定……""哲学上的两个对子是……"老师在课堂上侃侃而谈，"必背内容"在学生间口口相传，最自以为"了解"所谓真理的那一年，我离它最远，亦与它之间存在着一种虚无且盲目崇拜式的隔阂，如同最熟悉的陌生人一般。

"理论只要说服人，就能掌握群众；而理论只要彻底，就能说服人。"正如马克思在《〈黑格尔法哲学批判〉导言》中提出的著名论断。看似高不可攀的真理，字里行间都是"群众"和"人"，当理论的宣讲缺乏了对人的现实观照和触及理论的彻底性，照本宣科、机械记忆与知识点的割裂性、不彻底性无法搭建触及真知的天梯，只会愈加拉开人与真理的距离，使人只见其皮毛而不知其内核，或让人因自以为"得道"而洋洋自得，或让人对真理厌之惧之、敬而远之。那时，我不属于这两者中的任何一个，我属于第三者，我"爱上了"真理，迷恋上了政治老师在课堂上引经据典的模样、沉醉于政治试卷上体面的数字、徜徉在熟记的主观题术语海洋里——我爱上了我幻想中的思想政治教育。"实践具有客观物质性、主观能动性、社会历史性……"当被我记忆的内容与考题相吻合，"思想政治教育"就会再被镀上一层光，后来我知道，这叫做对知识的"工具化崇拜"。

二、祛魅之路

进入广州大学马克思主义学院，思想政治教育变成了我最陌生的样子，如清晨的广州褪去晨雾，思想政治教育在我面前，在每一个初学者面前显露出它本真的模样——它是鲜活的理论，不是刻板的教条，它没有系统成册的必修和选修教材，没有我曾经最奉若圭臬的必背好词好句，更重要的是，原来为我所"熟知"的"生产力决定生产关系；经济基础决定上层建筑；社会存在决定社会意识"等都像跳出了课本似的，时而抽象、时而具体，像一条河，大浪淘沙，翻涌不衰、捉摸不透；像一条溪流，不疾不徐，润物无声。流淌在老师口中，流淌在讨论激烈的课堂，流淌在古今经典的扉页，流淌在懵懂的真理的追寻者心中。

让我直面冲击的与其说是思想政治教育专业本身，不如说是认知重构的阵痛。痛定思痛，夜阑人静时刻，扪心自问，悔不当初。思想政治教育专业的学习让我感到疼痛。人们往往在对自我存在、认识、得失、处境存在疑惑时掐掐自己——"我在做梦吗?"人有疑惑，就会发问，发问过后，就会有所行动，有所行动，就会产生碰撞，或是形体、或是心灵意识。疼痛，是我的身体自我确认的标尺，是我心自我确认的标尺。知识不等同于真理。专业课上，哲思与现实碰撞，"一切都有标准答案"的范式和自由开放的课堂讨论碰撞，活的理论和活的人碰撞，把初学者撞得鼻青脸肿、伤痕累累，在一切过时的满口陈腐中挤出了鲜活的科学的深刻的智齿，如岭南的榕树萌发新根，将知识养分深扎现实土壤，从躯壳到头脑一并接受真正的真理的改造，生长出新的血肉，智慧的刀刃一点点切除蒙昧的痼疾，这是我在思想政治教育专业学习中无时无刻感受到的生长痛。

因为未知、不知、知而不全知、知旧而不知新、浅尝辄止而不加深知，所以惊异。因为惊异，所以发问，因为发问，所以有所行动，因为有所行动，所以碰撞，因为碰撞，所以感到切肤之痛，也正是因为这样的痛觉，才能破茧新生，重新出发。

三、返魅之途

朱熹有云，读书，始读，未知有疑；其次，则渐渐有疑；中则节节有疑。过了这一番，疑渐渐释，以至融会贯通，都无所疑，方始是学。读书无疑者须教有疑，有疑，却要无疑，到这里方是长进。学习马克思主义理论，始学，未知有疑；其次，则渐渐有疑；中则节节有疑。其间，且思且行且痛，过了这一番，疑渐渐释，以至融会贯通，都无所疑，方始是触到了真理的一点点弧光。学马克思主义理论者须教有疑，于无疑处生疑，有疑，且思且行且痛，却要无疑，到这里方是长进，小疑则小进，大疑则大进。

王国维在《人间词话》提出了"三重境界说"，被人们用在求学求知、仕途宦海、儿女情长、悲欢离合处，然而无论用在何处，其内核从来不变——古今成就理想或寻得真理者往往要有"昨夜西风凋碧树，独上高楼，望尽天涯路"登高望远、不畏孤独寂寥以确立目标的决绝坚毅；"衣带渐宽终不悔，为伊消得人憔悴"废寝忘食、不舍昼夜上下求索的坚韧不拔才能于"众里寻他千百度"却"山重水复疑无路"苦求而不得之际蓦见"灯火阑珊"，于烟火稀疏清冷处顿悟。这三重境界，我想，也能用在于马克思主义学院求学处。然而时过境迁，人们往往连第一层境界都未曾企及，张口闭口、抬头低头、忙忙碌碌，反反复复，没有目标，更不必提为之"衣带渐宽""人憔悴"。当我们试图上升到第一层境界，就必然要接受向上攀爬的痛苦，追求真理的每一步都是无法避免疼痛的。我们向上，我们行动，我们感受，我们疼痛，因此，必要抱着一股走一步蜕一层皮的心志，因为疼痛，我确定我之存在，因为疼痛，我确定我心——从"一片丹心"的赤诚到"两袖清风"的坚守，自"三重境界"的求索至"横渠四句"的担当。

当木棉花染红羊城，我终于完成了一次小小的转变，向真理靠近了一点，褪去了幻想中的金箔，重燃起求索的赤诚。真理从不局限于教条，它不是珠江水面飘荡的无根浮萍，而是深埋于红土的矿脉，静待有心人的发掘，人生亦没有标准答案，作答者和判卷人都是你我。每一次惊异和发问都是对真理与真我沙里淘金般的洗濯。那些在文渊楼里的夜辩、文清楼里的深思、文新楼里的求索，都如同沙湾匠人筛洗蚝壳，将蒙尘的认知反复淘沥，让真理与真我的金砂闪烁微光。我"背叛"了一年前的"我"和一年前我自以为深深爱着的"真理"，那个紧攥教条如令箭的自己，已然化作烟雾，随风而去。理论的生命在大湾区的构建中展现，在大湾区学子的心中、笔下、手里。或许终其一生我们都将在这祛魅与返魅的螺旋中攀爬，但求每一天每一步对旧的"真理"和旧的"我"的叛逃，都预示着在未来的某一天蓦然回首，或能在珠江的波光粼粼中望见真理的倒影，不在灯火阑珊处，而在知行合一的渔灯桨声里。

阅读：反思当下与悦纳自我

李嘉洪

亲爱的领导、老师、同学们，大家好。我是思教 202 班的李嘉洪，今天很荣幸作为 "道问学" 读书奖的获奖代表在此发言。

马克思曾说过："任何时候，越是多读书，就越是深刻地感到不满足，越感到自己知识贫乏。" 确实，在阅读过程中，我们不仅能体验到知识拓展所带来的获得感，也会对自己的知识贫乏感觉到挫败。总的来说，这个过程是奇妙的。下面我来讲讲我所认为读书的两个要义。

第一，读书是一个反思当下、展望未来的过程。在阅读前人成果过程中，我们可以将成果看作一种对过去的系统性理解。我们要站在前人的视角进行吸收接纳，并且将它们用于理解当下。但这种理解绝不能是机械地套用，毕竟前人的历史局限性就在那里，这就需要我们对它们进行批判性的理解。那么，何为 "批判性"？我将其理解为一种系统性的审问，探寻前人理论的边界并试图延伸。例如，前人的问题在当下是否依然存在？前人解决问题的过程是否在当下依旧可行？前人结论的运行是否在当下又产生了新的问题？在审问过程中我们就可以结合当下的新情况提出新问题、新路径，形成了自己的独特理解，也能更好地规划未来，而不再沉湎于道听途说。

第二，读书也是一个悦纳自我、提升自我的过程。那么，在现代社会中，何为 "自我" 呢？我的理解是，"无处安放" 的自我。因为处在现代社会的我们是高度社会化的，我们会时常感觉到自己被一股无形的力量推着前进，但好像又不清楚自己的目标在哪里。理想和现实总是矛盾的，而不像古代的农民一般，日出而作，日落而息、一生都被安放在田地里，每天循环往复。特别是当今人工智能发展迅猛，我们不禁会思考 "我" 的意义何在、"我" 该走向何方。这时，培养阅读的习惯就能够为我们筑造一座家园，在其中我们能得到暂时的庇护，接受自己的局限，悦纳自我。在阅读过程中，我们也能重新为自己赋予新的价值和意义，从中寻找到提升自我的新路径。

最后，我想以尼采的一句话作为本次发言的结尾："最富有精神的人，前提为，他们是最勇敢的人，也绝对是经历了最痛苦之悲剧的人：不过，他们之所以尊重生命，正是因为生命以最大的敌意同他们对抗。"

谢谢！

筑梦"疆"来

梁芷晴

大家好，我是思教 191 班的梁芷晴。在新疆支教之旅中，我担任校第一批援疆实习支教队队长，以及驻疏附县广东大学生支教团副团长，我非常荣幸能代表学校两批援疆实习支教队在此处进行宣讲。

一、远道而来

2023 年 9 月于第一批队友而言，或许是最充满不确定性、焦虑但又奇妙，且充满期盼的一个月。大四很多同学忙于考研、考公、考编、找工作，而我们却选择远赴 5400 公里外的喀什参加实习支教工作。我们也曾犹豫过，但在报名之前我们都冥冥之中与新疆产生了联系，已经抱有一场赴往支教之旅的美梦。比如我的队友，音乐专业的黄彦君同学，在去年的师范生技能大赛，她就选择了一首新疆歌曲参赛，并获得了省赛二等奖的好成绩。还有美术专业的梁嘉欣同学，在收到报名通知的前一周，她就和朋友表达过想去新疆支教的想法，没想到报名通知很快来了。我亦如此。在我看来，能够将所学专业与国家需要有机结合，实现个人价值与社会价值的统一，是一件非常美好的事。心动不如行动，报名的那一瞬间我们都无比坚决。

因为我们笃定援疆支教经历将会成为人生中很宝贵的回忆，也笃定自己若是因为对未来的不确定性而忐忑放弃，定会后悔和遗憾。所以，我们来到了新疆。

二、循梦而为

从 2023 年 9 月至今，累计两批学生、共 19 人赴新疆喀什地区疏附县开展实习支教工作，受援学校为疏附县第二小学和疏附县第三中学，涉及专业为思想政治教育、历史、英语、美术、音乐、小学教育师范等专业。

在教学工作方面，两批队伍现累计上课时数共一千六百余节，负责语文、英语、道德与法治、历史、音乐、科学、美术等科目教学工作，横跨一至九年级。在空闲时间，队员们主动去听其他老师或者同伴的课，学习教学经验，对自己的教学进行反思和研究。

在学校活动方面，校第二批实习支教队开展以"悦读经典启智慧，书香年华润心灵"为主题的读书节活动，包括赛前指导、现场布置、评委工作等，为建设书香校园贡献力量。英语专业的温佳丽和沈珍莲组织英语合唱团，激励学生在表演时展现出积极向上精神。音乐专业的邹娟同学组织竖笛社团，以及思教专业的伊拉拉和罗绮曼同学在课前五分钟宣传国家安全教育和弘扬五四精神。

在思想政治教育工作方面，广州大学与在疏附县支教的其他广东高校成立了驻疏附县广东大学生支教团，协助疏附县教育系统开展"红色筑基"微宣讲活动，打造了 20 份宣讲视频。为了深入学习党的二十大精神，我们组织召开"开辟马克思主义时代化大众化新道路"等专题精神学习会议，提高团员的政治认识，做好教育援疆工作。

在课外活动方面，我们开展了急救知识讲座、支教团趣味运动会，参与了"三八"妇女节趣味运动会。周末闲暇之时，在疏附县教育系统的组织下，我们共览大美新疆。2023 年 12 月，赴往白沙湖，在祖国的最西端呐喊；2024 年 3 月，前往百年喀什馆参观，了解喀什的"百年沧桑""苦尽甘来"和"民生巨变"。

2024 年清明节前夕，我们前往疏勒县烈士陵园，了解革命烈士的英雄事迹，加强爱国主义教育。

三个多月的学习成长、教学实践、与朋友相伴……我们收获颇丰、满载而归。

三、满载而归

1. 努力提升的自己

作为一名思想政治教育师范生，我在课程教学中，强烈感受到新疆学生敢于并善于表达自己，上课表现较为热情、活跃。同时，在备课、听课和做笔记等过程中，我也深刻体悟初中《道德与法治》教学要想做到吸引人、感染人、打动人并不是一件容易的事情。因此，在实习支教中，我把开好、讲好、丰富好契合学生学情的新疆地方思政课，把推动生命教育和铸牢中华民族共同体意识教育作为教研的主要任务，希望每一次站在讲台上的自己都是有所成长的。正是在不断备课和复盘过程中，我的教学设计和课件制作能力得到了进一步的提高。

还有我的队友，队中唯一的20级学生，思教专业的刘嘉滢同学，她在支教期间兼顾专业课学习和实习工作，通过线上学习同步完成大三上学期的课程，认真完成各科考试及作业，那学期加权平均分为93.64，总体成绩排名有所上升。

同时，她先前认为自己做幻灯片水平很一般，在实习过程中开始主动观察别人独特的幻灯片模板。在不断地打磨下，她凭借着新疆的实习经验和越发长进的教学技能，以"促进民族团结"为主题参加了今年的校师范技能大赛，最终获得了文科组总冠军。

2. 善良热情的学生

回望喀什之行，与学生相处的过程中我发现，他们和我们、和城市里的孩子没有什么不同，他们聪明、善良、热情、孝顺，对于这个世界同样充满好奇，他们会在作业本上写"希望老师你永远开心""老师辛苦了"等温暖的话语，看着他们一笔一画工整的字迹，还有那些时不时蹦出来的搞怪涂画，一天的疲惫也真的都烟消云散了。我真诚地期待他们的成长，祝福他们的未来，希望他们都能变得更好。

我相信，如果你们来了，也会迎来学生灿烂的笑容和热情的爱意，这种甜会一直温暖你们的内心，不忘教育初心。

3. 家人般存在的队友、老师

支教前，我们第一批的 10 名队友几乎是素未谋面的同学，我们性格不同、专业各异，但都具有着共同的使命和信念汇聚在一起。我们一起上课听课评课，一起过生日，在祖国的最西端欢呼……正是在这点点滴滴的相处中，我们成为了互帮互助的朋友、相互依靠的家人、彼此信赖的战友。在此刻，我想起那段如梦一般的时光，我依然会感受到开心和幸福。

还有疏附县教育系统的老师，为我们的生活提供了保障，支教学校的老师为我们把握学情、教学内容、教学活动设计给予了指导，广州援疆工作队的老师为我们的考研或就业规划给予了建议。

因此，我相信，如果你们来了，也会收获与你共享经历的可爱队友、和温暖老师。

4. 满怀希望的新疆

支教，是一场美好的遇见，更是一场被赋予无尽意义的历练。喀什已成为刻在我们心底的记忆。在支教过程中我们也更为深刻地发现，支教意味着相信"延续"，不仅要传授给学生知识，点燃学生对更多见解的渴望，还需让新时代的新教育教学理念得以在新疆地区发展，在课堂教学中落实新课改。

因此，在实习阶段的末期，我们带着强烈的不舍和期盼开始了本科毕业论文课题的思考并逐渐成形。其中，有 3 名队友将自己的支教经验与专业知识相结合，给大学学习生涯和实习经历交上了一份充满情怀的答卷。如我以支教学校为例，研究新疆地区初中《道德与法治》课程的生命教育现状及对策，历史专业的李琪欣同学研究新疆地区民族交融专题史教学，美术专业的梁嘉欣同学研究新疆民族民间美术在中学美术教育中的应用与价值。

怀抱梦想又脚踏实地，敢想敢为又善作善成。希望未来能有更多人开展新疆地区教育的理论研究和实践工作，让青春之花盛开在祖国最需要的地方！

在未来的道路上，我也会带着这份回忆不断锤炼自我，成为照亮学生前行道路的明灯。

欢迎大家来新疆！

四载光阴烙印记，归来仍是马院人

陈轩彤

历时四年，我终于站在了这里，这里不是人生的终点，却有往事如走马灯一样循环往复，不断旋转。这里也不是真理的巅峰，没有高处不胜寒的孤寂，这里是 2024 届毕业生欢送会，充满的是祝福与期望！尊敬的各位老师，亲爱的各位同学，大家晚上好！

非常荣幸能够作为毕业生代表站上这个舞台。四年的时光过得真的太快了，四年前那群拖着笨重行李箱来到新校园的少年此刻都已成长为大人模样，迎接毕业典礼的到来。未来可期，往事在目，还记得陈咸瑜老师给我们上的第一堂西哲课，仍然记得在兰苑 532 初遇舍友时的腼腆和心动，以及一进门就连上宿舍 Wi Fi 的归属感和安全感，当然还不得不提兰苑 3 楼饭堂的麻辣烫和烧腊饭，但这些都已经成为了午夜梦回中永恒的风景，如梦似幻，如影随形。

四年里我们留下了很多的变与不变。我们人生的轨道已经发生改变，有的同学选择走向旷野，步入社会，承担责任；有的同学选择继续升学，攀登学术的高峰，天高任鸟飞，海阔凭鱼跃。我们对于世界的感知已经改变，过去不理解的，现在终于理解，过去对历史上文人骚客的酸诗嗤之以鼻，初闻不知曲中意，再听已是曲中人。我们终于发现，求之不得原是常态，个人喜好之上仍有对他人、社会和国家的责任，我们终将平凡而又伟大。曾经年轻幼稚的"00 后"在老一辈的目送中走向名为社会的大学，迈出了真正社会化的第一步，留下一个又一个的背影，时代的车轮又将带着个人的喜怒哀乐滚滚向前。这是我们成长变化的地方。

但是，四年的本科生活也为我们烙下印记，留下了很多不变的坚守。我将永远记得人类思想史上的大家对世界本原、宇宙真理的探索，谨记永远保持对真理和知识的敬畏；我也会记得来自天涯海角的陌生人曾经给予我的善意，谨记在追求自己的小满时体察他人需要，相互成全才是万全。我会记得广州大学图书馆清晨和黄昏时令人不禁驻足的天空，提醒我在为生活的柴米油盐匆匆赶路时不要忘记抬头，功利目标的达成值得欣喜，但过程的惊心动魄才构成意义。

我们毕业了，但故事仍在继续。行走在时间的河流中，越想记住越是流逝，但却不必为此哀愁，因为一路上的所见所闻都已融入血肉，无论身在何处，归来仍是马院人，君子尊德性而道问学。我们要提升自身的道德修养，正心诚意。穷则独善其身，达则兼济天下，在人生得意之时不忘责任与谦卑，在人生低谷之时记得"反者道之动"的道理，相信好运将至，心想事成。

最后，就让我们为彼此献上最真挚的感谢和祝福吧！感谢广州大学马克思主义学院的栽培和老师的教导，祝福各位老师身体康健，生活如意，家庭美满！感谢亲爱的同学构成了我大学四年最美好的图景，祝福我最想珍惜的朋友诸事皆宜，百无禁忌，心如白云常自在，意似流水任东西！

天地如逆旅，你我皆行人。离别常有，祝福常伴，青山不改，绿水长流，咱们有缘再见！

我的发言到此结束，感谢大家！

寻找理论与实践的契合点

邓欣怡

尊敬的老师、亲爱的同学：

大家上午好！我是思教 191 班的邓欣怡。在此，首先要感谢的是学院的老师和同学共同营造了良好的读书氛围，创造了活跃的读书会平台。

依稀记得刚来到我们学院的时候，我的大学初印象就是独立思考和自由读书。在开学第一课上，赵中源老师就嘱咐我们，在大学要形成独立思考的精神，要自主读书。我们的班主任陈志伟老师在第一次班会课上就不断鼓励我们在大学里要自由地读书、读经典的书。那时候我就在想，我还真来对地方了。

有同学问我，你是怎么挤出时间读那么多书的？这个问题其实包含三个内容。第一是怎么挤出时间看书？这个问题看起来是特别奇怪的。如果想要学习的话，学习和读书并非是相互冲突的事情，读书就是学习的过程，有学习的时间就会有读书的时间。

第二是怎么能读那么多书？读书并非翻完一本书在豆瓣上标记"已读"就算完成的。我自己读书喜欢分成两块：精读和泛读。精读的一般是基础性的文本，比如马克思、恩格斯的著作。其实经典文本背后所站着的思想家及其思想是极为复杂的，即使是说读懂了，被读懂的也未必是思想家本身，而是另外的东西，这并不是说另外的东西不重要，恰恰是这些另外的东西构成了"我"。经典文本是需要反复琢磨的，对经典文本进行精读的过程是提取问题进而过渡到泛读的过程，泛读不一定要把文本从头至尾都过一遍，而是通过不同的文本材料确证自己的问题的提法是否合适以及其他人是如何论证这个问题的，而自己又能够如何论述这个问题。

第三是如何读书？针对这个问题，首先不要将经典文本当作知识的摄取过程，因此不必追求记住什么东西。而经典之所以读不进去，之所以空洞，是因为它没同你的生活结合起来，因此要去尝试捕捉经典文本对它当时生活的概念上的把握进而跟你的生活进行对接，只有这样才能够踏入门槛。我刚开始阅读哲学著作和哲学史的时候不得要领，直到我读到黑塞的小说《纳齐斯与戈德蒙》，里面的情节让我同马克思的《关于费尔巴哈的提纲》以及西方哲学的进展连接起来。当我再读黑塞的《玻璃球游戏》时，看到主角克乃西特通过修业不断达至纯粹精神形式的卡斯塔里的顶峰时，最终却选择纵身跃入世俗的海洋时，我感受到的是升华———一种"现实面向"的冲动让我感到隐隐的雀跃和激动。

生活必须向后去理解，但是生活必须向前活。我想说的是，不需要在读书之前过多纠结于形式和结果，让我们一起读书吧！

点滴微光成炬　青春沐光而行
——援藏支教心得体会

黄梅鑫

一、"壮丽山河皆阅遍，不尽雅江滚滚来"

阳春三月，我坐上了飞往西藏林芝的航班，当飞机进入西藏空域时，皑皑白雪，脉脉山峦，气势磅礴中透露着雄奇、壮丽之美。当我和第十一批援藏支教队的队友从机场出来时，波密县教育局陈局长早早等候在门口热情迎接，让离家千里的我们顿时有了宾至如归的温暖。雪域高原的壮丽山河，雨中波密的朦胧美景，醉美古乡的点点滴滴，使我深深体会到：我们不仅是知识的传授者，更是教育情怀的传播者。这需要一种无私奉献的精神，需要一种坚韧不拔的意志，也需要承受大自然对生命的考验。我从路上的川藏建设工地上看到一句标语叫做"艰苦不怕吃苦，缺氧不缺精神"，这是这里的工作者最直接、最生动的写照。当我踏进古乡小学校门的那一刻，古乡小学的领导和老师们热烈的欢迎、孩子们真挚的笑脸让我感受到了家的温暖。在那之后的日日夜夜，每当我站在学生面前，望着他们一双双渴望知识的眼睛，跟这么多可爱的孩子一起相处时，总会让我觉得很快乐，看到他们一个个快乐成长，什么样的痛苦和烦恼都被抛在了脑后。我想，这就是我选择援藏的初心。

二、"你是广州来的老师吗?"

第一次与孩子们见面，他们嘴里都说着同一句话："你是广州来的老师吗?""你认识之前的××老师吗?"可见，他们与上一批的支教老师结下了深厚的情谊，一茬又一茬援藏支教队员在雪域高原留下了奋斗的印迹，在孩子们心中种下了走出大山的种子。这是我第一次支教经历，第一次备课的无助感，第一次站上讲台的紧张感，都慢慢消融于学生真挚的眼神中。支教期间，我担任道法、数学、英语课教师，每周课时 15 节。我准备的课程难度不大，但是很多东西应该是这个年龄的孩子没有接触过的，所以我一开始很担心大家会不会愿意听我的课。不过，上完第一节课后我就发现这些担心完全是多余的，孩子们对于世界的好奇以及对于知识的渴望是天生的，你不会预知他们何时突然就对某些看起来很寻常的知识很感兴趣。

三、"老师，我们错了"

那一天，班里有很多学生没有完成作业，上课时也没有几个人在认真听课。之前数学测验平均分只有 30 分，我没有控制住自己，对他们发了脾气，那是我支教过程以来第一次责备学生，那一瞬间我对自己的选择也产生了怀疑。

放学回宿舍的路上，有几位学生追我，塞给了我一个信封。回到宿舍后，我发现信封里装着学生们写的道歉信，看完信后我又找回了那个答案——选择支教的原因。

这些孩子虽然调皮，但都很善良，都渴望着知识，渴望着被爱。"我们一直都互相需要着。"他们需要我们，我们也需要他们。我坚信：点滴微光定能照亮孩子们的心灵。

四、师者，所以传道授业解惑也

西藏地处我国西南边陲，交通不便，大山阻挡了很多孩子求学的梦想。我们来到这，要做的是把一些有趣的东西带进他们的课堂。学校领导跟我们说："想多做事是好的，但作为教师最主要的职责还是教书育人，把自己班的学生情况掌握清楚，力所能及帮助他们，才是最重要的。"所以，在教学过程中,我一直在思考,小朋友们真正需要的是什么,仅仅是考试拿高分吗?分数并不是孩子们成长的底色,爱与尊重才是,爱让他们有足够的自信,有利于培养他们的独立人格。在道德与法治课堂上,当讲到"我的家乡"这一课时,孩子们争先恐后地介绍"家乡之美",至今令我感慨和难忘。他们绘声绘色地描述着桃花节及南迦巴瓦峰、嘎朗湖地美丽风景,如数家珍般地列举着家乡地特产,牦牛肉干、羊肚菌、灵芝、虫草……

五、"老师,您当过兵吗?"

"老师,您当过兵吗?"我与支教学校的"国防"之缘从进入校门的那一刻就开始了。在与学校领导的交谈中,得知在上级领导和武警部队的关心关怀下,学校形成了具有波密特点、古乡特色的办学方式。在支教过程中,我充分发挥退伍军人的身份优势,经常给藏族同学分享军旅生活和国防知识,将国防教育和学校思想政治教育有机结合起来。

在学校领导的支持下,我组建了学校国旗队并担任教官。在训练中,我发现孩子们骨子里都有一股韧劲,那时候我就下定决心:"一定要让爱国主义的种子在孩子们心中生根发芽,要让国防特色在古乡小学擦得更亮。"

有一天上课,讨论未来想去的地方时,大家普遍的回答都是想去大城市,但有个平时爱偷懒但很聪明的小男孩跳起来说:"老师,我想去阿里地区!"听到这句话的时候我有点生气,以为他又在哗众取宠。他却接着说:"您之前讲过戍边英雄的故事,他们为了国家牺牲了自己的生命,我以后也想像他们一样,当一名保卫祖国的战士。"我站在讲台上看着孩子们清澈的眼睛,坚信以后他们身上一定还发生"长大后我就成了你"的故事。

六、"你可能只在他们小小的生命中出现一次,但他们会用一辈子记得你"

作为退役大学生士兵,参加援藏支教,我感到十分骄傲与自豪。从孩子们的一举一动中,我看到了祖国的未来和民族的希望,家国情怀的种子早已在孩子们心中生根发芽，日后必能长成参天大树。你可能只在他们小小的生命中出现一次，但他们会用一辈子记得你。前几天适逢毕业季，距离离开波密已经将近一年的时间了，孩子们发来视频祝福，我的心里甚是感动，与孩子们相处的时光仍历历在目，很幸运见证了边疆孩子们的成长，很庆幸他们的一些改变或许都与我有关。通过支教，我真切地感受到了深耕于大山中的教育之爱，这是一种奉献，所以不应该谈收获。作为一名支教老师，我懂得自己肩负的责任和使命，要为边疆地区的教育事业奉献自己全部的光和热。如今我这一棒已经完成，但一定会有越来越多的人选择支教事业，选择诗和远方！

苔花向阳生，千峰次第开

——清远实习支教体会

夏智欣

2023 年 8 月 29 日清晨，毛毛细雨减轻了暑热，送来一丝清凉。微雨中，我和同伴们带上行李，坐上前往英德市的大巴，正式开始我们的实习支教之旅。从广州到英德市区，从英德市区到横石水镇，颠簸辗转了大半天。一路上，蜿蜒的盘山公路，挺拔的巍峨大山，朦胧的雾气云海，是横石水镇留给我的第一印象。

望着眼前简约质朴的校园大门，我忘却了旅途的疲惫，心中豪气万千，决心要完成好实习支教工作，为发展清远山区的教育事业、促进广清两地教育交流贡献一份力量。就在我信心满满准备大展拳脚之时，现实却存在着重重难关。

在我面前的第一关是生活关。由于横石水中学是一所寄宿制学校，班主任每天早上 6 点 10 分就要到位，组织学生进行早读和早练。早起对我来说是一大挑战，在夏天还能收获清晨的凉爽，在冬天则非常痛苦，尤其是山区昼夜温差大，早晨非常寒冷。秋冬时节，站在广阔的操场上，冰冷的寒风呼啸而过，无情地刺痛我的脸颊。但是，一想到七年级所有班主任老师每天都是风雨无阻、准时到位，我就为自己的懒惰感到羞愧。我调了三个闹钟，并且与同宿舍的伙伴们约好，相互提醒。坚持了一段时间后，我逐渐适应了作息时间，匆忙上班的间隙也能偶尔抬头欣赏晨光熹微。

除了早起，不稳定的供水也给我们的生活制造了一些小意外。11 月 21 日，因为常规供电设备检修，学校停电一天。金乌西坠，眼前的一切逐渐变得昏暗，供电却迟迟未到，我不由地担心学生的晚修情况。为了解决照明问题，每班派发了蜡烛，学生在烛光下自习或休息。令我意外的是，学生很快适应了停电学习，甚至苦中作乐、乐在其中。点点烛光照亮了孩子们可爱的脸庞，有的学生借着昏黄的烛光抓紧写作业。这次意外停电无法阻止孩子们求学的心，反而成为了一次有趣独特的体验。

摆在我面前的第二个是管理关。课堂管理是开展课堂教学的基础，是维护教学秩序的保证。在课堂上，我常常要强调四五次纪律，特别是在阅读课和练习课上。班里有几个调皮的学生，总是扰乱班级纪律，很是叫人伤脑筋。

针对这一问题，我向经验丰富的指导老师们请教，收获了许多切实可行的办法。第一，我要调整好自己的心态，尊重学生的成长规律，多一些理解和包容。七年级学生课堂表现积极活跃，但难免会有课堂吵闹的问题。第二，"无规矩不成方圆"，明确课堂的纪律要求，上课时不得随意离开座位和教室，与学生约定建立奖惩制度。第三，推动班长、纪律委员、课代表等班干部履行职责，发挥朋辈育人优势。

此外，我留心观察班级的上课情况，关心那些课堂上经常讲话的学生，请他们来办公室聊天。"小龙，老师发现你最近课堂上不够认真哦，为什么呀？是有问题不懂吗？"我向小龙同学提问，了解他上课讲话的原因。小龙默默低下头，小声说："没有不懂的。"我追问："那你可以告诉老师，你为什么在课堂上讲话吗？""上课太无聊了……"小龙小声地嘀咕着。我恍然大悟，原来是课堂内容的趣味性不足，无法引起学生的学习兴趣。我和小龙约定，"原来是这样啊，以后老师会调整上课形式，你可以做到认真听课吗？"小龙点点头，答应了。此后，我在教学设计中创设有趣的教学情境，在课件中增加图片和小视频，使用希沃白板软件的小游戏进行课堂测试。经过一段时间的磨合，我发现学生喜欢贴近生活的教学情境，对游戏形式的测试反应热烈，学生上课的专注度提高了，课堂的管理问题也得到了改善。

作为一名新手教师，我要突破的第三关是教学关。虽然我在学校学习过师范技能的课程，也参加过师范技能的培训，但是要独立完成一节课完整的教学设计和课堂授课，对我来说，还是很有挑战性的。我的指导老师廖老师对我进行了耐心细致的引导，并且把她的学期教学计划、教材笔记和教学重难点分享给我。经过一个月的听课学习，我逐渐摸索出一套备课和上课的方法，为后期独立授课打好坚实基础。

首先，读懂弄透教材内容是备好一节课的前提，不仅要熟悉本节课的内容，还要通读整本教材，对本节课所在的知识单元和板块建立宏观的认知。

我向廖老师学习，一边分析教材，一边在教材上用两种颜色的笔标注重难点。其次，了解七年级学生的心智特征和学习基础，激发学生的主动性和积极性。在《走近老师》的教学设计中，我设置了"教师模仿秀"的活动，请学生代表上台模仿本班的老师，其他同学负责猜出是哪一位老师。小华同学最先上台，他做出一个手势，说出一个英文单词，底下同学哈哈大笑，争先恐后地回答："英语老师!"小林同学接着上台，他绷紧了脸，用拳头捶了一下讲台，把班主任的小动作模仿得惟妙惟肖，逗得同学们捧腹大笑，我也笑得合不拢嘴。通过对身边教师的演绎，既提高了课堂参与度，调动课堂气氛，又让学生理解不同教师具有不同风格的原因。除了课堂教学，我还积极参加学校教研活动和听评课活动、向优秀教师学习，经常与指导老师沟通，努力提高自己的教学水平。

度过了生活关、管理关、教学关，前行路上还有各种各样的考验挑战，如学科教学、值日工作、第二课堂、学校大型活动等。紧凑的工作和作息使我的生活变得忙碌而充实，也使我在实践中锻炼能力、迅速成长。这次清远实习支教，让我对教育事业产生了新的认识，也让我对教师职业更加热爱。从第一次站上讲台的忐忑紧张，到现在讲课的自信从容，我逐渐褪去稚气，上好每一节课，承担起教书育人的教师使命。

天色渐暗，倦鸟归巢，远处的大山更显深沉。横石水镇的学生于这处山水环抱的土地，长于这片连绵起伏的群山。没有比人更高的山，没有比脚更长的路。只要我们坚定信心、脚踏实地，保持"咬定青山不放松"的决心和毅力，就一定能过了一山再登一峰、跨过一沟再越一壑，用教育开辟一条走出大山、实现梦想的道路，创造美丽乡村的美好明天!